# 成渝地区
## 双城经济圈一体化
## 发展研究报告 2020—2021年

RESEARCH REPORT ON THE INTEGRATED DEVELOPMENT OF THE CHENGDU-CHONGQING ECONOMIC CIRCLE 2020-2021

重庆市综合经济研究院　著
四川省经济和社会发展研究院

·北京·

### 图书在版编目（CIP）数据

成渝地区双城经济圈一体化发展研究报告：2020—2021年／重庆市综合经济研究院，四川省经济和社会发展研究院著． --北京：中国经济出版社，2022.3
ISBN 978-7-5136-6855-2

Ⅰ．①成… Ⅱ．①重… ②四… Ⅲ．①城市群-区域经济一体化-研究报告-成都-2020-2021 ②城市群-区域经济一体化-研究报告-重庆-2020-2021 Ⅳ．①F299.277.1

中国版本图书馆 CIP 数据核字（2022）第 045694 号

| | |
|---|---|
| 策划编辑 | 姜　静 |
| 责任编辑 | 郑　潇 |
| 责任印制 | 马小宾 |
| 封面设计 | 任燕飞工作室 |

| | |
|---|---|
| 出版发行 | 中国经济出版社 |
| 印 刷 者 | 北京艾普海德印刷有限公司 |
| 经 销 者 | 各地新华书店 |
| 开　　本 | 710mm×1000mm　1/16 |
| 印　　张 | 18.5 |
| 字　　数 | 300千字 |
| 版　　次 | 2022年4月第1版 |
| 印　　次 | 2022年4月第1次 |
| 定　　价 | 98.00元 |

广告经营许可证　京西工商广字第 8179 号

**中国经济出版社** 网址 www.economyph.com 社址 北京市东城区安定门外大街58号 邮编 100011
本版图书如存在印装质量问题，请与本社销售中心联系调换（联系电话：010-57512564）

**版权所有　盗版必究**（举报电话：010-57512600）
国家版权局反盗版举报中心（举报电话：12390）　　服务热线：010-57512564

# 课题组成员名单

**总报告　"《成渝地区双城经济圈一体化发展研究（2020—2021年）》"课题组**

**课题组长**

易小光　重庆市综合经济研究院院长、研究员

**课题副组长**

丁　瑶　重庆市综合经济研究院总经济师、研究员

**技术负责人**

邓兰燕　重庆市综合经济研究院科研管理处处长、推动成渝地区双城经济圈建设研究中心负责人、研究员

李　林　重庆市综合经济研究院推动成渝地区双城经济圈建设研究中心城市与区域发展研究室主任、副研究员

**课题组成员**

苏　凡　重庆市综合经济研究院推动成渝地区双城经济圈建设研究中心GIS空间规划研究与应用实验室主任、高级工程师

江　卓　重庆市综合经济研究院推动成渝地区双城经济圈建设研究中心宏观经济大数据分析实验室主任、高级工程师

汪　婧　重庆市综合经济研究院推动成渝地区双城经济圈建设研究中心城市与区域发展研究室副主任、助理研究员

贾静涛　重庆市综合经济研究院推动成渝地区双城经济圈建设研究中心GIS空间规划研究与应用实验室副主任、助理研究员

王志军　重庆市综合经济研究院推动成渝地区双城经济圈建设研究中心GIS空间规划研究与应用实验室助理研究员

邱　婧　重庆市综合经济研究院推动成渝地区双城经济圈建设研究中心GIS空间规划研究与应用实验室助理研究员

郑秋霞　重庆市综合经济研究院推动成渝地区双城经济圈建设研究中心城市与区域发展研究室助理研究员

夏梁颖　重庆市综合经济研究院推动成渝地区双城经济圈建设研究中心宏观经济大数据分析实验室助理研究员

## 分报告一　"《重庆市推动成渝地区双城经济圈一体化发展研究（2020—2021年）》"课题组

**课题组长**

易小光　重庆市综合经济研究院院长、研究员

**课题副组长**

丁　瑶　重庆市综合经济研究院总经济师、研究员

**技术负责人**

邓兰燕　重庆市综合经济研究院科研管理处处长、推动成渝地区双城经济圈建设研究中心负责人、研究员

李　林　重庆市综合经济研究院推动成渝地区双城经济圈建设研究中心城市与区域发展研究室主任、副研究员

**课题组成员**

苏　凡　重庆市综合经济研究院推动成渝地区双城经济圈建设研究中心GIS空间规划研究与应用实验室主任、高级工程师

江　卓　重庆市综合经济研究院推动成渝地区双城经济圈建设研究中心宏观经济大数据分析实验室主任、高级工程师

汪　婧　重庆市综合经济研究院推动成渝地区双城经济圈建设研究中心城市与区域发展研究室副主任、助理研究员

贾静涛　重庆市综合经济研究院推动成渝地区双城经济圈建设研究中心GIS空间规划研究与应用实验室副主任、助理研究员

王志军　重庆市综合经济研究院推动成渝地区双城经济圈建设研究中心GIS空间规划研究与应用实验室助理研究员

邱　婧　重庆市综合经济研究院推动成渝地区双城经济圈建设研究中心GIS空间规划研究与应用实验室助理研究员

郑秋霞　重庆市综合经济研究院推动成渝地区双城经济圈建设研究中心城市与区域发展研究室助理研究员

夏梁颖　重庆市综合经济研究院推动成渝地区双城经济圈建设研究中心宏观经济大数据分析实验室助理研究员

## 分报告二　"《四川省推动成渝地区双城经济圈一体化发展研究（2020—2021年）》"课题组

**课题组长**

杨春健　四川省经济和社会发展研究院副院长、正高级经济师

**课题副组长**

蒋玉麒　四川省经济和社会发展研究院党办主任、高级经济师

**课题组成员**

张　杰　四川省经济和社会发展研究院投融资研究所所长、正高级经济师

张玫晓　四川省经济和社会发展研究院社会发展研究所所长、高级经济师

秤　旭　四川省经济和社会发展研究院科管处处长、高级经济师

崔绍宇　四川省经济和社会发展研究院投融资研究所副所长、高级经济师

佘赛男　四川省经济和社会发展研究院投融资研究所高级经济师

李雷雷　四川省经济和社会发展研究院社会发展研究所经济师

江　娅　四川省经济和社会发展研究院投融资研究所经济师

唐　涛　四川省经济和社会发展研究院社会发展研究所经济师

## 指数报告　"《成渝地区双城经济圈一体化发展指数研究（2020—2021年）》"课题组

**课题顾问**

易小光　重庆市综合经济研究院院长、研究员

丁　瑶　重庆市综合经济研究院总经济师、研究员

**课题组长**

邓兰燕　重庆市综合经济研究院科研管理处处长、推动成渝地区双城经济圈建设研究中心负责人、研究员

**课题副组长**

李　林　重庆市综合经济研究院推动成渝地区双城经济圈建设研究中心城市与区域发展研究室主任、副研究员

**技术负责人**

江　卓　重庆市综合经济研究院推动成渝地区双城经济圈建设研究中心宏观经济大数据分析实验室主任、高级工程师

**课题组成员**

夏梁颖　重庆市综合经济研究院推动成渝地区双城经济圈建设研究中心宏观经济大数据分析实验室助理研究员

苏　凡　重庆市综合经济研究院推动成渝地区双城经济圈建设研究中心GIS空间规划研究与应用实验室主任、高级工程师

贾静涛　重庆市综合经济研究院推动成渝地区双城经济圈建设研究中心GIS空间规划研究与应用实验室副主任、助理研究员

王志军　重庆市综合经济研究院推动成渝地区双城经济圈建设研究中心GIS空间规划研究与应用实验室助理研究员

邱　婧　重庆市综合经济研究院推动成渝地区双城经济圈建设研究中心GIS空间规划研究与应用实验室助理研究员

汪　婧　重庆市综合经济研究院推动成渝地区双城经济圈建设研究中心城市与区域发展研究室副主任、助理研究员

郑秋霞　重庆市综合经济研究院推动成渝地区双城经济圈建设研究中心城市与区域发展研究室助理研究员

# 序

改革开放40多年来，我国经济的快速发展推动了城镇化水平的快速提升，城镇化的主要形态也由单一城市发展逐步向都市圈和城市群演变，城市群的发展水平逐渐成为区域发展质量的主要体现。党的十九大报告指出，"以城市群为主体构建大中小城市和小城镇协调发展的城镇格局"，这为新时代我国推进新型城镇化指明了方向和路径，也为我们在百年变局和世纪疫情背景下全面推动区域协调发展，加快构建新发展格局提供了根本遵循。

党中央历来关注和重视成渝地区发展，2011年5月国家发展改革委印发了《成渝经济区区域规划》，2016年4月国务院印发了《成渝城市群发展规划》，川渝合作由地方层面谋划上升为国家统筹推动。成渝地区经济规模也迅速实现了由"十一五"初期1万亿元向"十三五"末期7万亿元的历史性跨越。成渝"双子星"照亮了我国西部广袤的战略腹地，在引领带动西部地区高质量发展中作用更加凸显。党的十八大以来，习近平总书记多次对重庆、四川提出重要指示，从全局谋划川渝一域作出系列战略指引，赋予川渝两省（市）新的重大使命。2020年1月，习近平总书记在中央财经委员会第六次会议上作出推动成渝地区双城经济圈建设的重大决策部署。同年10月，中共中央、国务院印发《成渝地区双城经济圈建设规划纲要》，成渝地区发展上升为国家战略。推动成渝地区双城经济圈建设，是习近平总书记亲自谋划、亲自部署、亲自推动的重大国家战略，是以习近平同志为核心的党中央着眼中华民族伟大复兴战略全局和世界百年未有之大变局，推动形成高质量发展区域经济布局的重大战略决策，是川渝两省（市）肩负的战略使命。

2021年是成渝地区双城经济圈战略提出的第二年，也是成渝地区实现由"夯基垒台""聚势起步"到"乘势见效""突破有为"转变的关键之年。恰逢建党100周年、"十四五"规划开局之年、全面建设社会主义现代化国家新征程开启之年，成渝地区深入领会把握党中央战略意图，全面贯彻落实《成渝地区双城经济圈建设规划纲要》，坚定扛起政治责任和时代使命，凝共识、强举措、建机制、求突破，成渝地区双城经济圈建设起步扎实、开局良好，唱好"双城记"、共建经济圈成为巴蜀大地的主旋律和最强音。

为更好服务川渝两省（市）党委、政府决策和成渝地区经济社会发展，重庆市综合经济研究院联合四川省经济和社会发展研究院共同开展《成渝地区双城经济圈一体化发展研究报告（2020—2021年）》研究编撰工作，并计划今后每年推出川渝两地合作的年度研究报告。整个研究工作从拟定工作方案和研究大纲，到开展实地调研和深入研究，数易其稿，历时近1年。整个研究内容为"1+2+1"体系，即1个总报告：《成渝地区双城经济圈一体化发展研究（2020—2021年）》；2个分报告：《重庆市推动成渝地区双城经济圈一体化发展研究（2020—2021年）》《四川省推动成渝地区双城经济圈一体化发展研究（2020—2021年）》；1个指数报告：《成渝地区双城经济圈一体化发展指数研究（2020—2021年）》。在深入分析现状基础上，本研究报告对推动2022年成渝地区双城经济圈发展提出了进一步思考和建议。在本书出版之际，令我们欣喜的是，研究成果的一些重要结论和观点已被政府部门采纳并正转化为具体的可行政策措施。

感谢参与本研究的所有研究人员、工作人员所付出的辛勤劳动。全书由重庆市综合经济研究院院长易小光研究员统筹规划和总体把握，重庆市综合经济研究院总经济师丁瑶研究员、四川省经济和社会发展研究院副院长杨春健正高级经济师以及党办主任蒋玉麒高级经济师组织协调。重庆市推动成渝地区双城经济圈建设研究中心邓兰燕、李林、苏凡、江卓、汪婧、贾静涛、王志军、邱婧、郑秋霞、夏梁颖,四川省经济和社会发展研究院张杰、张玫晓、程旭、崔绍宇、李太后、佘赛男、李雷雷、江娅、唐涛分别开展相应工作。邓兰燕负责书稿的初步统稿,易小光、丁瑶负责对全书进行修改和定稿。本书的研究和出版还得到了市内外专家的大力支持,也得益于中国经济出版社编审人员的不懈努力,在此我们致以诚挚谢意。

由于研究时间紧迫,而课题组研究水平有限,书中难免有不少错误和疏漏之处,敬请各位读者批评指正。

编 者
2022 年 3 月于重庆

# 目 录

**总 报 告** 成渝地区双城经济圈一体化发展研究（2020—2021 年） …… 1
  一、2020—2021 年成渝地区双城经济圈建设发展情况 ………… 4
  二、存在问题及成因 ……………………………………………… 40
  三、2022 年推动双城经济圈一体化发展的思路目标 ………… 47
  四、2022 年推动双城经济圈一体化发展的重点任务 ………… 50
  五、政策建议 ……………………………………………………… 72

**分报告一** 重庆市推动成渝地区双城经济圈一体化发展研究
    （2020—2021 年） ………………………………………… 77
  一、发展基础和比较优势 ………………………………………… 80
  二、重庆市推动双城经济圈建设存在的主要困难 …………… 105
  三、2022 年重庆市推动双城经济圈建设的总体思路 ………… 114
  四、2022 年重庆市推动双城经济圈建设的重点任务 ………… 116
  五、政策建议 ……………………………………………………… 147

**分报告二** 四川省推动成渝地区双城经济圈一体化发展研究
    （2020—2021 年） ………………………………………… 153
  一、发展基础和比较优势 ………………………………………… 155
  二、四川省推动双城经济圈建设存在的主要困难 …………… 172
  三、2022 年四川省推动双城经济圈建设的总体思路 ………… 176
  四、2022 年四川省推动双城经济圈建设的重点任务 ………… 178
  五、政策建议 ……………………………………………………… 188

**指数报告** 成渝地区双城经济圈一体化发展指数研究
（2020—2021年） ·················· 195
　一、城市群一体化发展的概念内涵 ··············· 198
　二、国内外城市群一体化发展指数研究综述 ·········· 201
　三、成渝地区双城经济圈一体化发展指数测算思路 ······ 204
　四、2020年成渝地区双城经济圈一体化发展指数结果分析 ·· 213
　五、对策建议 ························ 250

**大事记** 成渝地区双城经济圈大事记（2020—2021年） ······· 259
　2020年 ··························· 261
　2021年 ··························· 268

**参考文献** ···························· 281

## 总报告

# 成渝地区双城经济圈一体化发展研究（2020—2021年）

成渝地区是我国西部人口和城镇密集区，也是西部经济最为发达的地区。党中央历来关注和重视成渝地区发展，2011年5月国家发展改革委印发了《成渝经济区区域规划》，2016年4月国务院印发了《成渝城市群发展规划》。2020年1月，习近平总书记在中央财经委员会第六次会议上作出推动成渝地区双城经济圈建设的重大决策部署，同年10月，中共中央、国务院印发《成渝地区双城经济圈建设规划纲要》（以下简称《规划纲要》），成渝地区由此迎来了历史性发展机遇。按照《规划纲要》，成渝地区双城经济圈范围包括：重庆市的中心城区及万州、涪陵、綦江、大足、黔江、长寿、江津、合川、永川、南川、璧山、铜梁、潼南、荣昌、梁平、丰都、垫江、忠县等27个区（县）以及开州、云阳的部分地区，四川省的成都、自贡、泸州、德阳、绵阳（除平武县、北川县）、遂宁、内江、乐山、南充、眉山、宜宾、广安、达州（除万源市）、雅安（除天全县、宝兴县）、资阳等15个市，总面积18.5万平方千米，2020年常住人口9804万人，地区生产总值近6.6万亿元，分别占全国的1.9%、6.9%、6.5%。

推动成渝地区双城经济圈建设战略提出两年来，川渝两地始终以一条心、"一盘棋"的高度自觉，全面贯彻习近平总书记重要讲话精神和党中央决策部署，提高政治站位、凝聚战略共识、强化政策举措、完善工作机制，在重大项目实施、重大政策协同、重大平台建设等方面取得了突出成就，为加快推动双城经济圈一体化高质量发展提供了强有力的基础支撑。进入2022年，依托两地历史文化相近、资源禀赋互补、经济联系紧密、产业高度关联、市场腹地共享等优势，成渝地区双城经济圈建设将继续"提速""提质"，快步迈入"专项攻坚""突破有为""整体成势"的发展新阶段。必须立足新发展阶段，完整、准确、全面贯彻新发展理念，积极服务和融入新发展格局，突出高质量发展导向和高水平协作联动，落实好《规划纲要》确定的重点事项，锚定目标、狠抓合作，继续奏响、奏好共建经济圈的主旋律和最强音，推动成渝地区双城经济圈建设取得新的更大进展，以优异成绩迎接党的二十大胜利召开。

# 一、2020—2021年成渝地区双城经济圈建设发展情况

## （一）综合经济实力显著增强

近年来，成渝地区双城经济圈发展进一步加快，经济实力显著增强，发展活力明显提升，人民生活质量不断提高，已经成为西部地区综合竞争力最强的区域。

1. 经济发展能级稳步提升

改革开放以来，川渝地区经济建设取得了长足发展，GDP 总量实现了从百亿元（1978 年）到千亿元（1991 年）、万亿元（2005 年），再到七万亿元（2019 年）的历史性跨越，经济实力、区域竞争力显著增强（见图 1-1）。一是经济规模不断扩大。2020 年，成渝地区双城经济圈地区生产总值近 6.6 万亿元，占全国比重达到 6.5%，较 2016 年提高了 0.3 个百分点；2021 年 1—9 月，双城经济圈地区生产总值约 5.3 万亿元，占全国比重稳定在 6.5% 左右，增长极和动力源特征初步显现。其中，重庆、四川范围 GDP 总量分别占双城经济圈比重约为 34.8%、65.2%。二是经济强度明显提升。2020 年，成渝地区双城经济圈地均 GDP 达到 3568 万元/平方千米，约为全国平均水平的 3.4 倍，是西部地区经济密度最高的区域。同时，"十三五"以来，双城经济圈人均 GDP 水平也在逐步提高，2020 年双城经济圈人均 GDP 约为 6.73 万元，剔除价格因素，较 2016 年实际增长 26.0%。三是"三驾马车"动力持续增强。近年来，双城经济圈投资规模不断扩大，消费需求不断释放，2020 年，重庆市、成都市社会消费品零售总额分别位列全国城市排名的第三名和第六名。同时，川渝外贸进出口总值也创下历史新高，2020 年，重庆进出口总额为 6513.4 亿元，四川突破 8000 亿元大关，占全国比重超过 4.5%，较 2016 年提高了近 1.5 个百分点。2021 年 1—9 月，重庆、四川社会消费品零售总额分别达到 1.03 万亿元、1.74 万亿元，进出口总额分别达到 5770.33 亿元、6692.14 亿元，需求动能有所回升。四是人口吸引力显著增强。成渝地区拥有重庆、成都两个千万人口的超大城市以及 6 个百万人口的大城市和 20 余个中小城市。2020 年，成渝地区双城经济圈常住人口达到 9860 万人，占全国比重

约为7.0%。其中，重庆范围超过2791万人，四川范围约7068万人。2014—2020年，成渝地区双城经济圈常住人口净增长超过700万人。

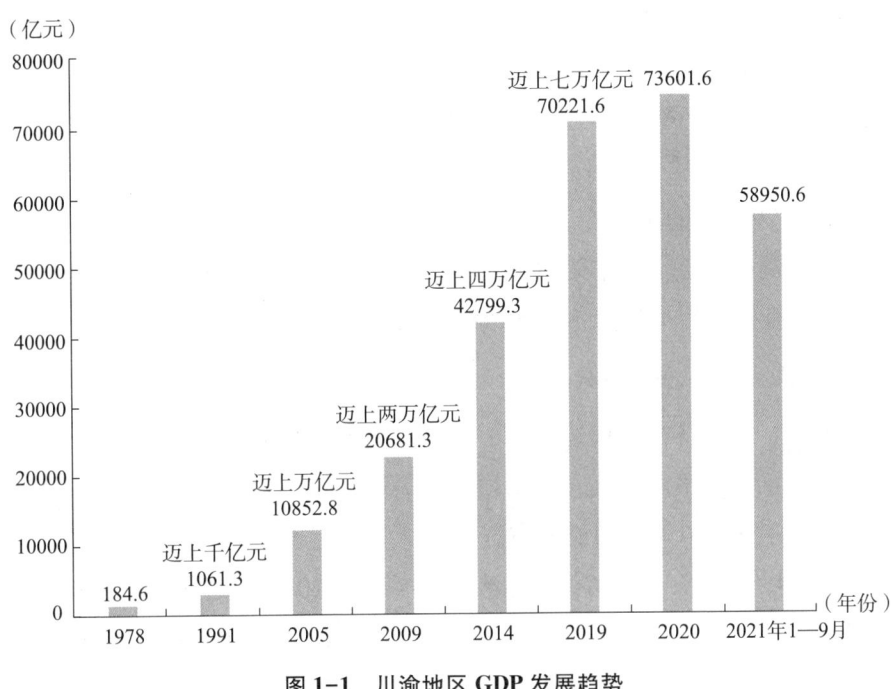

图 1-1 川渝地区 GDP 发展趋势

**2. 产业结构不断加快优化**

围绕建设世界级产业集群，成渝地区双城经济圈进一步谋求建立优势互补、良性互动的产业竞合新机制，加快构建高质量发展的现代化产业体系。一是将"三二一"产业结构筑稳筑牢。成渝地区双城经济圈服务业占GDP比重稳步提升，农业占比逐年下降，三次产业比重从2016年的9.5∶48.4∶38.5调整到2020年的9.1∶37.7∶53.2，产业结构从"二三一"升级为"三二一"，工业和现代服务业对区域经济增长的支撑带动作用不断增强。二是产业发展质量不断提升。2020年重庆、四川全员劳动生产率①分别达到13.4万元/（人·年）、9.0万元/（人·年），比2016年分别增长26.6%和27.9%，

---

① 本报告中的全员劳动生产率计算为地区生产总值（以2016年价格计算）与年末就业人员的比率，数据来源于四川省和重庆市统计年鉴。

增幅高于全国平均水平（23.8%）。企业盈利水平稳步提升，2020年重庆、四川工业企业营业收入利润率分别达到6.7%和7.3%，比2019年分别增加0.9个和0.4个百分点，2021年1—9月重庆下降0.3个百分点，四川上升0.6个百分点。三是产业创新能力持续增强。科研创新投入不断加强，重庆、四川科学研究与试验发展（R&D）经费支出占GDP比例持续提升，2020年分别达到2.11%和2.17%；规模以上工业企业的R&D经费分别达到372.6亿元、427.6亿元，分别是2016年的1.6倍、1.7倍。高技术产业加快发展，2020年，重庆、四川高技术制造业增加值占规模以上工业增加值的比重分别为19.1%和15.5%，高新技术企业分别为4222家和8154家，同比分别增长34.4%和43.8%。

3. 人民生活品质不断提高

近年来，在经济社会快速发展、区域综合实力显著增强的带动下，川渝地区居民生活水平不断提高，生活质量显著改善。一是新型城镇化水平持续提升。"十三五"以来，川渝两省（市）人口加速集聚、城镇化水平持续提升，2020年，常住人口城镇化率达到60.3%，较2016年提升7.4个百分点。重庆主城都市区、成都市集聚发展态势尤为明显，城镇化率分别达到78.5%和78.8%，双城经济圈"双城引领"城镇格局基本形成。二是居民消费能力与水平逐步改善。随着居民收入逐步提高，川渝消费水平也随之明显增长，消费结构进一步改善。2020年，重庆、四川居民人均可支配收入分别为3.08万元、2.65万元，人均消费支出分别达到2.17万元、1.98万元，居民消费恩格尔系数较2016年分别下降0.6%、0.3%。2021年1—9月，重庆、四川居民人均可支配收入分别为2.61万元、2.17万元，同比分别增长11.0%、10.7%（见图1-2）。三是民生保障覆盖面不断扩大。第七次全国人口普查数据显示，2020年，重庆、四川15岁及以上人口的平均受教育年限分别为9.80年和9.24年，10年来分别提高1.05年和0.8年；每千人拥有执业（助理）医师数分别达到2.75人、2.81人，基本养老保险参保率分别超过95%、90%，医养保障更加有力；居民预期寿命进一步提高，2020年重庆、四川居民平均预期寿命分别达到78.2岁、77.3岁，与77.9岁的全国平均水平基本持平，高于73.3岁的世界平均水平。

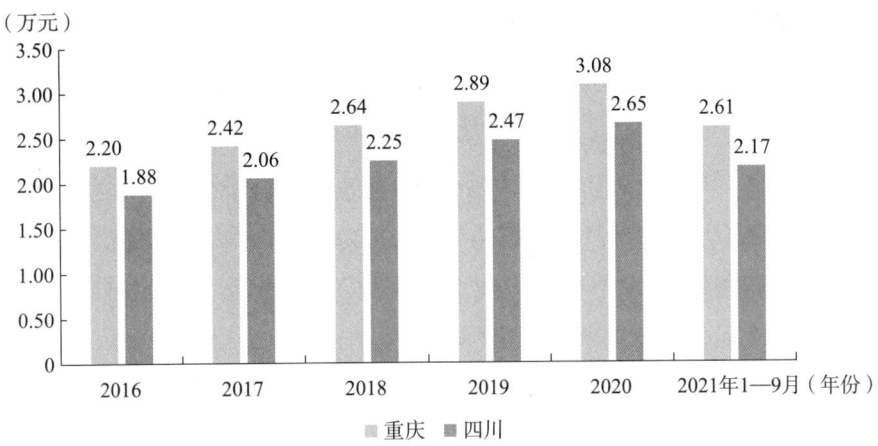

图1-2 2016年至2021年9月川渝居民人均可支配收入变化情况

## （二）国土空间布局不断优化

按照"双城引领、双圈互动、两翼协同"发展思路，持续优化成渝地区双城经济圈发展格局，城市品质不断提升，城市功能不断完善，高质量发展、高品质生活态势不断巩固。

> **专栏1-1 "双城""双圈""两翼"空间范围**
>
> "双城"：包括重庆主城都市区和成都。重庆主城都市区由中心城区和主城新区组成，其中"中心城区"包括渝中区、大渡口区、江北区、沙坪坝区、九龙坡区、南岸区、北碚区、渝北区、巴南区，即主城九区；"主城新区"包括涪陵区、长寿区、江津区、合川区、永川区、南川区、綦江区、大足区、璧山区、铜梁区、潼南区、荣昌区十二区。
>
> "双圈"：包括重庆都市圈和成都都市圈。重庆都市圈由重庆主城都市区和广安组成，成都都市圈由成都、德阳、眉山、资阳组成。
>
> "两翼"：包括北翼和南翼。"北翼"由重庆万州、开州、云阳、垫江、梁平、忠县、丰都、黔江和四川广安、达州（除万源市）、南充、绵阳（除平武县、北川县）、遂宁组成。"南翼"由重庆永川、江津、荣昌、铜梁、大足、綦江—万盛和四川泸州、内江、自贡、宜宾、乐山、雅安（除天全县、宝兴县）组成。

1. "双城"引领带动作用不断增强

重庆主城都市区、成都"双城"加速集聚高端服务功能，城市发展能级和综合竞争力不断提升，区域带动力和国际竞争力进一步增强。2020年，重庆主城都市区、成都GDP合计约为3.70万亿元，占成渝地区双城经济圈比重达到56%，2021年1—9月合计为2.98万亿元。一是重庆主城都市区提质扩容初见成效。围绕"强核提能级、扩容提品质"，主城都市区着力提升科技创新、高端产业、全球资源配置、国际交往等功能，创新能级、开放能级、产业能级、服务能级不断提升，"两江四岸"国际化山水都市风貌不断彰显。2020年，重庆主城都市区地区生产总值达到1.92万亿元，常住人口达到2115.33万人，占双城经济圈的比重分别为29.2%、21.6%。2021年1—9月，重庆主城都市区地区生产总值达到1.54万亿元，占双城经济圈比重为29%。中心城区聚焦"中部历史母城、东部生态之城、西部科学之城、南部人文之城、北部智慧之城"建设，西部（重庆）科学城、长嘉汇大景区、广阳岛智创生态城、两江数字经济产业园、两江协同创新区、长江文化艺术湾区等重大标志性示范工程提速建设，逐步成为承载科技创新、先进制造、现代服务、国际交往等核心功能、展示现代国际大都市形象的新名片。璧山、江津、长寿、南川4个同城化先行区融入中心城区步伐明显加快，对中心城区极核引领功能支撑作用明显增强。2020年，中心城区二三产业占比高达98.8%，常住人口城镇化率达到92.6%。2021年1—9月，中心城区地区生产总值达到7905.75亿元，占主城都市区比重为51.3%。主城新区按照"研发在中心、制造在周边"的发展思路，积极承接中心城区功能疏解和产业转移，工业化和新型城镇化主战场的地位更加稳固。涪陵、永川、合川、綦江—万盛4个支点城市人口和产业加速集聚，辐射带动作用和综合承载功能进一步提升。荣昌、大足、铜梁、潼南4个桥头堡城市加快推进遂潼川渝毗邻地区一体化发展先行区、资大文旅融合示范区等跨区域合作平台建设，联动成渝、联结城乡的纽带作用日益凸显。2020年，主城新区第二产业占比高达51.5%，高出全市平均水平11.5个百分点；常住人口城镇化率达到65%，高出2010年15个百分点。2021年1—9月，主城新区地区生产总值达到7495.52亿元，占主城都市区比重为48.7%。二是成都美丽宜居公园城市加快建设。按照"东进、南拓、西控、中优、北改"发展思路，持续优化主体功能分区，错位协同发展新格局初步形成。"东进"区域东部新区加速建设，天府国际机场建成投用，龙泉山城市森林公园、未来医学城、未来科技城等重大项目有序推进，门户枢纽、临空经济、高品质宜居等功能不断完善。"南拓"区域西部（成都）科学城、天府国际生物城等重点项目建设加快推进，天府新区和高新区自主创新示范区核心引擎作用不断强化。"西控"区域以建设国家城乡融合发展试验区为引领，大力实施天府绿道、川西林盘和智慧乡村体系建设，绿色发展能级持续提升，"雪山下的公园城市"成为城市新名片。"中优"区域大力实施城市更新工程，天府锦城、一环路市井生活圈等示范项目加快打造，具有蜀都味、国际范的城市生活新场景不断涌现。"北改"区域国际铁路港、自贸试验区、综合保税区开放平台能级不断提升，开放格局中的核心枢纽支撑功能不断增强。2020年，成都GDP为1.77万亿元，占成渝地区双城经济圈比重为26.7%；常住人口达到2093.78万人，占成渝地区双城经济圈比重为21.5%。2021年1—9月，成都地区生产总值达到1.44万亿元，占双城经济圈比重为27.2%。

2. "双圈"互动携手共进成为共识

重庆都市圈和成都都市圈加快推进扩容提质、相向发展，联动水平不断提升，为成渝地区双城经济圈高质量发展提供重要支撑。一是重庆都市圈"极核引领、圈层推进、多点支撑"的空间格局加快构建。依托轨道交通、高速公路、城市快速路，梯次推动重庆中心城区与渝西地区、广安融合发展，重庆都市圈发展能级和综合竞争力加快提升，初步形成了以重庆中心城区为极核，璧山、江津、长寿、南川、邻水—华蓥为同城化发展先行区，以涪陵、永川、合川、綦江—万盛、广安城区为支点，荣昌、大足、铜梁、潼南、武胜—岳池为桥头堡的网络化发展格局。重庆中心城区加快聚集高端功能，有序疏解非核心功能，对周边辐射带动作用不断增强。邻水—华蓥通过跨区域合作平台积极融入重庆中心城区，如川渝高竹新区建立税收征管、经济统计分成等机制，注资5亿元组建川渝高竹开发公司，累计入驻企业158户，80%

的企业来自重庆，90%的产品配套重庆。2020年，重庆都市圈地区生产总值约2.1万亿元，占成渝地区双城经济圈的比重达到31.1%；常住人口约2440.82万人，占成渝地区双城经济圈的比重达到31.1%。2021年1—9月，重庆都市圈地区生产总值达到1.64万亿元，占双城经济圈比重为30.9%。二是成都都市圈同城化发展取得积极进展。围绕"两轴"打造"三带"构建，加快推动成德眉资同城化发展，成都都市圈发展能级不断提升。成渝发展主轴不断夯实，成资大道建成通车，成都至资阳市域（郊）铁路等项目启动建设，成渝相向发展基础支撑不断强化。成德眉发展轴加快打造，天府大道、成都至德阳市域（郊）铁路加快推进，成德、成眉实现动车公交化运营，成德眉互联互通更便捷。成德临港经济产业带加快建设，成都国际铁路港、德阳国际铁路物流港一体化运营有序推进，物流枢纽和开放口岸功能协同发展水平不断提升。成眉高新技术产业带现代科技服务、创新资源集聚转化功能不断强化，在建工业合作项目76个，集群效应开始初显。成资共建国家级天府国际机场临空经济区加速推进，成都东部新区与资阳临空经济区产业互动不断加强，成资临空经济产业带初步形成。2020年，成都都市圈地区生产总值约2.2万亿元，占成渝地区双城经济圈的比重达到33.9%；常住人口约2965.78万人，占成渝地区双城经济圈的比重达到30.3%。2021年1—9月，成都都市圈地区生产总值达到1.82万亿元，占双城经济圈比重为34.2%。

3．"两翼"协同发展取得显著成效

毗邻地区合作发展功能平台加快建设，协同发展体制机制加快探索，区域中心城市加快培育，城乡融合、县城补短板等重点领域深化合作取得积极成效。一是"北翼"一体化发展取得重大进展。以万达开川渝统筹发展示范区为引领，遂潼川渝毗邻地区一体化发展先行区、明月山绿色发展示范带、城宣万革命老区振兴发展示范区等合作发展功能平台全面启动，明月山环山旅游健康道路、大巴山国际旅游度假区等一批重大项目加快建设，在推进长江经济带绿色发展中试点示范成效初显。2020年，万达开地区生产总值达到3490.1亿元，常住人口775.2万人，占"北翼"的比重分别为25.1%、

27.6%。2021年1—9月，万达开地区生产总值达到2886.1亿元，占"北翼"的比重为26.1%。其中，万州、南充、达州、黔江等区域中心城市建设步伐明显加快，均迈入"双百"大城市行列。垫江、梁平、丰都、忠县、云阳等节点城市要素集聚功能明显增强，2010—2020年常住人口城镇化率年均保持1.5个百分点的增速。二是"南翼"融合发展取得新成效。以川南渝西融合发展试验区为引领，内荣现代农业高新技术产业示范区、泸永江融合发展示范区等合作发展功能平台落地实施，国家优质商品猪战略保障基地、稻渔综合种养、合江—江津（珞璜）产业合作示范园区、江泸高速北线、渝赤叙高速等一批重大项目加快推进，联动西部陆海新通道和长江经济带的物流枢纽功能加快打造。2020年，川南渝西融合发展试验区地区生产总值达到12791.1亿元，常住人口2045.8万人，占"南翼"的比重分别为91.5%、94.1%。2021年1—9月，地区生产总值达到9650.2亿元，占双城经济圈南翼的比重达到81.8%。三是县城补短板强弱项加速发力。围绕"公共服务设施提标扩面、环境卫生设施提级扩能、市政公用设施提档升级、产业培育设施提质增效"发展目标，以国家新型城镇化示范县（市）为引领，大力提升县城公共设施和服务能力，县城综合承载能力不断提高，吸纳农业转移人口进城落户的能力显著增强。2010—2020年垫江、忠县、金堂、乐至、江安等国家新型城镇化示范县（市）城镇化率年均增加1.58个、1.53个、2.63个、1.18个、1.44个百分点，加速推进了新型城镇化进程。2020年成渝地区双城经济圈主要经济指标见表1-1。

表1-1　2020年成渝地区双城经济圈主要经济指标

| 地区 | 常住人口（万人） | GDP（亿元） | 第一产业增加值（亿元） | 第二产业增加值（亿元） | 第三产业增加值（亿元） | 城镇常住人口（万人） |
| --- | --- | --- | --- | --- | --- | --- |
| 双城经济圈 | 9804.35 | 66009.12 | 5955.88 | 24947.83 | 35105.44 | 6233.47 |
| 其中：重庆范围 | 2791.50 | 23158.10 | 1500.19 | 9409.59 | 12248.32 | 2034.62 |
| 四川范围 | 7012.85 | 42851.02 | 4455.69 | 15538.24 | 22857.12 | 4198.86 |
| （一）双城 | 4209.11 | 36959.39 | 1655.27 | 13306.86 | 21997.26 | 3310.38 |
| 1. 重庆主城都市区 | 2115.33 | 19242.72 | 1000.10 | 7888.36 | 10354.26 | 1661.11 |

续表

| 地区 | 常住人口（万人） | GDP（亿元） | 第一产业增加值（亿元） | 第二产业增加值（亿元） | 第三产业增加值（亿元） | 城镇常住人口（万人） |
|---|---|---|---|---|---|---|
| 2. 成都 | 2093.78 | 17716.67 | 655.17 | 5418.50 | 11643.00 | 1649.27 |
| （二）双圈 | 5406.60 | 42896.33 | 2554.59 | 15608.94 | 24732.80 | 3890.76 |
| 1. 重庆都市圈 | 2440.82 | 20544.29 | 1235.35 | 8305.49 | 11003.45 | 1804.55 |
| 2. 成都都市圈 | 2965.78 | 22352.04 | 1319.24 | 7303.45 | 13729.35 | 2086.21 |
| （三）两翼 | 4980.71 | 27855.92 | 3824.56 | 11871.16 | 12160.23 | 2693.06 |
| 1. 北翼 | 2807.48 | 13877.91 | 2113.77 | 5307.41 | 6456.81 | 1484.02 |
| 2. 南翼 | 2173.23 | 13978.01 | 1710.79 | 6563.75 | 5703.42 | 1209.04 |

### （三）基础设施联通提速推进

成渝地区双城经济圈聚焦提升内部互联互通水平，着力加快交通、能源、水利和新型基础设施建设，加快构建联通顺畅、管理协调、一体运营、安全可靠的基础设施网络，不断夯实双城经济圈建设基础。

**1. 交通内畅外联互达能力加快增强**

川渝两地围绕建设安全、便捷、高效、绿色、经济的现代化综合交通体系，以重大项目为重要抓手，全面推进道路交通网建设，"轨道上的经济圈"建设提速推进，陆海互济、四向拓展运输大通道更加通畅，一体化的现代综合交通体系建设取得新进展。一是双城经济圈互通网络加快完善。成渝中轴大轴向、多通道、网络化交通设施更加成形，"北翼""南翼"依托骨干通道形成的铁路公路网络逐步健全，"中轴通畅、两翼融合"的双城经济圈交通网络建设展现新面貌。成渝中线高铁启动建设，成自宜高铁建设顺利推进，成达万高铁、渝昆高铁域内段进入全面施工阶段，成渝高铁提质改造完成，成渝1小时交通圈基本形成。川渝直连高速路网持续完善，南充至潼南、泸州至永川、合川至安岳、大足至内江建成通车，资中至铜梁高速加快建设，开江至梁平、开江至万州、大竹至垫江、江津至泸州北线高速前期工作顺利推进，成渝、渝遂、渝邻高速公路扩容加快推进，川渝省际高速公路通道目前已达到13条，成都都市圈"三绕十八射"、重庆都市圈"三环十二射"高速路网格局基本形成。连接川渝间铁路线路及川渝互通高速公路分别见表1-2、表1-3。二是两大都市圈内部通勤网络加速织密。"轨道上的都市圈"建设继续推进，中心城区公交化、大容量、便捷性的轨道建设加快向临近区域拓展，渝广城际、绵遂内城际前期工作稳步开展，重庆市郊铁路渝合线、璧铜线建设加快，重庆轨道9号线、市郊铁路江跳线即将开通运营，18号线、10号线二期、4号线二期加快建设，15号线、24号线、4号线西延伸段全面开工；成都地铁13号线、27号线、30号线、8号线、17号线、19号线二期、10号线、18号线三期建设顺利推进。都市圈道路建设加快推进，德阳至都江堰、合川至长寿段高速公路相继建成通车，重庆主城都市区—广安同城化、成德眉资同城化交通运营日益健全。三是对外通道加快拓展。依托京津冀—成渝、长三角—成渝主轴以及西部陆海新通道、川藏通道建设，东南西北四向通道建设齐头并进。渝湘高铁加快建设，川藏铁路、隆黄铁路隆叙段开工建设，渝宜、渝西高铁前期工作顺利推进。世界级机场群建设加快，成都天府机场正式投用，重庆江北机场T3B航站楼及第四跑道工程前期全面完成，重庆新机场前期稳步进行，阆中机场、万州机场、黔江机场新改建加快推进。长江航运更加畅通，果园港开放功能更加完善，集疏运体系建设更上新台阶，新生港建成运营，洛碛港、黄磏港一期工程前期加快推进。嘉陵江利泽、乌江白马、涪江双江等工程有序实施，川渝共建万州新田港二期工程获批，长江朝涪段航道整治开工建设。

表1-2 连接川渝间铁路线路

| 序号 | 类型 | 线路 | 开通时间 |
| --- | --- | --- | --- |
| 1 | 高速铁路 | 成渝高铁 | 2015年 |
| 2 | 普速铁路 | 成渝铁路 | 1952年 |
| 3 | | 襄渝铁路 | 1979年 |
| 4 | | 达万铁路 | 2004年 |
| 5 | | 成遂渝铁路 | 2009年 |
| 6 | | 兰渝铁路 | 2017年 |

表 1-3　川渝互通高速公路

| 序号 | 高速公路名称 |
| --- | --- |
| 1 | 成渝高速 |
| 2 | 渝蓉高速 |
| 3 | 渝遂高速 |
| 4 | 成渝环线高速 |
| 5 | 渝广高速 |
| 6 | 渝邻高速 |
| 7 | 南渝高速 |
| 8 | 邻垫高速 |
| 9 | 南大梁高速 |
| 10 | 达万高速 |
| 11 | 渝泸高速 |
| 12 | 渝昆高速 |
| 13 | 永泸高速 |

2. 能源、水利互济共保水平不断提升

川渝两地持续推动电力、天然气、水利基础设施互联互通，能源共保、水利互济能力不断提高。一是能源设施加快完善。区域电力供给不断优化，川渝1000千伏特高压交流工程站址等川渝电网一体化、疆电入渝特高压、湖北特高压线路建设项目顺利推进。燃气供应能力不断增强，川渝千亿立方米天然气基地和中国"气大庆"项目建设加快推进，川南渝西天然气管道项目，广元、内江白马、重庆天泰天然气发电工程前期工作顺利开展，永川—荣昌、渝西、綦江等页岩气勘探开发项目顺利实施，成渝双城城市燃气供应合作提速。二是水利设施建设持续加强。区域重大蓄水、提水、调水工程建设加快，跨区域水资源调配能力显著增强。渝西水配置工程稳步推进，渝南水配置工程、引大济岷、长征渠引水特大型水利工程前期工作有序推进，向家坝灌区一期、亭子口灌区一期等骨干水利工程加快建设。

3. 新型基础设施建设持续高位推进

川渝两地围绕释放发展新动能，加速融入数字经济新格局，新型基础设施网络更加织密结实。一是信息基础设施扩面提标。川渝累计建设5G基站超过13万个，重庆实现中心城区及其他区（县）重点区域5G网络连续覆盖，四川5G网络覆盖半数以上乡镇。川渝地区具有重庆、成都两个国家级互联网骨干直联点，中新（重庆）国际互联网数据专用通道建成投用，川渝省际互联网出口带宽合计达到70T，千兆光纤用户覆盖率位居西部前列。二是融合创新设施引领突破。工业互联网发展亮点频出，围绕公共服务平台共建、工业软件攻关、产融对接，合力打造国家级成渝地区工业互联网一体化发展示范区，工业互联网标识解析体系更加完善，建设重庆顶级节点和若干二级节点，成渝地区工业互联网标识解析服务网络逐步形成。布局建设"东数西算"国家算力枢纽成渝节点，推动建设量子通信网络"成渝干线"，成都超算中心、中新（重庆）国际超算中心成功纳入国家超算中心体系。

### （四）现代产业体系加快构建

成渝地区双城经济圈强化产业分工协作和产业集群化、链条式发展，协同推进产业扩能提质，现代产业体系不断完善，产业发展水平和竞争力稳步提升。

#### 1. 世界级先进制造业集群加快建设

围绕打造国家重要先进制造业基地，强机制、搭平台、抓项目、促联动，区域制造业竞争力和产业带动力得到持续巩固和提升。一是区域制造业规模扩张，效益提升。2020年，川渝两地工业增加值为2.05万亿元，同比增长4.8%，高出全国平均水平2.6个百分点，占全国比重从2010年的0.98%提升到2.01%；2021年1—9月，重庆和四川的工业增加值增速分别为14.2%、10.7%，保持稳定增长态势，对全国制造业发展的支撑作用显著增强。川渝两地规模以上工业企业主营业务收入达到6.91万亿元，是2010年的2.2倍，实现利润4892.9亿元，较2010年翻了一番，发展效率、效益均有所提升。二是主导产业集群效应稳步增强。汽车、电子信息、装备制造、消费品等主导产业协同发展实施方案相继出台，产业协同发展水平持续提高，汽车、电子产业全域配套率超过80%。2020年，成渝地区电子计算机产量占全国的44.1%，移动手机产量占全国的18.2%，汽车产量占全国的9.1%，啤酒产量占全国的8.3%，是全球最大的笔记本电脑制造基地、全国第二大手机制造基地和全国六大汽车产业基地之一。三是产业发展平台建设取得新突破。成渝地区双城经济圈内国家级经济开发区增至13家，占西部地区总量的26.0%，形成了"2+12+13"的国家级开发区体系（见表1-4）。园区共建不断突破，成渝地区工业互联网一体化发展示范区启动建设，认定授牌双城经济圈首批20个产业合作示范园区，签署40余份产业园区合作协议。成立川渝产业园区发展联盟，吸引两地90余家重点园区、179家优势企业、12家银行省级分行、10余家商业协会及20余家服务机构加入，初步形成多主体融合产业发展共同体。

表1-4 川渝两地国家级开发区

| 序号 | 国家级开发区 | 获批时间 | 主导产业方向 |
| --- | --- | --- | --- |
| 一、国家级新区 | | | |
| 1 | 重庆两江新区 | 2010年5月 | 汽车、电子信息、高端装备和生物医药等支柱产业，航空航天、新材料等战略性新兴产业 |
| 2 | 四川天府新区 | 2014年10月 | 电子信息、汽车制造、新能源、新材料、生物医药、金融 |
| 二、国家级高新区 | | | |
| 1 | 重庆高新区 | 1991年3月 | 新一代信息技术、生命健康、绿色低碳、高技术服务产业 |
| 2 | 璧山高新区 | 2015年9月 | 智能装备、信息技术、生命健康产业 |
| 3 | 荣昌高新区 | 2018年2月 | 以食品、医药、陶瓷、服饰为重点的消费品工业、智能装备、电子信息、新材料、大数据区块链、运动健康和农牧高新产业 |
| 4 | 永川高新区 | 2018年2月 | 智能装备、电子信息、汽车及零部件、新材料、软件与信息技术 |
| 5 | 成都高新区 | 1991年3月 | 新一代信息技术、生命健康、绿色低碳、高技术服务产业 |
| 6 | 绵阳高新区 | 2015年9月 | 智能装备、信息技术、生命健康产业 |
| 7 | 自贡高新区 | 2018年2月 | 以食品、医药、陶瓷、服饰为重点的消费品工业、智能装备、电子信息、新材料、大数据区块链、运动健康和农牧高新产业 |
| 8 | 乐山高新区 | 2018年2月 | 智能装备、电子信息、汽车及零部件、新材料、软件与信息技术 |
| 9 | 泸州高新区 | 1991年3月 | 新一代信息技术、生物、高端装备、节能环保产业和生产性服务业 |
| 10 | 攀枝花钒钛高新区 | 1992年12月 | 电子信息技术、汽车及零部件、新材料、生物医药等 |
| 11 | 德阳高新区 | 2011年6月 | 节能环保装备制造和新材料 |
| 12 | 内江高新区 | 2012年8月 | 半导体材料、机械电气、新医药、农产品精加工 |

续表

| 序号 | 国家级开发区 | 获批时间 | 主导产业方向 |
|---|---|---|---|
| 三、国家级经开区 | | | |
| 1 | 重庆经开区 | 1993年4月 | 电子信息（含人工智能、智能终端、物联网）、高端装备制造、现代服务业 |
| 2 | 万州经开区 | 2010年6月 | 绿色照明、智能装备、食品医药、汽车、新材料 |
| 3 | 长寿经开区 | 2010年11月 | 综合化工（生物医药）、新材料新能源、钢铁冶金、装备制造、电子信息 |
| 4 | 成都经开区 | 2000年2月 | 以乘用车为龙头的整车制造及关键零部件制造产业、工程机械制造产业和航天装备制造产业 |
| 5 | 德阳经开区 | 2010年6月 | 新能源、新装备、新材料产业和现代服务业 |
| 6 | 广安经开区 | 2010年6月 | 电力能源、天然气化工、盐化工、有色金属、机械加工、新型材料 |
| 7 | 绵阳经开区 | 2012年10月 | 电子信息、化工环保、食品医药及机械制造 |
| 8 | 遂宁经开区 | 2012年7月 | 新一代电子信息产业、高端装备制造、现代服务业、科研创意产业 |
| 9 | 广元经开区 | 2012年12月 | 电子机械、有色金属加工、食品饮料、生物医药和现代服务业 |
| 10 | 宜宾临港经开区 | 2013年1月 | 先进装备制造、新材料 |
| 11 | 内江经开区 | 2013年11月 | 机械汽配、电子信息、生物医药、信息安全产业和现代服务业 |
| 12 | 成都国际铁路港经开区 | 2021年6月 | 临港制造、先进材料、国际商贸物流 |
| 13 | 雅安经开区 | 2021年6月 | 大数据、先进材料、装备制造、大健康 |

**专栏1-2 首批成渝地区双城经济圈产业合作示范区、园区名单**

重庆范围10个：荣昌高新技术产业开发区、綦江工业园区、两江新区鱼复工业开发区、江津工业园区、开州工业园区、合川高新技术产业开发区、空港工业园区、大足高新技术产业开发区、潼南高新技术产业开发区、永川高新技术产业开发区。

四川范围10个：隆昌经济开发区、宜宾三江新区、自贡高新技术产业开发区、遂宁高新技术产业园区、合江临港工业园区、川渝高竹新区、四川开江经济开发区、德阳经济开发区、资阳高新技术产业园区、中德（浦江）中小企业合作区。

## 2. 数字经济发展日新月异

紧抓新一代信息技术改革、产业改革机遇，加快共建数字产业新高地，数字经济蓬勃发展。一是数字经济规模持续扩张。重庆和四川大力推动产业数据化、数据产业化，联合启动建设国家数字经济创新发展试验区、国家新一代人工智能创新发展试验区，大力培育发展数智制造、人工智能、区块链等数字产业集群，数字经济持续高速增长。2020年，川渝两地数字经济规模超过2.2万亿元，连续三年保持两位数高速增长，占GDP比重提高至约33.3%。2021年1—9月，数字经济克服了疫情带来的不利影响率先复苏，发展势头良好。二是数字经济和数字治理协同持续深化。川渝两地大数据应用管理部门、大数据企业等主体，聚焦大数据共建共享、数字产业协同发展等领域，签订《深化成渝地区双城经济圈大数据协同发展合作备忘录》《成渝地区软件产业发展战略合作框架协议》等合作协议，成立西南数据治理联盟、成渝地区区块链应用创新联盟，联合申报国家网络安全产业园区。川渝两地省市级数据共享平台互联互通，推动实现超过5000类政务数据互挂共享。三是数字经济国际合作取得新进展。联动广西、云南、贵州等周边省份，签署《关于中新（重庆）国际互联网数据专用通道共建共享共用合作倡议书》，带动中国西部与东盟间的数字经济国际合作。中新（重庆）国际互联网数据专用通道累计吸引新加坡电信、腾讯、华为、万国数据等50余家中新企业成为用户，推动合作签约50项，疫情期间促成200余家企业、2000多人次的跨国交流对接。

## 3. 现代服务业发展提质增效

随着川渝两地稳增长、促消费政策效应的持续释放，成渝地区双城经济圈服务业稳步复苏，实现规模和效益双提升。一是服务业规模扩张结构优化。2020年，川渝两地服务业增加值达到38678.32亿元，同比增长3.2%，高出全国平均水平1.1个百分点。商贸、物流、金融三大支柱型服务业增加值突破1.46万亿元，占川渝两地服务业比重达到37.8%，文化旅游、数字服务、健康服务等新兴服务业保持快速增长态势，服务业结构持续优化。2021年1—9月，重庆和四川服务业增加值分别同比名义增长10.3%、9.8%，高出全国平均水平0.8个和0.3个百分点，川渝两地累计实现服务业增加值31269.18亿元，服务业持续回暖。二是文旅协同发展成效突出。启动巴蜀文化旅游走廊建设，联合实施长征国家文化公园（重庆段、四川段）、巴蜀非遗文化产业园、川渝石窟保护展示、川陕片区红军文化公园等一批带动性、引领性文旅项目，开发生态康养、乡村旅游、红色研学等精品线路70余条，资源共享、线路共建、信息互通、游客互送、利益共赢的文旅联动发展格局加快建设。在疫情冲击下，川渝两地接待入境旅游人数、旅游外汇收入有所回落，2020年分别为39.24万人次、1.55亿美元。三是西部金融中心协同共建稳步推进。银行、保险、证券等金融市场主体加快引育，集聚外资金融机构约230家，重庆近五年落地全国首家互联网消费金融、全国首家专业信用保证保险、西部首家民营银行等15个新型金融机构，金融机构数量、门类领先中西部。依托中新（重庆）互联互通平台，大力发展推进跨境结算、跨境投融资等金融国际合作，合计实现跨境人民币实际收付结算逾3000亿元，覆盖"一带一路"沿线近60个国家和地区，覆盖面和规模总量多年领跑内陆地区。2020年，川渝两地金融业增加值达到0.56万亿元，占区域服务业的比重为30.0%，占全国金融业比重为6.6%。四是现代物流发展水平持续提升。重庆陆港型国家物流枢纽、遂宁陆港型国家物流枢纽、重庆空港型国家物流枢纽、达州商贸服务型国家物流枢纽先后获批，国家级物流枢纽增至6家，其中重庆成为全国唯一兼具港口型、陆港型、空港型国家物流枢纽城市。重庆港务物流集团、四川省港投集团积极推动组建川渝区域性物流公司，两地协同经营中欧班列（成渝）品牌。2020年成渝地区实现物流业总收入0.93万亿元，较2019年增加275.3亿元，社会物流总费用与GDP的比率近三年持续降低。五是巴渝特色国际消费目的地加快打造。重庆获批全国首批国际消费中心城市，渝中区、成都市成功创建首批国家文化和旅游消费示范城市，沙坪坝区、泸州市等10个市（区）纳入国家文化和旅游消费试点城市，成立成渝双城消费服务联盟，吸引川渝两地商业零售领域100余家行业协会和300余家企业，消费资源加速集聚、消费市场持续扩张、消费协同发展取得新进展。2020年，川渝两地实现社会消费品零售总额3.26万亿元，在西部地区社会消费品零售总额占比从2010年的35.0%稳步提升至38.8%。2021年1—9月，重庆、四川分别实现社会消费品零售总额10302.1万元、17381.7万元，分别同比增长23.7%、18.9%，高出全国平均水平7.3个、2.5个百分点。

#### 4. 农业现代化发展水平持续提升

川渝两地以成渝现代高效特色农业带建设为统领，强化农业分工协作，共推农业转型升级，提升区域农业现代化发展水平。一是成渝现代高效特色农业带建设取得突破。相关规划和合作方案加速协同落实，启动建设国家级重庆（荣昌）生猪大数据中心以及荣昌—隆昌、大足—安岳、梁平—开江3个成渝现代高效特色农业带合作示范园，新增江津、万州、丰都、苍溪、广汉、邛崃、安岳、三台、隆昌等9家国家级现代产业园（总数增至13家），成功创建重庆柠檬、重庆荣昌猪、四川川猪、四川晚熟柑橘、重庆三峡柑橘、重庆长江上游榨菜、四川山地肉牛、四川川西南早茶等八大国家级特色产业集群。2020年，川渝两地实现农业增加值0.74万亿元，连续10年正增长，占全国比重9.5%。2021年1—9月，重庆、四川农业增加值分别同比增长8.3%、7.2%，农业向好态势持续巩固。二是农业创新稳步推进。国家农业科技园区累计达到24家（重庆13家、四川11家），成立成渝地区双城经济圈农业科技创新联盟，共同申报实施科研项目近40项，联合发布重点应用科技成果100余项，重庆建成全球最大、国内唯一的无菌猪培育和转化平台，自主培育的油菜新品种"庆油8号"含油量领跑全国，"丘陵山区农田宜机化改造技术"入选中国农业农村九大新技术。智慧农业、休闲农业、定制农业等新业态新模式运营场景不断拓展。三是农业品牌建设取得重大进展。川渝两地聚焦农产品价值提升，大力推动"三品一标"基地建设，积极擦亮"巴味渝珍"和"川字号"农产品品牌，其中，"巴味渝珍"区域公共品牌已辐射至全国20个省、4个自治区和2个特别行政区，农产品平均溢价超过10%，在海外知晓度不断提高。2021年，川渝两省（市）七地成功入选全国种植业"三品一标"基地名单（见表1-5）。

表1-5 川渝两地入选全国种植业"三品一标"基地名单

| 重庆范围（4个） | 四川范围（3个） |
| --- | --- |
| 大足区三驱镇油菜"三品一标"基地 | 宜宾市翠屏区金秋湖镇等茶叶"三品一标"基地 |
| 南川区福寿镇水稻"三品一标"基地 | 彭州市濛阳街道蔬菜"三品一标"基地 |
| 石柱县黄水镇黄连"三品一标"基地 | 大竹县月华镇糯稻"三品一标"基地 |
| 云阳县双龙镇柑橘"三品一标"基地 | |

## （五）协同创新能力稳步提升

成渝地区双城经济圈协同创新战略平台、创新生态加快完善，科技创新资源要素加快集聚，关键核心技术攻关、科技成果转化成效显著，协同创新能力稳步提升。

**1. 创新平台体系加快完善**

围绕提升成渝地区产业创新能力，逐步形成一批产业关键共性技术研发平台、创新公共服务平台、科技资源共享平台。一是战略创新平台加快建设。聚焦战略性创新领域，合力建设成渝综合性科学中心，推动国家级新区、国家级高新区等重点平台全面对接，研究谋划200个重大支撑项目、15个重大科技基础设施，总投资超过3000亿元。以"一城多园"模式高标准共建西部科学城，西部（重庆）科学城、西部（成都）科学城正式挂牌。重庆两江协同创新区、中国（绵阳）科技城等重点项目加快建设。二是协同创新平台更加丰富。推进共建科技资源共享、技术转移服务平台，重点实验室、工程技术中心、科研院所等协同创新平台加速落地，截至目前，川渝两地集聚国家重点实验室和国家工程技术中心52个，国家级科研院所63个。围绕地球科学、生命科学等共建3个协同创新中心和6个合作攻坚重点实验室，川渝共建古生物与古环境协同演化重庆市重点实验室等省部级重点实验室挂牌成立，揭牌启动重庆大数据创新实验室、天府兴隆湖实验室，新认定"特色食品"等5个川渝共建重庆市重点实验室，科技创新能力稳步增强。成立成渝地区38家国家及省（市）级高新区联盟、技术转移联盟，成渝地区大学科技园协同创新发展联盟、国际科技合作基地联盟等合作平台，产业创新合作持续深化。三是重大科创基础设施逐步完善。两地加快打造多领域、多类型、协同联动的重大科创设施集群，推动一批带动性强、影响力大的重大科创基础设施布局落地。北京大学重庆大数据研究院等建成投用，国家川藏铁路技术创新中心揭牌运行。首台国产医用回旋加速器正电子药物制备中心顺利落成，同位素及药物国家工程研究中心成功获批，高海拔宇宙线观测站记录发现人类最高能量光子。超瞬态实验装置、长江上游种质创制大科学中心、中国自然人群生物资源库重庆中心、国家应用数学中心等项目建设加快推进。两地已有国家临床医学研究中心3个、国家重大科学基础设施10个。

2. 科技创新水平加速提升

成渝地区科技资源要素加速集聚、科技研发投入强度持续提升、科技转化能力不断增强。一是科技创新投入持续加大。2020年,川渝两地R&D经费支出达到1582.09亿元,占全国的6.49%,总体研发经费投入强度超过2.1%,位居西部前列。2016—2020年川渝两地R&D经费总支出情况见图1-3。2021年1—9月,川渝两地进一步加大研发投入,基础和应用创新能力不断提高。二是创新人才和创新主体加快集聚。2020年,川渝两地规模以上工业企业研发人员达到16万人,同比增长13.5%,两地引进海外高层次人才2256人,集聚两院院士83人。创新研发机构和创新型企业加快培育,高新技术企业总量达到12376家,新培育入库科技型企业近2万家,入库量与增幅均创新高。三是科技成果产出和转化能力不断提升。两地立足解决"卡脖子"技术问题,聚焦人工智能、大健康、信息通信、智能制造、资源环境等领域,开展联合攻关项目60余个,区域协同创新和整体转化能力得到大幅提升。发明专利数量大幅增长,成功突破一批领先技术,直线感应加速器、自由电子激光等领域多项技术国际领先,2020年末两地拥有有效发明专利数量达到10.75万件,同比增长14.7%。2016—2020年川渝两地每万人口发明专利拥有量见图1-4。

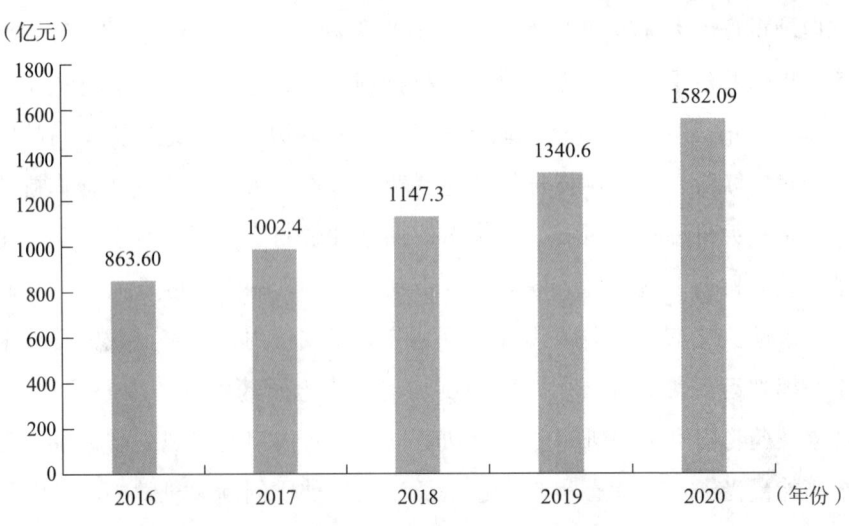

图1-3　2016—2020年川渝两地R&D经费总支出情况

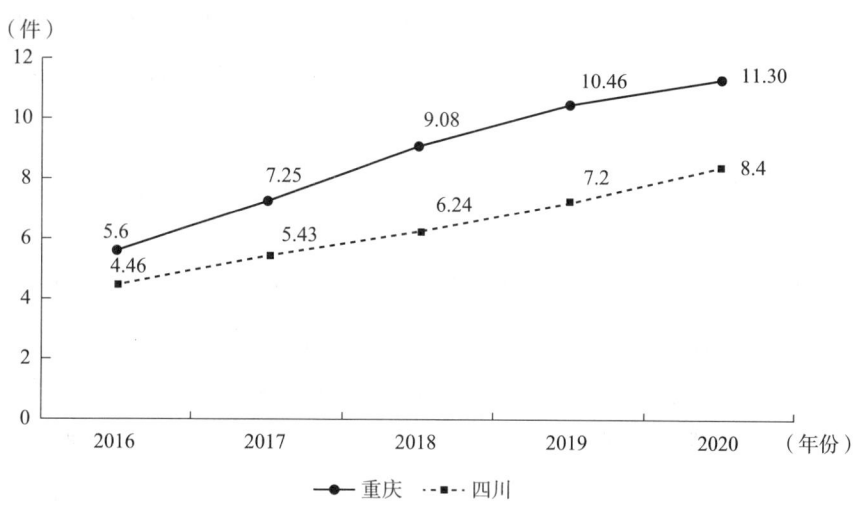

图1-4　2016—2020年川渝两地每万人口发明专利拥有量

3. 协同创新生态持续优化

深入实施川渝科技创新合作发展计划，加快完善协同创新政策体制机制，促进科技资源、金融支撑、创新发展等领域深度协同。一是科技资源互通共享局面逐步显现。共同组建运行川渝科技创新资源互联互通共享平台系统，整合开放共享两地价值112亿元的大型仪器设备1.4万余台（套），实现用户统一身份认证、一键登录、仪器设备共享等功能，推动共享科技专家2.6万余人。二是科技金融支撑更加有力。共同争取国家重大科技专项支持，协同发布筹建3只创投基金，设立总规模50亿元的双城经济圈科创母基金，已实现1.1亿元项目投资，规模20亿元的西南首只成果转化股权投资基金落户西部（重庆）科学城。三是科技创新协作机制不断完善。定期召开川渝协同创新专项工作组会议，共同签署《川渝大型科研仪器设备数据开放共享合作协议》，制定《川渝共建重点实验室管理办法》等协同创新政策制度，推进川渝毗邻地区科技特派员互派互认，推动建立外国高端人才互认等创新人才工作机制，探索开展外国专业人才（B类）工作许可互认试点工作，促进川渝高端人才信息资源共享。

（六）生态共建共保深入推进

持续深化两省（市）生态共建、污染防治等方面协同合作，着力解决系统性、区域性、跨界性突出环境问题,生态环境共谋共建成效显著、共保共享机制进一步丰富,长江上游重要生态安全屏障地位进一步巩固。

1. 生态共建合力逐步增强

川渝两地协同推进生态建设,加强生态保护修复,跨区域跨流域生态网络逐步完善,优质生态产品供给能力不断提升。一是生态网络加快构建。川渝协商划定两省(市)生态保护红线,协调实施毗邻区域"三线一单",制定区域环境准入协商机制。共同编制"六江"(长江、嘉陵江、乌江、岷江、沱江、涪江)生态廊道建设规划,推进长江水生动物、珍稀濒危野生动物及其栖息地保护恢复,严格落实长江"十年禁渔",建成水生生物自然保护区和水产种质资源保护区53个,保护长江鲟等珍稀水生动物20余种。大力推动重庆广阳岛片区长江经济带绿色发展示范和四川天府新区可持续发展创新示范,设立四川大熊猫国家公园,共建各级各类自然保护地742处,其中世界自然遗产地7处、森林公园225处。二是生态保护修复成效显著。启动"两岸青山·千里林带"等重大生态项目,长江干流及三峡库区回水区,嘉陵江、乌江和涪江重庆段两岸第一层山脊线范围内造林绿化稳步推进,营造"两岸青山·千里林带"104.7万亩、完成长江干支流沿岸10千米范围废弃露天矿山生态修复面积41.09平方千米、新增治理水土流失面积1289平方千米,川渝森林覆盖率分别达到40.23%、54.50%。加强生态综合治理,共同探索生态产品价值实现机制,重庆城市更新入选自然资源部和世界自然保护联盟联合公布的中国十大特色生态修复案例,广阳岛成功创建国家"两山论"实践创新基地,四川完成广安华蓥山区国家试点的山水林田湖草生态保护修复工程。

> **专栏1-3 川渝主要的国家级自然保护区**
>
> 重庆境内:金佛山国家级自然保护区、缙云山国家级自然保护区、大巴山国家级自然保护区、长江上游珍稀特有鱼类国家级自然保护区、雪宝山国家级自然保护区、阴条岭国家级自然保护区、五里坡国家级自然保护区。

> 四川境内：栗子坪国家级自然保护区、小寨子沟国家级自然保护区、诺水河珍稀水生动物国家级自然保护区、黑竹沟国家级自然保护区、格西沟国家级自然保护区、长江上游珍稀特有鱼类国家级自然保护区、龙溪—虹口国家级自然保护区、白水河国家级自然保护区、攀枝花苏铁国家级自然保护区、画稿溪国家级自然保护区、王朗国家级自然保护区、雪宝顶国家级自然保护区、米仓山国家级自然保护区、唐家河国家级自然保护区、马边大风顶国家级自然保护区、长宁竹海国家级自然保护区、老君山国家级自然保护区、花萼山国家级自然保护区、蜂桶寨国家级自然保护区、卧龙国家级自然保护区、九寨沟国家级自然保护区、小金四姑娘山国家级自然保护区、若尔盖湿地国家级自然保护区、贡嘎山国家级自然保护区、察青松多白唇鹿国家级自然保护区、长沙贡玛国家级自然保护区、海子山国家级自然保护区、亚丁国家级自然保护区、美姑大风顶国家级自然保护区。

2. 污染防治成效持续向好

两地深入落实"共抓大保护、不搞大开发"方针，扎实打好长江保护修复攻坚战和碧水蓝天保卫战，生态环境持续优化，宜居水平不断提升。一是水污染联防联治持续深化。始终把修复长江生态环境摆在压倒性位置，推进铜钵河、琼江等跨界水污染联合防治试点建设，加强新盛河等跨界流域问题立行立改，联合出台琼江水生态保护三年行动计划、建立川渝跨界集中式饮用水水源地风险联合防控体系，扎实推进跨界国控断面水质联合监测和数据共享，跨界河流协同治理持续加强。2021年，川渝两地277个国考断面水质优良比例达95%以上。二是大气治污协同并进。协同推进毗邻区域大气污染重点行业、重点污染源整治，开展工业污染源联动执法监管与应急处置，推进火电、钢铁等行业超低排放改造和工业炉窑行业深度治理，建立跨区域水泥行业错峰生产制度，积极开展5轮次蓝天保卫战联动帮扶，重污染天气联防联控持续强化。围绕"双碳"目标，联合出台碳达峰、碳中和联合行动方案，促进电网、气网、热网等跨区域协同，推进大气联防联控技术的研究应用。2020年川渝两地空气质量优良天数分别达到322.8天、333天。三是固废协同共治不断加强。加强超大城市污染治理交流协作，共建"无废城市"，推动危险废物跨省（市）转移同治，深化危险废物跨省市转移、环评审批会商、科研项目等方面合作，直接审批危险废物跨省（市）转移申请超过220件，总量超10万吨，2021年将废脱硝催化剂、废矿物油、废有机溶剂三类危险废物纳入"白名单"，危险废物跨省（市）转移"绿色通道"进一步通畅。

3. 生态共保机制更加完善

川渝两地生态环境协同监管体系逐步建立，环境污染联防联治机制不断健全，生态环境共保联治能力显著提升。一是生态共建战略协同进一步强化。深化生态环保领域信息资源共享、政策机制协同创新等合作机制，签订生态环境政策规划协同创新体系建设等战略合作协议。联合推进成渝地区双城经济圈生态环境保护规划、成渝地区双城经济圈建设气象保障规划等规划编制，联合出台明月山绿色发展示范带总体方案，促进毗邻区域生态建设无缝衔接，共同推进成渝中线高铁、成达万高铁等重大项目环评工作。二是生态共保政策法治体系逐步完善。共同成立长江上游成渝地区生态保护法治联盟，签署《法治联盟框架协议》，建立联手打击整治破坏环境保护违法犯罪协作机制。联合签订水生态环境共建共保、跨界河流管理保护等合作协议，建立长江流域川渝横向生态补偿机制，设立川渝长江流域保护治理基金，协同推进嘉陵江流域生态立法。联合建立濑溪河流域川渝协作司法保护增殖放流示范点，以及江津长江上游珍稀特有鱼类国家级自然保护区川渝司法协作生态保护基地。三是协同治污机制更加健全。在全国率先签订跨省（市）生态环境联动督察协议，联合开展生态环境标准统一政策措施研究。成立川渝河长制联合推进办公室，推行"一河一策一图"工作任务清单管理，共同开展跨界河流联防联治现场会等活动，推动长江、嘉陵江及重要支流联合执法。推动污染天气预警预报信息、国控、市控及微型站点等数据信息共享。首创川渝两地危险废物跨省（市）转移"白名单"制度并延伸至云贵两省，大幅提高审批效率，危险废物跨省（市）转移平均审批时限由1个月压缩到约5天。推动建立云、贵、川、渝四省（市）危险废物联防联控机制，危险废物精细化管理等 5 项经验做法入选全国"无废城市"建设典型模式。

**（七）改革开放持续拓展深化**

成渝地区双城经济圈合力推进改革开放各项工作，加快从内陆腹地向门户枢纽和开放高地转变，在西部地区带头开放、带动开放的作用更加突出。

1. 开放型经济发展势头更强劲

成渝地区双城经济圈积极扩大对外开放，对外贸易规模稳步扩大，市场多元化布局不断深化，内外资利用水平稳步提升，开放型经济发展潜能不断释放，发展优势不断巩固。一是进出口规模创历史新高。2020 年，川渝两地外贸进出口实现了快速回稳、持续向好，实现货物进出口总额约 1.46 万亿元，占西部地区货物进出口总额 49.6%；外贸依存度上升到 20%，较上年提高 2.1 个百分点。2021 年 1—9 月，成渝地区实现货物贸易进出口总值 1.25 万亿元，重庆、四川分别实现外贸进出口 0.58 万亿元、0.67 万亿元，同比增长 27.0%、14.4%。二是贸易多元发展态势明显。集成电路、打印机、笔记本等加工贸易优势明显，2020 年出口额 7919.7 亿元，占对外贸易出口额比重近 90%，2021 年 1—9 月随着我国率先复工复产，电子信息等加工贸易规模持续扩大。汽车平行进口、总部贸易、转口贸易等贸易新业态加快培育，数字贸易蓬勃发展，跨国金融结算保持西部第一。三是主要贸易伙伴进出口均保持增长。美国、东盟、欧盟（不含英国）为川渝两地前三大贸易伙伴，2020 年合计进出口额 8052.7 亿元，占同期外贸进出口总值的 55.2%。其中，对美国、东盟、欧盟三大贸易伙伴分别进出口 2689.7 亿元、2796.3 亿元、2566.7 亿元，占比 19.2%、18.4%、17.6%，同比均保持两位数增长态势。四是利用外资保持稳定。成渝地区双城经济圈累计引进外商投资超 2000 亿美元，外商投资市场主体贡献了 50% 以上的进出口总值，已经成为成渝地区双城经济圈对外开放的主力军。其中，"世界 500 强"企业重庆 296 家、成都 364 家。2020 年西部各省（自治区、直辖市）进出口总额、实际利用外资额情况见图 1-5、图 1-6。

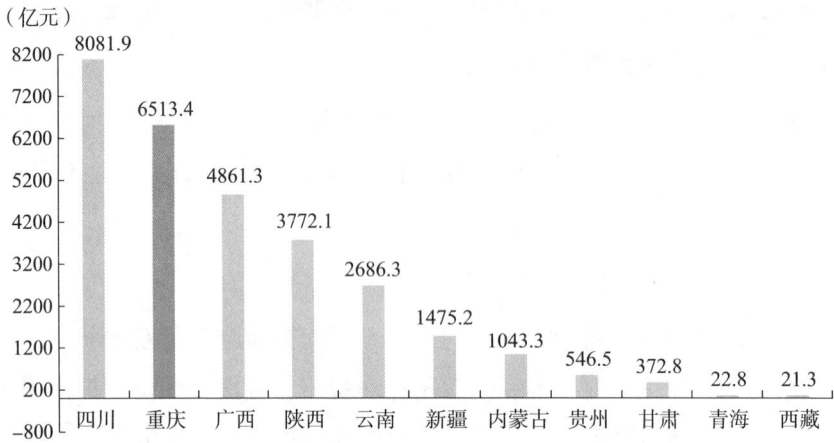

图 1-5　2020 年西部各省（自治区、直辖市）进出口总额

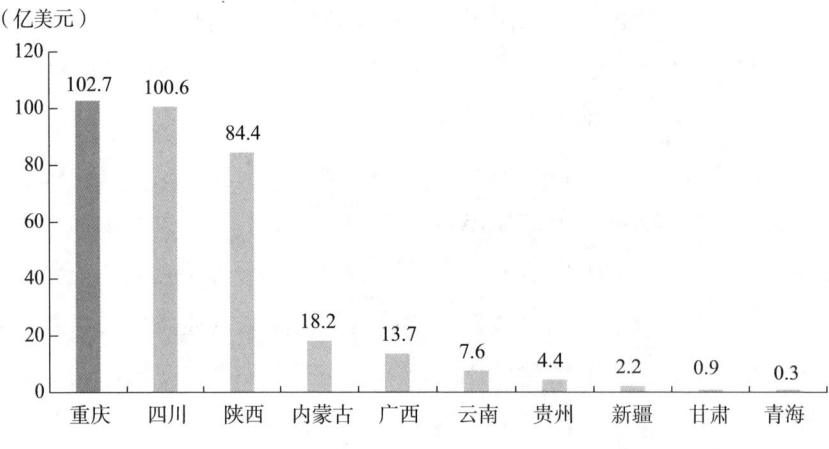

图 1-6　2020 年西部各省（自治区、直辖市）实际利用外资额

2. 开放通道建设水平明显提升

近年来，成渝地区双城经济圈加快完善陆海互济、综合立体的国际大通道，构建起东向、西向、南向、北向国际通道体系，国际多式联运规模和效率不断提升。一是西部陆海新通道不断做大做强。已建立由国家发展改革委牵头，商务部等 14 个国家部委和重庆、广西、四川等 5 个省（自治区、直辖市）共同组成的"14+5"西部陆海新通道建设省部际联席会议制度。由重庆牵头组建西部陆海新通道物流和运营组织中心、西部陆海新通道公司，形成

"13+1"省（自治区、直辖市）共建格局。税收征管、自贸创新、风险防控等业务领域一体化改革加快推进，多式联运体系进一步成熟。2020年成渝地区双城经济圈共开行铁海联运班列2140列，占西部陆海新通道开行班列总量的40.3%。2021年1—9月铁海联运班列开行数较上年同期有所增加。二是中欧班列（成渝）高质量发展态势明显。通关模式持续优化，积极与乌鲁木齐海关联合开展"关铁通"试点，在全国率先落地中欧班列铁路快速通关模式，单列班列口岸通关作业耗时平均减少4小时以上。2020年共同开行中欧班列（成渝）近5000列，历年累计开行量达到1.4万列，占全国开行总量40%以上，成为全国开行量最多、开行最均衡、运输货值最高、货源结构最优、区域合作最广泛、运输最稳定的中欧班列品牌①。三是长江黄金水道不断挖潜增效。推进长江内支线船舶舱位共享，开行重庆港到泸州港水水中转业务，完成广元至果园港集装箱班轮测试，嘉陵江航运实现历史性突破。推动启运港退税政策落地，积极开展进口货物"船边直提"和出口货物"抵港直装"试点，企业提箱装船用时压缩至最短1.5小时。共同推动长江水道进出口通关便利化，四川集装箱搭乘"沪渝直达快线"比过去缩短在途时间3~5天。渝甬铁海联运班列实现常态化运行，蓉甬、蓉沪等铁海联运班列不断加密。2020年，重庆、四川港口吞吐量分别达到16497.8万吨、6527万吨。

### 3. 开放平台发展能级加速提升

成渝地区双城经济圈开放平台发展机制不断健全，能级不断提升，扩大开放"火车头"和"主载体"作用不断彰显。一是川渝自贸试验区协同开放示范区启动建设。川渝两地共同编制《川渝自贸试验区协同开放示范区总体方案》并上报国务院，共同制定向国家争取的赋能放权等"3张清单"，联合评估川渝自贸试验区已试点政策和870项改革创新经验。重庆海关与成都海关建立协同创新工作机制，共同出台"关银一KEY通"川渝一体化模式，实现电子口岸用户认证服务跨关区通办。两江新区（自贸区）法院涉外商事诉

---

① 中欧班列（成渝）首年开行量超4800列，https://baijiahao.baidu.com/s?id=1721655685634269902&wfr=spider&for=pc。

讼、调解与仲裁"一站式"纠纷解决机制成功入选全国第四批"最佳实践案例",空铁联运一单制货物运输模式、分布式共享模式实现"银政互通"等成功入选全国自贸试验区第六批改革试点经验,促进创新经验向全国推广。二是共同推动中新互联互通项目高标准实施。聚焦金融服务、航空产业、交通物流、信息通信等四大领域,开放合作取得明显成效。中新跨境融资通道覆盖西部10个省(自治区、直辖市),累计落地跨境投融资金额超过200亿美元。重庆—新加坡航线不断加密升级,航班数量增至14班/周,基本形成"哑铃型"航空网络。中新(重庆)多式联运示范基地、辉联埔程智慧物流园加速推进,交通物流多式联运发展迈出新步伐。中新海关关际合作、国际贸易"单一窗口"启动试点,通关便利化水平进一步提升。首条中新(重庆)国际互联网数据专用通道开通运营,已为200余家企业提供服务。三是开放平台和口岸功能量质实现双提升。万州、永川综保区相继获批设立,成渝地区双城经济圈总数达到12个。重庆获批开展服务业扩大开放综合试点,成都获批新一轮全面深化服务贸易创新发展试点,德阳市、绵阳市等设立跨境电子商务综合试验区,服务业发展动能更加强劲。重庆、成都已建成水陆空三位一体口岸体系,拥有汽车整车、木材、粮食、植物种苗、药品、冰鲜水产品、食用水生动物、水果和肉类等十余种进境商品指定口岸,获批过境144小时免签证、跨境贸易电子商务综合试验区等多项重大改革试点,口岸服务功能持续完善。四是国际活动平台加快培育。引入上合组织国家多功能经贸平台、西葡国际综合服务中心、法国中小企业协会等外国商协会、涉外机构以及中外合资企业,中国·阿拉伯国家企业综合服务平台等顺利落地,集聚对欧合作资源建设欧洲重庆中心,建成中德、中意、中英等国际合作产业园。举办了纪念中国—东盟建立对话关系30周年特别外长会和澜湄合作外长会、中新金融峰会,上合组织地方领导人会晤、金砖国家国际竞争大会等活动。白俄罗斯驻重庆总领事馆正式开馆,阿根廷西南总领事馆正式落户成都,截至2021年9月,成渝地区双城经济圈总领事馆数量超过30家。

4. 体制机制改革取得重大突破

深化"放管服"改革,全面推进贸易投资自由化便利化制度建设加快完善，营商环境持续优化。一是放管服改革深入推进。川渝两省（市）签署"放管服"改革合作协议、公共资源交易平台一体化合作协议，印发第一批、第二批川渝跨省（市）通办事项清单，推动跨省（市）通办事项线上"全网通办"或线下"异地可办"，210项事项实现川渝通办，办件总量超过391万件，上线以来平均每天办理1.5万件。以川渝毗邻地区高竹新区为试点，积极探索经济区与行政区适度分离有关改革，设立全国首个跨省（市）税费征管服务中心、首个跨省人才互认政策和招商政策"黄金30条"，探索建立经济统计分算、税收分成等机制，明确总部经济、园区共建、飞地经济等跨区域财税利益分配方式。二是国际营商环境持续改善。全面贯彻落实《中华人民共和国外商投资法》，实施"准入前国民待遇+负面清单"管理制度，实现外资项目核准和备案手续全程在线办理。重庆入选全国营商环境创新试点城市，据粤港澳大湾区研究院、21世纪经济研究院联合发布《2020年中国296个地级及以上城市营商环境报告》显示，重庆、成都在城市营商环境综合评价中分列第五位、第六位。三是要素市场一体化改革稳步推进。依托重庆、成都农村产权交易所，构建起综合性的农村产权交易市场体系。积极开展国有建设用地使用权转让、出租、抵押二级市场改革试点，基本形成产权明晰、市场定价、信息集聚、交易安全的土地二级市场。工业项目标准地出让取得实质性进展，重庆智能电网科技产业基地、成都生物城等项目采用该方式供应土地，项目开工建设时间缩短2~3个月，大大节省了企业的时间成本。落户门槛不断降低，全面启动户口迁移迁入地"一站式"办理，实现两地户口迁移"只跑一次"，促进川渝两地人口流动融合。

## （八）公共服务共享多点突破

围绕教育、卫生健康、文化体育、社会保障等公共服务领域，立足解决居民现实需要，川渝两地协同深化公共服务领域"放管服"改革，优质公共产品和服务供给不断加强，公共服务共建共享水平持续提升。

### 1. 教育协同发展取得积极进展

川渝两地建立多层次教育交流合作机制，加强高校招生合作，基础教育、职业教育、高等教育合作取得积极成效，2016—2020年，川渝两省（市）人均一般公共预算教育支出年均增长率分别达到57.08%、46.91%，大大高于全国同期8.45%的增幅。一是教育共建共享顶层设计逐步完善。2020年4月，川渝两地召开教育协同发展联席会议，共同签署《成渝地区双城经济圈建设教育协同发展框架协议》，推动落实组建学前教育、基础教育、职业教育、高等教育等教育联盟，共建环成渝高校创新生态圈、长江教育创新带。潼南与遂宁、荣昌与泸州等毗邻地区学校开展结对帮扶，区域教育科研交流、共建优质教育资源共享平台合作加快推进。二是基础教育合作不断深入。努力提高学前教育普及率，提升幼儿园覆盖率，2020年川渝幼儿园在校学生数达到366.01万人，较2016年增加超过14万人，同期幼儿园数量增加接近1500个，专任教师人数增加近3.8万人。深入推进中小学、幼儿园教师、校（园）长挂职交流，共同推进义务教育阶段教师"县管校聘"管理、中小学校长职级制等重大改革。推动优质中小学（幼儿园）开展跨省域合作，重庆渝中区与成都锦江区围绕基础教育领域教师培训、在线教育、拔尖创新人才培养等方面积极探索合作机制。巴蜀中学和成都七中、成都二十九中和川师大附中、巴蜀小学和成师附小、人民小学和盐道街小学分别签订校际间战略合作框架协议，推动优质基础教育资源合理配置和共建共享。三是成渝地区职业教育高地加快推进。川渝两地协同打造西部职业教育基地，中等职业教育学校数量由2016年的526所增加到2020年的577所，平均每年增加超过12所。两地签署《成渝地区双城经济圈职业教育协同发展合作框架协议》，成立成渝地区双城经济圈职业教育协同发展联盟。人工智能职业教育联盟、智慧新零售产教融合发展共同体等职教联盟陆续成立，商贸流通职业教育集团、工业互联与智能装备职业教育集团也相继组建，不断深化产教融合、校企合作，提升成渝地区现代职业教育发展水平，合力打造职业教育创新发展高地。四是高等教育领域交流合作不断夯实。两地高等院校达到200所，较2016年增加26所，在校学生人数接近280万人，较2016年增加近57万人。川渝共有10所高校，19个学科被纳入全国第二轮"双一流"建设高校及建设学科名单。两地高校互相增加投放招生计划指标，结对共建"双一流"学科，实现学科联建、教师互派、课程互选、学分互认。重庆市引进电子科技大学来渝合作办学，联合培养微电子、软件工程等专业的本科生、研究生。西南大学牵头与重庆大学、四川大学等单位合作建立三峡库区生物资源与生态环境保护协同创新中心。川渝纳入第二轮"双一流"建设高校及建设学科名单见表1-6。

**表1-6 川渝纳入第二轮"双一流"建设高校及建设学科名单**

| | 学校 | 学科 |
|---|---|---|
| 重庆市 | 重庆大学 | 机械工程、电气工程、土木工程 |
| | 西南大学 | 教育学、生物学 |
| 四川省 | 四川大学 | 数学、化学、材料科学与工程、基础医学、口腔医学、护理学 |
| | 西南交通大学 | 交通运输工程 |
| | 电子科技大学 | 电子科学与技术、信息与通信工程 |
| | 西南石油大学 | 石油与天然气工程 |
| | 成都理工大学 | 地质资源与地质工程 |
| | 四川农业大学 | 作物学 |
| | 成都中医药大学 | 中药学 |
| | 西南财经大学 | 应用经济学 |

**2. 卫生健康服务能力持续提升**

川渝两地聚焦医疗保障、疫情防控、健康服务等领域，以高品质卫生健康供给为目标，加强医疗卫生联动协作，川渝卫生健康服务能力不断提升。2020年川渝两省（市）人均一般公共预算卫生健康支出分别达到1231.10元/人、1353.89元/人，与2016年相比，年均增长率分别达到9.6%、7.6%。一是两地医疗卫生交流渠道更加畅通。川渝签订《推动成渝地区双城经济圈建设川渝卫生健康一体化发展合作协议》，促进成渝地区医疗卫生服务共建共享。定期召开川渝两地基层医疗卫生机构院长（主任）交流座谈会，开展基层卫生互访交流。协同推进健康中国专项行动专家库共建共享，轮流开展健康中国行动川渝合作论坛。二是医疗合作共建不断加强。组织跨区域专科联盟开展医疗合作，重医附属儿童医院与23所四川医院组建西部儿科发展联盟，重医附一院与16家四川的医疗机构合作组建了"西南眼科联盟"，共同推动专科水平提升。签订《中医药战略合作框架协议》，共同推动中医药事业发展。建立成渝双城卫生人才专家库，推行川渝两地"导师带教"制度，在重大疾病防治、前沿技术或核心技术方面协同开展研究。截至2021年底，川渝38家三甲医院实现16项临床检验、41项医学影像检查互认。三是应急卫生联防联控机制逐步建立。两地加快建立卫生应急和传染病疫情信息共享机制，实现预警信息及时共享。完善应急联动机制，加强新冠肺炎疫情联防联控，建立成渝地区重大疫情、传染病和突发公共卫生事件联防联控机制，共同提升基层卫生应急技能水平。国家西南区域应急救援中心以及物资储备中心加快推进，国家区域疾病预防治疗中心、突发公共卫生事件应急防控指挥中心、演练培训中心等正在共同筹建中。四是医疗保障协同共进逐步形成。建立基本公共卫生服务补助资金"按人头预拨、按项目结算"机制，保障跨省流动人口均等享有基本公共卫生服务。推进川渝两地跨省异地就医直接结算，实现川渝两地住院、普通门诊（包括药店买药）、糖尿病及高血压特病门诊的跨省异地直接结算。截至2021年底，已有近3500家定点医疗机构实现住院费用跨省直接结算，超过2.58万家医药机构实现普通门诊费用跨省直接结算，两省（市）医保参保人员住院、门诊就医购药跨省直接结算分别达到12.24万人次、69.64万人次。

3. 文化体育融合发展持续加强

川渝两地不断推动文化、体育领域一卡通服务，围绕赛事协办、设施共享、人才培养等方面开展融合发展，推动川渝文化体育事业加快发展。2020年川渝两省（市）人均一般公共预算文化旅游体育与传媒支出分别达到273.89元/人、202.21元/人，与2016年相比，年均增长率分别达到15.84%、8.7%。一是两地场馆设施共用联动逐步实现。川渝两地体育局签署了《推动成渝地区体育公共服务融合发展框架协议》《重庆市体育局 成都市体育局双城联动共推体育融合发展合作协议》，实行成渝公共场馆一卡通，促进重庆奥体中心、成都东安湖体育公园等大型公共体育场馆成渝共享，场馆使用效能不断提高。2020年底，川渝两地公共图书馆、文化馆接近500个，两地部分图书馆实现图书通借通还服务，部分文化馆积极探讨总分馆制、精品创作、品牌活动、特色项目及文旅融合等合作发展。二是赛事活动合作发展日益增强。川渝两地推动设置成都马拉松赛、重庆马拉松赛双向直通名额，共同举办成渝乒乓球交流赛、成渝双城越野赛、成渝棋类擂台赛等活动。共同创办联动成渝地区双城经济圈的足球、篮球、体育舞蹈、轮滑、棋类等运动项目赛事，共同做大做强"一带一路"国际乒乓球公开赛等"一带一路"系列自主品牌赛事。三是文化体育人才协同培养机制逐步构建。实施成渝地区人才战略，协同培养巴渝特色文化传承、文化产业、体育竞技、赛事策划、市场运作、经营开发、体育管理等方面的人才，逐步形成有效支撑成渝地区文化体育协同发展的专业人才培养体系。共同推进竞技体育人才培养，立足竞技项目比较优势，建立青少年足球、田径、游泳、棋类等项目的教练员、运动员和裁判员之间互访、培训、学习机制。

4. 社会保障互通互认逐步推进

成渝地区双城经济圈逐步推动条件成熟的社保服务事项实现成渝通办，在推动就业、社保信息共享、社会保险协同互认、公积金互认共享、养老服务协同发展方面成果显著。2020年川渝两省（市）人均一般公共预算社会保障和就业支出达到2387.70元/人、2962.90元/人，与2016年相比，年均增长率分别达到14.33%、12.13%。一是就业创业协作共享覆盖面不断扩大。两地成立就业创业协同发展联盟，共同举办成渝地区双城经济圈就业创业活动周，共建人力资源产业园区（市场）。推动"重庆英才服务卡""天府英才卡"互认，实现近3万名专家资源共享，联合印发急需紧缺人才目录编制工作方案。建立川渝两地职称互认机制，搭建川渝事业单位专业技术二级岗位聘用绿色通道。共同举办全国火锅、小面和中国菜职业技能大赛、"巴蜀工匠"杯系列职业技能竞赛，打造职业技能品牌。二是社保卡共享应用积极推进。两地共同打造人社数据交换平台，实现就业、劳动关系、农民工、争议案件等数据交换共享，实现以社保卡为载体的一卡通服务。联合打造社保卡通办服务网点1164个，实现跨地域办理社保卡启用、挂失、查询等业务。开通电子社保卡在重庆图书馆、四川省图书馆、成都图书馆入馆借书、还书跨省应用。与工商银行、中国银行等12家银行达成合作，实现每月至少减免前

3笔跨行取款手续费。三是社会保险协同互认机制加速建立。推进养老保险关系无障碍转移，实现川渝职业年金转移接续，探索参保退休人员纳入居住地社区管理服务。缩短社会保险类转移经办时限，在全国首推养老保险关系转移资金定期结算，办理时限从45天减少至10天。建立工伤认定、劳动能力鉴定协查和结果互认机制，推动两地互认失业保险参保关系及参保年限。四是住房保障共建共享不断加强。两地形成《深化川渝合作推动成渝地区双城经济圈住房公积金一体化发展合作备忘录》，实现公积金监管部门信息共享、互认互贷、联动治理失信行为。两地实现住房公积金转移接续全程网办，时间由1个月压缩到最快当日办结，实现川渝异地贷款缴存证明无纸化、贷款申请"一地办"。五是养老服务协同发展合作机制加快建立。两地持续提高养老服务设施供给水平，现有养老床位数超过80万张。签订《川渝养老工作协同发展合作协议》，集中宣介川渝两地养老服务政策和营商环境，共同推进养老服务协同发展。支持泰康集团、九如城等企业在成渝地区建设养老服务设施，2020年底在成渝两地均建设养老机构和项目的企业已达到11家。川渝两省（市）部分公共服务类人均一般公共预算支出情况见表1-7。

表1-7 川渝两省（市）部分公共服务类人均一般公共预算支出情况

| 地区 | 人均教育支出（元/人） | | 人均卫生健康支出（元/人） | | 人均文化旅游体育与传媒支出（元/人） | | 人均社会保障和就业支出（元/人） | | 人均住房保障支出（元/人） | |
|---|---|---|---|---|---|---|---|---|---|---|
| | 2020年 | 2016年 | 2020年 | 2016年 | 2020年 | 2016年 | 2020年 | 2016年 | 2020年 | 2016年 |
| 重庆市 | 2352.72 | 742.03 | 1353.89 | 1086.55 | 202.21 | 157.41 | 2962.90 | 2101.54 | 554.70 | 354.99 |
| 四川省 | 2014.36 | 519.72 | 1231.10 | 934.69 | 273.89 | 175.74 | 2387.70 | 1597.88 | 455.68 | 377.97 |
| 全国 | 2456.33 | 1925.57 | 1336.53 | 945.07 | 282.93 | 210.83 | 2227.04 | 1497.12 | 460.27 | 458.43 |

备注：数据根据《中国统计年鉴2021》《中国统计年鉴2017》相关数据计算。

## （九）川渝政策体系协同发力

川渝两地强化"一盘棋"思维，增进"一家亲"感情，加强战略对接、政策衔接，形成了统一谋划、一体部署、相互协作、共同实施的政策协同机制，有力推动了成渝地区双城经济圈建设走深走实。

### 1. 重大规划协同推进顺利

川渝两地全面贯彻落实《规划纲要》，坚持顶层设计、强化高位推动，稳步推进各领域、各板块规划对接协作，成渝地区双城经济圈纵向联动、横向协同的规划体系初步成形。一是重大专项规划取得积极进展。川渝两地共同配合国家有关部委编制了7个成渝地区双城经济圈重点专项规划（实施方案），其中多层次轨道交通规划、综合交通运输发展规划、共建西部金融中心规划、成渝地区建设具有全国影响力的科技创新中心总体方案、生态环境保护规划等5个专项规划（方案）已印发实施，国土空间规划、巴蜀文化旅游走廊规划稳步推进。川渝两省（市）共同编制了13个成渝地区双城经济圈重点专项方案，成渝现代高效特色农业带建设实施方案、推进体制机制改革创新方案、市场化法治化国际化营商环境建设方案等3个方案已出台，共建内陆开放高地建设方案、经济区与行政区适度分离改革方案等10个方案正加快推进。《成都都市圈发展规划》已印发实施，《重庆都市圈发展规划》已报国家发展改革委。二是以毗邻地区合作为突破口制定推进方案。川渝两地积极谋划了十大毗邻地区合作共建区域发展功能平台，加快探索经济区和行政区适度分离，引领成渝地区双城经济圈一体化发展。川渝高竹新区、遂潼一体化发展先行区、明月山绿色发展示范带、泸永江融合发展示范区、内荣现代农业高新技术产业示范区、城宣万革命老区振兴发展示范区、合广长协同发展示范区、资大文旅融合发展示范区等8个平台建设方案已获批并印发，万达开川渝统筹发展示范区、川南渝西融合发展试验区建设方案已报送国务院。

**2. 重点领域政策不断完善**

成渝地区双城经济圈积极开展全方位、多层次、多领域合作，政策体系逐步建立健全，川渝两地政策协同水平显著提升。一是现代产业方面。川渝两地先后联合印发汽车产业产业链供应链协同、汽车产业高质量协同发展、电子信息产业协同发展、共建成渝地区工业互联网一体化发展示范区等若干个工作（实施）方案，探索汽车、电子信息等产业政策互通共享，建立成渝区域工业互联网安全"一张网"，逐步实现"一事两地""一策两地""一规两地"的新模式。签署了《深化川渝商务合作推动成渝地区双城经济圈建设工作方案》，推动建立统一商贸流通交易规则、服务体系，促进优惠政策共享、企业资质互认。二是公共服务方面。川渝两地共同印发《成渝地区双城经济圈便捷生活行动方案》，先后推进两批川渝通办事项，第一批实现包括居民身份证换领补领、电子监控违法处理、普通护照签发、川渝两地户口迁移等95项事项通办，第二批实现开具户籍证明、办税、购房提取住房公积金、门诊费用跨省直接结算、残疾人证迁移变更等115项事项通办，便民程度不断提升。三是生态环境方面。川渝两地围绕生态环境监测、标准协同、联合执法以及区域环境准入、应对气候变化等方面，建立协同工作机制，共同建立了全国首个危险废物跨省（市）转移"白名单"制度，研究形成了统一生态环境标准、流域横向生态补偿、大气污染联防联控、一张负面清单管两地、生态环境监测协作等政策措施。川渝两地推进生态环境保护的首次协同立法成果《四川省嘉陵江流域生态环境保护条例》《重庆市人民代表大会常务委员会关于加强嘉陵江流域水生态环境协同保护的决定》已同步实施。四是营商环境方面。川渝两地协同立法出台了《四川省优化营商环境条例》《重庆市优化营商环境条例》，以30余个条款针对同类事项作出相近规定，实现了重要制度有机对接。川渝两地联合印发的《成渝地区双城经济圈优化营商环境方案》以市场主体需求为导向提出了一批政策措施，助力成渝地区双城经济圈要素高效配置、政府服务规范便捷、法治保障协调联动。川渝两地自贸区法院签署了《川渝自贸区司法合作共建协议》，共同在助推法治规则制度创新、优化法治化营商环境、推进司法裁判尺度统一、构建司法服务联动机制等方面开展合作。川渝两省（市）联合印发的部分政策文件见表1-8。

表1-8 川渝两省（市）联合印发的部分政策文件

| 时间 | 政策文件 |
| --- | --- |
| 2020年7月27日 | 两省（市）政府办公厅联合印发《川渝毗邻地区合作共建区域发展功能平台推进方案》 |
| 2020年10月30日 | 两省（市）政府办公厅联合印发《关于印发川渝通办事项清单（第一批）的通知》 |
| 2020年12月31日 | 两省（市）发展改革委联合印发《川渝高竹新区总体方案》《遂潼川渝毗邻地区一体化发展先行区总体方案》 |
| 2021年1月13日 | 最高人民法院出台《关于为成渝地区双城经济圈提供司法服务和保障的意见》 |
| 2021年1月4日 | 两省（市）政府办公厅印发《推动成渝地区双城经济圈建设重点规划编制工作方案》《成渝地区双城经济圈便捷生活行动方案》 |

续表

| 时间 | 政策文件 |
| --- | --- |
| 2021年3月2日 | 两省（市）政府办公厅联合印发《成渝地区双城经济圈"放管服"改革2021年重点任务清单》《川渝通办事项清单（第二批）》 |
| 2021年4月30日 | 川渝两省（市）经信部门、发改部门共同印发《川渝汽车产业产业链供应链协同工作方案》 |
| 2021年6月7日 | 国家发展改革委、交通运输部联合印发《成渝地区双城经济圈综合交通运输发展规划》 |
| 2021年6月20日 | 两省（市）自然资源部门联合印发《推进成渝地区双城经济圈建设共同开展国土空间生态修复工作的实施意见》 |
| 2021年6月25日 | 两省（市）人民政府办公厅联合印发《成渝地区双城经济圈汽车产业高质量协同发展实施方案》《成渝地区双城经济圈电子信息产业高质量协同发展实施方案》 |
| 2021年7月1日 | 《四川省优化营商环境条例》《重庆市优化营商环境条例》同步施行 |
| 2021年7月7日 | 两省（市）人力社保部门联合印发《关于建立川渝事业单位专业技术二级岗位聘用绿色通道的通知》 |
| 2021年8月5日 | 两省（市）自然资源部门联合印发《"川渝通办"矿业权登记服务指南》 |
| 2021年10月29日 | 两省（市）大数据发展部门联合印发《川渝政务数据共享责任清单（第一批）》 |
| 2021年11月7日 | 两省（市）教育部门联合印发《成渝地区双城经济圈教育协同发展行动计划》 |
| 2021年11月9日 | 两省（市）发改部门联合印发《泸永江融合发展示范区总体方案》 |
| 2021年11月10日 | 两省（市）发改部门联合印发《明月山绿色发展示范带总体方案》 |
| 2021年11月30日 | 两省（市）住建部门联合印发《川渝两地工程建设地方标准互认管理办法》 |
| 2021年11月30日 | 两省（市）政府办公厅联合印发《推进体制机制改革创新方案》 |
| 2021年12月7日 | 两省（市）生态环境部门、公安机关、检察机关联合印发《四川省、重庆市危险废物案件跨省联合执法机制》 |
| 2021年12月10日 | 国家发展改革委印发《成渝地区双城经济圈多层次轨道交通规划》 |
| 2021年12月13日 | 中国人民银行、国家发展改革委等部门联合印发《成渝共建西部金融中心规划》 |
| 2021年12月20日 | 两省（市）发展改革委、农业农村部门联合印发《内江荣昌现代农业高新技术产业示范区总体方案》 |
| 2021年12月23日 | 两省（市）人民政府办公厅联合印发《成渝现代高效特色农业带建设规划》 |
| 2021年12月31日 | 两省（市）党委、政府联合印发《重庆四川两省市贯彻落实〈成渝地区双城经济圈建设规划纲要〉联合实施方案》 |
| 2021年12月31日 | 川渝两地税务部门联合发布《川渝地区税务行政处罚裁量权实施办法》《川渝地区税务行政处罚裁量基准》 |
| 2022年1月18日 | 两省（市）政府办公厅联合印发《市场化法治化国际化营商环境建设方案》 |

续表

| 时间 | 政策文件 |
|---|---|
| 2022年1月30日 | 两省（市）发展改革委联合印发《城宣万革命老区振兴发展示范区总体方案》《合广长协同发展示范区总体方案》 |
| 2022年2月14日 | 生态环境部、国家发展改革委等部门联合印发《成渝地区双城经济圈生态环境保护规划》 |
| 2022年2月21日 | 两省（市）发展改革委联合印发《资大文旅融合发展示范区总体方案》 |

## 二、存在问题及成因

对比"两中心两地"战略定位、高质量一体化发展要求和沿海发达城市群，成渝地区双城经济圈经济实力还不强、产业协同还不足、区域协调发展水平有待提升，究其原因，主要是创新动力不足、区域协同战略导向不足、一体化体制机制支撑不足以及城市财权差异大。

### （一）主要问题

1. 区域经济实力亟待提升

经济实力是城市群发挥引领、辐射和带动作用的根基，城市群发展理论和国内外城市群发展实践表明，城市群的经济发展水平高低与其辐射带动效应强弱高度相关。成渝地区双城经济圈是西部地区发展条件和发展基础最好的区域，但综合实力与京津冀、长三角、粤港澳大湾区等东部发达地区还存在较大差距，打造"带动全国高质量发展的重要增长极和新的动力源"任重道远。一是经济体量偏小。2020年，成渝地区双城经济圈GDP总量仅为京津冀的76.4%、长三角的32.2%、粤港澳大湾区的57.2%，占全国比重为6.5%，2021年1—9月基本延续了这一水平，对全国经济贡献远低于长三角和粤港澳大湾区，带动西部地区乃至全国高质量发展的经济实力偏弱。二是经济集聚发展效率偏低。人均GDP[①]为6.73万元/人，低于全国平均水平（7.2万元/人），仅为长三角的54.2%、粤港澳大湾区的50.3%。地均GDP仅为长三角的36.5%、粤港澳大湾区的17.3%，经济密度偏低，集聚效率不

---

① 使用全国第七次人口普查常住人口数据。

高。2020年双城经济圈与东部三大城市群发展比较见表1-9。

表1-9 2020年双城经济圈与东部三大城市群发展比较

| 城市群 | 国土面积（万平方千米） | GDP（万亿元） | GDP占全国比重（%） | 人均GDP（万元/人） | 地均GDP（万元/平方千米） |
|---|---|---|---|---|---|
| 京津冀 | 21.63 | 8.64 | 8.50 | 7.83 | 3993.63 |
| 长三角 | 21.01 | 20.51 | 20.19 | 12.42 | 9688.58 |
| 粤港澳大湾区 | 5.6 | 11.53 | 11.35 | 13.83 | 20586.86 |
| 成渝地区双城经济圈 | 18.5 | 6.60 | 6.50 | 6.73 | 3567.57 |

**2. 产业协同性竞争力不强**

产业协同是成渝地区双城经济圈一体化高质量发展的重要内容和经济基础。双城经济圈初步形成了汽车、电子信息、装备制造、消费品工业等具有全国影响力的产业集群，但相比东部沿海城市群，内部城际分工协作不足，产业竞争力整体偏弱。一是川渝制造业互补性协同性不足。对比国内外发达城市，川渝两地产业链供应链关联度不高，产业发展要素互动、生产制造环节互配、品牌营销渠道共用等融合不足。四川对重庆纺织服装、电力热力、非金属矿、石油天然气、仪器仪表等跨区域中间投入需求较大行业的配套供给不足，重庆与四川金属冶炼加工、通信设备软件信息等跨区域中间投入需求较大行业的产业关联度较低。二是产业规模效应和竞争力不强。汽车、电子信息等支柱产业"大而不强"，整体处在全球产业链和价值链中低端，品牌竞争力弱。规模以上汽车制造业营业收入和利润总额分别只占全国的7.9%和0.36%，规模以上计算机、通信和其他电子设备制造业营业收入和利润总额分别只占全国的10.0%、6.9%，营业收入、利润总额与产业规模不匹配，产量规模尚未有效转化为产值效益和区域优势。市场主体不强，市值超过千亿元的企业仅2家，500亿元以上企业仅8家，不足京津冀的1/4、长三角的1/10，且企业生产技术和创新、管理、营销等能力存在明显差距。

**3. 区域协调发展水平有待提升**

区域协调发展是区域高质量发展的必由之路。虽然成渝地区双城经济圈在稳步推进"双核引领、双圈互动、两翼协同"发展格局建设，但尚未形成大中小城市和小城镇分工合理、良性互动、协调发展的城镇格局。一是"双核"集聚辐射能力不强。2020年重庆主城都市区和成都市的人均GDP、地均GDP均低于上海、广州、南京等城市，重庆都市圈、成都都市圈GDP总量不足上海都市圈的1/5、南京都市圈的1/2，地均GDP不足上海都市圈的1/2，明显低于南京都市圈、广州都市圈，"双核""双圈"发展能级不高。重庆主城都市区、成都市尚处于要素集聚阶段，"世界500强"企业总部、高端研发机构、大科学装置等高端要素较少，对高端人才、要素、资金的吸引力有限，区域辐射带动能力较弱。二是区域中心城市和次级中心城市规模小、能级低。除"双核"外，城区常住人口超过百万人且建成区面积超过百平方千米的大城市仅7个（四川6个，重庆1个），大部分为城区常住人口50万人以下的小城市，城镇体系不合理、规模结构不优。四川省经济总量第二位的绵阳市GDP仅为成都市的16.2%，重庆主城都市区外经济体量最大的万州区GDP仅为主城都市区的5%，缺少200万以上人口规模的大城市，中部、南北"两翼"尤其是重庆板块缺少百万人口级大城市，承接"双核"功能转移和传递辐射周边能力不足。2020年我国部分都市圈发展情况对比及2020年双城经济圈"双核"以外城市城区人口、建成区面积分别见表1-10、图1-7。

表1-10 2020年我国部分都市圈发展情况对比

| 区域 | 面积（平方千米） | GDP（亿元） | 常住人口（万人） | 人均GDP（万元/人） | 地均GDP（万元/平方千米） |
| --- | --- | --- | --- | --- | --- |
| 重庆都市圈 | 35040.50 | 20544.29 | 2440.82 | 8.42 | 5863.01 |
| #主城都市区 | 28700 | 19242.72 | 2115.33 | 9.14 | 6704.78 |
| 成都都市圈 | 33128.30 | 22352.04 | 2967.00 | 7.53 | 6747.11 |
| #成都市 | 14335 | 17716.7 | 2093.78 | 8.46 | 12359.05 |
| 上海都市圈 | 73762.29 | 111714.79 | 7741.66 | 14.43 | 15145.24 |
| #上海市 | 6340.5 | 38700.58 | 2487.09 | 15.57 | 61037.11 |
| 广州都市圈 | 56377.76 | 42280.10 | 4149.70 | 10.19 | 7499.43 |
| #广州市 | 7434.4 | 25019.11 | 985.11 | 13.50 | 33653.17 |
| 南京都市圈 | 67246.23 | 47496.96 | 3921.07 | 12.11 | 7063.14 |
| #南京市 | 6587.02 | 14817.95 | 931.47 | 15.91 | 22495.68 |

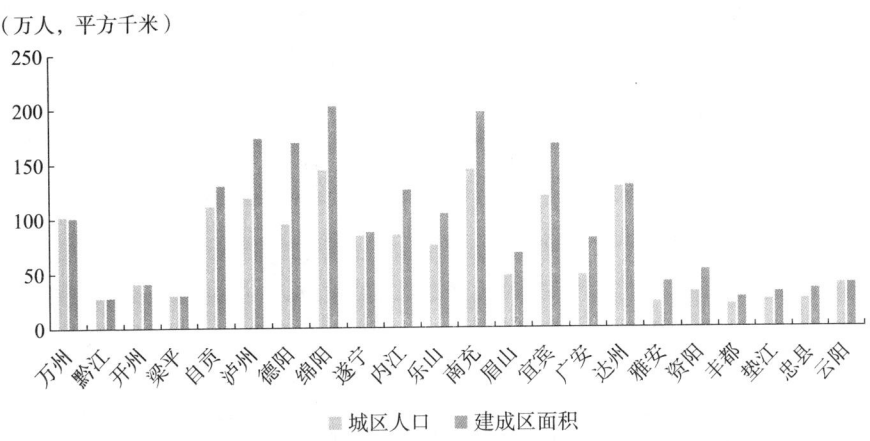

**图 1-7　2020 年双城经济圈"双核"以外城市城区人口、建成区面积**

### 4. 交通互联互通公共服务共建共享水平不高

交通互联互通是促进要素快速流动的基础支撑，公共服务共建共享是加快人口集聚的重要途径，推动成渝地区双城经济圈建设以来，在交通互联互通、公共服务共建共享方面已取得初步成效，但一体化水平依然不高。一是交通一体化程度亟待提高。双城经济圈内铁路、高速公路等大运量、快速交通网络密度与京津冀、长三角、粤港澳大湾区等相比明显不足，区域间人流、货物流数量差距明显。2020 年，成渝地区双城经济圈平均铁路密度 1.35 千米/百平方千米，高速公路密度为 2.03 千米/百平方千米，不到同时期京津冀、长三角、粤港澳大湾区的一半。京津冀三省（市）国家铁路地区间（跨省市）货物交流数量达到 5445 万吨，长三角四省（市）国家铁路地区间（跨省市）货物交流数量达到 3228 万吨，川渝两省（市）国家铁路地区间（跨省市）货物交流数量为 1749 万吨，不足长三角的 3/5、京津冀的 1/3。2020 年底我国四大城市群铁路、高速公路数据对比情况见表 1-11。二是公共服务共建共享基础不牢。2020 年重庆、四川两省（市）人均一般公共服务支出分别为 1029.24 元、1132.07 元，低于全国平均水平（1297.76 元），远低于京津冀地区的北京（2407.94 元）、天津（1591.12 元），以及长三角上海、江苏和浙江。区域内部公共服务发展不平衡现象较显著，公共服务供给的城乡二元现象依然存在，如教育领域农村学校师资力量整体较为薄弱，农村医疗机构执业医护人员缺口大。2020年部分省（市）人均一般公共预算财政支出情况见表1-12。

表1-11 2020年底我国四大城市群铁路、高速公路数据对比情况

| 地区 | 铁路营业里程（千米） | 高速公路里程（千米） | 铁路密度（千米/百平方千米） | 高速公路（千米/百平方千米） |
|---|---|---|---|---|
| 京津冀 | 10531 | 10307 | 4.85 | 4.75 |
| 长三角 | 13111 | 15770 | 3.65 | 4.39 |
| 粤港澳大湾区 | 4871 | 10488 | 2.71 | 5.84 |
| 成渝地区双城经济圈 | 7668 | 11542 | 1.35 | 2.03 |

备注：里程数据源自《中国统计年鉴2021》。京津冀数据为北京、天津、河北三省（市）数据，长三角数据为上海、江苏、浙江、安徽四省（市）数据，粤港澳大湾区数据为广东省数据，成渝地区双城经济圈数据为重庆、四川两省（市）数据。

表1-12 2020年部分省（市）人均一般公共预算财政支出情况

| 地区 | 人均一般公共服务支出（元） | 教育支出（元/人） | 科学技术支出（元/人） | 文化旅游体育与传媒支出（元/人） | 社会保障和就业支出（元/人） | 卫生健康支出（元/人） | 城乡社区支出（元/人） |
|---|---|---|---|---|---|---|---|
| 全国人均 | 1297.76 | 2456.33 | 410.86 | 282.93 | 2227.04 | 1336.53 | 1407.01 |
| 重庆 | 1029.24 | 2352.72 | 258.26 | 202.21 | 2962.9 | 1353.89 | 1592.56 |
| 四川 | 1132.07 | 2014.36 | 217.07 | 273.89 | 2387.7 | 1231.1 | 849.59 |
| 北京 | 2407.94 | 5200.04 | 1877.4 | 1028.37 | 4823.47 | 2766.72 | 3987.84 |
| 天津 | 1591.12 | 3193.68 | 852.09 | 245.25 | 3741.68 | 1265.37 | 3920.57 |
| 河北 | 1051.5 | 2138.66 | 136.34 | 219.37 | 1892.69 | 1094.97 | 1148.67 |
| 上海 | 1491.05 | 4021.32 | 1632.48 | 648.08 | 3940.82 | 2190.55 | 5704.82 |
| 江苏 | 1455.01 | 2838.8 | 689.36 | 367.67 | 2098.92 | 1188.43 | 2144.72 |
| 浙江 | 1625.69 | 2908.17 | 729.91 | 355 | 1747.01 | 1296.86 | 1579.5 |
| 安徽 | 843.79 | 2067 | 606.05 | 159 | 1921.57 | 1247.58 | 1409.03 |
| 广东 | 1037.08 | 2114.29 | 132.03 | 218.16 | 1829.65 | 1245.02 | 835.52 |

## （二）原因分析

### 1. 区域经济转型升级的创新动力偏弱

创新是引领发展的第一动力，随着我国经济迈入高质量发展新阶段，创新对区域发展的重要性与日俱增。然而，成渝地区双城经济圈区域创新能力严重落后于京津冀、长三角和粤港澳大湾区，创新短板对区域高质量发展的

制约日益凸显。一是区域创新能力较弱。创新要素和投入不足，国家级科研平台布局偏少，国家重点实验室数量仅为京津冀的16.0%、长三角的23.6%、粤港澳大湾区的45.6%。"两院"院士数量不足上海的1/2，北京的1/10。区域R&D经费投入总量仅为京津冀的1/2，长三角的1/4，投入强度低于全国平均水平。成渝地区双城经济圈与全国及重点城市群R&D经费投入强度见图1-8。创新产出水平不高，每万人发明专利拥有量为9.2件，仅为京津冀的23.2%，长三角的31.4%，代表较高创新水平的国家科技进步奖只有34项，远低于京津冀（103项）、长三角（89项），区域创新以实用新型创新为主，基础创新、原始创新水平低，创新溢出效应有限，对经济社会转型升级的引领支撑不足。二是区域协同创新合力不够。川渝两地技术交易市场规则标准不统一，科研院所、国家重点实验室等国家级科研创新主体、重大科研平台的对接不足，创新资源跨区域共建共享、创新人才共引共育共用、创新成果异地转化和互认互用等创新协同机制尚不健全，区域协同创新水平有待提升。三是产学研协同创新活力不足。产学研协同创新长效机制不够健全，国字号科研院所偏少，"双一流"高校只有10所，"双一流"学科只有19个，仅为京津冀的1/4和1/6，尤其是重庆"双一流"高校和学科仅2所和5个，基础研究和原始创新较为滞后，产学研服务创新的供需对接机制不完善、链条不够顺畅，导致产学研合作大多停留在技术转让、合作开发和委托开发等较低层次，科技创新产业转化能力较弱。

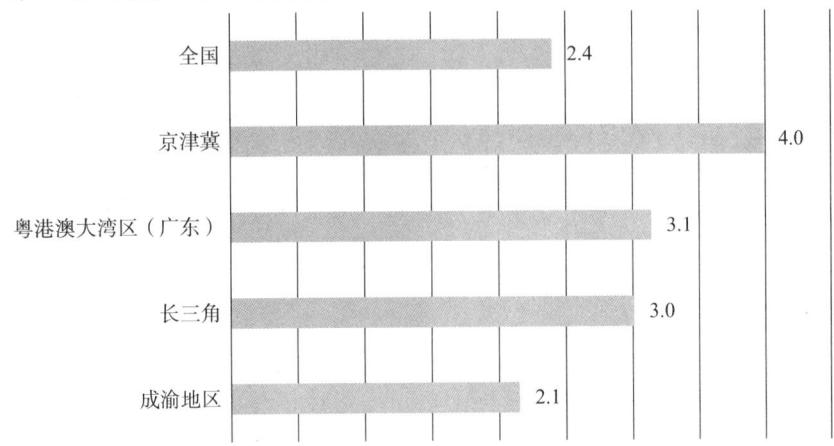

**图1-8　成渝地区双城经济圈与全国及重点城市群R&D经费投入强度**

## 2. 前期区域发展战略导向协同度不高

区域发展战略导向是基于资源禀赋、发展阶段和一定时期区域发展需要，做出的前瞻性选择，是区域空间格局形成的重要引导和促进因素。川渝两地前期区域发展战略选择以壮大自身建设为目标，协同发展理念较少。一是成渝双核向成渝主轴线方向拓展不足。受传统经济势能和龙泉山地形地质影响，成都南北向拓展较快，2017年才明确提出"东进"战略。重庆中心城区被四山分割出东、中、西三条槽谷地带，中部槽谷北部区域最宽阔平坦，向北拓展成为战略选择，随着两江新区快速发展，中心城区向北发展态势迅猛，西部片区开发不充分，2019年随着高新区提档、西部科学城战略实施，向西发展才逐步踏入快车道。二是区域发展格局衔接引导不足。当前重庆按照"一区两群"协调发展空间格局，努力发挥"一区"对"两群"的辐射带动作用，积极推动"一区"做大做强、"两群"做特做优。四川省按照"一干多支、五区协同"的发展战略要求，突出成都"一干引领"带动区域发展，大力促进五大经济区发展。川渝两地区域发展格局在次级区域中心城市布局中，跨区域衔接引领不够，对渝东北川东北、渝西川南统筹谋划、要素投放不足，重大项目协同布局有待增强。三是交通引领协同发展带动不足。交通轴带是促进要素集聚和流动的重要基础条件，较之东部发达地区的城市群，成渝双核之间高等级、大运量交通设施布局不够，高铁线路少且服务区域有限，高等级公路密度不高，限制了区域人流、物流的便捷高效运转。公铁水空等交通方式高效衔接不畅，部分港区集疏运条件不完善、铁水联运发展不足，对长江黄金水道利用不足。

## 3. 区域一体化发展体制机制有待健全

健全的体制机制是提升区域合作效能、促进区域一体化发展的关键。川渝两地已初步构建决策层、协调层、执行层三级联动工作机制，但协同发展的体制机制仍需进一步突破。一是国家层面统筹协调机制缺乏。京津冀、长三角、粤港澳大湾区均在国家层面设立了议事协调机构，有效促进了跨区域协同政策先行先试。为更好地畅通区域一体化发展体制机制创新渠道，川渝两地也亟须争取国家层面建立成渝地区双城经济圈统筹协调机制，在跨省重大交通项目建设、跨行政区税收分成和 GDP 统计分算、自贸试验区协同开放等方面，赋予地方更多先行先试自主权。二是川渝两地统筹协调机制有待健全。川渝两地各区、市、县之间统筹协调机制不健全，部分毗邻地区发展功能平台在重大政策、重大项目、重大改革落地中还存在沟通不及时、推进缓慢等问题。行政区与经济区适度分离尚处于探索阶段，招商引资协调开展、合作项目成本共担和利益共享等政策有待完善，区域内国、省改革试点政策相互融合推广机制尚未建立。

4. 地方行政等级和财权事权差异较大

公共资源、发展要素均等化配置和自由流动是区域一体化发展的重要前提和表征。在公共资源主要按城市行政等级和财政实力配置方式下，川渝两地行政层级和财政实力差异明显，发展要素和公共资源配置与供给水平存在较大梯级落差，导致区域内部尤其是川渝毗邻地区公共资源发展质量和水平不一。一是川渝两省（市）行政等级差异导致公共资源配置能力不一、互联共享难度较大。重庆实行扁平化的直辖市行政管理体制，各区县享受"省直管县"的体制优势，在统筹公共服务规划布局、基础设施建设等方面的决策和行政效率更高，城乡公共服务供给能力和协调能力相对更强。四川是省级架构，行政管理层级较多，公共资源配置效率相对较低。川渝一体化发展毗邻地区，重庆范围大多数属于区级行政区，四川范围则属于县级行政区，在公共资源供给中承担事权和行使的财权不同，导致公共服务领域各事项跨区域直接结算难度大，对毗邻地区公共服务互联互通、共建共享形成较大制约。二是城市财力水平差异大导致公共资源供给保障力度不一。川渝两地城市尤其是毗邻地区城市经济发展、产业化和城镇化的发展阶段不同，城市间财政收入差距较大，用于教育文化、卫生医疗、社会保障等公共服务领域的财政预算支出存在较大梯差，导致两地公共服务的供给水平差异较大，均衡发展难度大。

### 三、2022 年推动双城经济圈一体化发展的思路目标

#### （一）基本思路

以习近平新时代中国特色社会主义思想为指导，全面贯彻党的十九大和

十九届二中、三中、四中、五中、六中全会精神，立足新发展阶段，完整准确全面贯彻新发展理念，积极融入新发展格局，坚持稳中求进工作总基调，以推动高质量发展为主题，以深化供给侧结构性改革为主线，围绕推动形成优势互补、高质量发展的区域经济布局，聚力建设具有全国影响力的重要经济中心、科技创新中心、改革开放新高地、高品质生活宜居地，准确把握发展环境演化和发展阶段变化趋势，凝心聚力推动发展目标深化和发展路径优化，不断强化规划、政策、项目、平台协同，提升经济总量、发展质量和全局分量，加快实现成渝地区双城经济圈由"开局起步"向"突破有为"转变，为下一步迈入"示范引领"阶段奠定坚实基础，奋力在全国高质量发展大局和社会主义现代化强国建设全局中做出更大贡献、实现更大作为。

必须主动适应外部发展环境演化。客观分析、主动适应发展环境演化，是谋划未来工作的出发点和立足点。推动成渝地区双城经济圈一体化发展，必须顺应世界百年未有之大变局加速演进、国际格局深度调整、新冠肺炎疫情持续反复的形势特点，主动适应全球价值链、创新链、产业链、供应链加速重构要求以及高质量发展进入新阶段、新发展格局加快构筑和全国经济布局更加完善的重大机遇，立足自身、面向全国、放眼全球，加快集聚改革、开放和创新的强大动能，努力实现更高效率、更高质量的大发展，进一步凸显成渝地区对全国高质量发展的支撑作用。

必须准确把握自身发展阶段变化。客观认识发展阶段是制定目标和谋划路径的前置条件。在2020年1月中央财经委员会第六次会议将成渝地区双城经济圈建设上升为国家战略后，川渝两地随即将双城经济圈建设确立为省级"十四五"建设的核心，同年11月《规划纲要》正式印发，双城经济圈建设逐步实现了"聚势起步""乘势见效"年度目标。2022年，川渝两地势必将继续以《规划纲要》为引领，聚焦"一极两中心两地"定位和战略任务，准确把握双城经济圈迈入"专项攻坚""突破有为"发展的阶段性特征，定向发力、靶向施策，为加快步入"龙头带动""示范引领"阶段奠定坚实基础。

必须不断推动整体发展目标细化。《规划纲要》为双城经济圈建设绘就了宏伟蓝图，确定了"一极两中心两地"定位和具体目标。在具体推进和实施过程中，必须在适应外部环境演化和把握自身发展阶段变化基础上，按照既定战略目标和一体化发展实际需求，结合年度工作目标任务，推动《规划纲要》确立的目标细化分解和逐项落实，明确年度节点目标，以项目抓落实，确保各项目标圆满完成，为全面提升一体化发展水平提供坚实保障。

必须系统谋划一体发展路径优化。围绕顶层设计更加精准、政策供给更加精确、项目安排更加精细，着眼于一盘棋整体谋划、一体化协调共进，围绕"一极两中心两地"目标，加快重大政策、重大项目、重大改革、重大平台的系统性谋划，进而系统性谋划推动双城经济圈一体化发展的优化路径，促进资源整合，提升双城经济圈整体竞争力，在支撑全国高质量发展中的作用进一步增强。

## （二）主要目标

推动成渝地区双城经济圈一体化发展是一项系统工程，必须瞄准方向、保持定力、一以贯之、久久为功。要在科学认识川渝两地一体化发展一般规律基础上，结合《规划纲要》和川渝两地"十四五"规划发展目标，进一步细化和制定年度一体化发展目标。2022年，经济实力、发展活力和国际影响力逐步提升，区域特色加速彰显，一体化发展水平明显提升。

双圈辐射带动作用显著提升。重庆、成都作为国家中心城市的发展能级和质量进一步提升，区域带动力和国际竞争力进一步增强。重庆主城都市区同城化发展取得重大突破，广安融入主城都市区发展态势良好，重庆都市圈建设成效明显。成都"主干"功能进一步强化，成德眉资同城化效应加快显现，成都现代化都市圈建设取得明显进展。成渝两大都市圈相向发展态势明显，区域中心城市能级加快提升，辐射带动作用进一步增强，大中小城市和小城镇优势互补、分工合理、良性互动、协调发展的城镇格局基本形成。辐射带动关中平原、黔中、滇中等周边城市群作用进一步凸显。

现代产业体系建设提速提质。电子、汽车、装备制造、新材料、生物医药等产业集群加快培育壮大，在国家产业体系中的地位进一步提升，培育形成一批具有全国竞争力的产业集群。工业互联网一体化发展水平不断提升，"芯屏器核网"全产业链不断壮大。支柱产业转型升级取得重大突破，战略性新兴产业在规模以上工业中的比重快速上升，数字经济增加值占地区生产总值比重进一步提升。优势产业区域分工更加合理、协作效率大幅提升，区域产业链供应链体系完整性和抗风险能力显著增强。承接东部地区产业转移取得重大进展，国际产业分工和承接产业转移示范区建设全力推进。金融支柱产业地位进一步巩固，现代物流、研发设计、科技服务、商务咨询、人力资源服务等现代服务业优势进一步增强，西部金融中心、国际消费中心城市、现代服务业高地、RCEP高水平开放合作示范区建设取得重大进展。

国际性综合交通枢纽进展明显。西部陆海新通道国际物流与运营组织中心建设取得明显进展，融入"一带一路"倡议、长江经济带建设的对外大通道进一步畅通。多种运输方式无缝衔接的综合立体交通网络加快建设，成渝两大现代都市圈通勤网加速构建和完善，都市圈与中心城市之间的城际交通主骨架加快形成。沿江与出渝出川高铁大通道建设进展明显，川渝城市间城际铁路网进一步加密，城市轨道交通总规模持续上升、空间覆盖范围进一步扩大，轨道上的双城经济圈建设进展明显，"1小时通勤圈"和"1小时交通圈"建设提速。

国际门户枢纽地位快速提升。陆港型、港口型、空港型、商贸型国家物流枢纽功能加快完善，中欧班列（成渝）发展质量加快提升，自贸区、中新项目建设取得突破性重大进展，中意、中德、中法、新川、中韩、中日、中以等国别合作园区功能进一步拓展完善。"一带一路"、长江经济带、西部陆海新通道联动发展的战略性枢纽地位逐步提升，内陆国际物流枢纽和口岸高地建设取得突破性进展，国际门户枢纽城市和中西部国际交往中心建设基础进一步夯实，国际门户地位显著提升，带动引领西部地区开放发展的支撑作用逐步增强。国际经济合作新优势进一步凸显，开放型经济发展水平持续提高，国际传播能力明显提升，营商环境达到国内一流水平。

## 四、2022年推动双城经济圈一体化发展的重点任务

### （一）大力推动双城经济圈融入和服务新发展格局

主动服务国家重大战略，融入新发展格局，发挥比较优势、彰显成渝特色、促进协同融合，突出两大现代化都市圈"双核"互动、深化毗邻地区十

大功能平台融合、提升带动全域发展能力、密切国内外合作，着力增强区域协同和联动发展能级，建设国际国内双循环新发展格局的枢纽节点和支点，以成渝担当服务国家发展大局。

### 1. 推动双核引领并进

重庆和成都两大现代化都市圈是双城经济圈的"双核"，也是构建双城经济圈发展新格局的关键举措。2022年，要以促进"双核"相向发展和引领并进为突破口，进一步提升极核功能和综合承载能力。一是强化成渝"双城"极核功能。突出重庆、成都两个国家中心城市的极核、枢纽功能，聚焦共建国际性综合交通枢纽、共建世界级先进制造业集群、共建西部金融中心等城市间合作领域，协同提升综合能级和国际竞争力，以更大力度推进重庆西扩和成都东进，增强在全球范围内集聚和配置高端资源要素能力，携手迈进现代化国家都市行列。二是提速建设现代化都市圈。梯次推进重庆中心城区与主城新区同城化发展，深化川渝、渝黔等区域合作，着力推动邻水—华蓥率先融入重庆中心城区发展，推动广安城区建设支点城市，推动武胜—岳池建设桥头堡城市。推动成德眉资同城化发展，加快拓展成都国家中心城市发展空间，强化核心引领作用。加速都市圈区域规划、基础设施、产业布局、生态环保、公共服务、政策协调等方面同城化建设、融合化发展，构建高端引领、成链配套的现代产业体系和统一开放、高效配置的区域市场体系，打造以轨道交通为骨干的1小时通勤圈，营造宜居宜业的高品质生活环境，建设现代化都市圈。三是夯实成渝主轴发展基础。因地制宜促进重庆主城新区和川东地区分层次、差异化发展，推动基础设施互联互通，培育若干承接成都和重庆两大中心城市功能外溢、辐射带动周边的区域性中心城市、外围组团和卫星城市。着力完善重要节点城市专业化、特色化服务功能，打造承接核心城市功能扩散、集聚发展要素、带动周边发展的特色化功能节点。加快培育涪陵、綦江（万盛）、合川、永川、泸州、宜宾等"双百"城市。

### 2. 深化毗邻互动融合

川渝毗邻地区十大合作共建区域发展功能平台，是推动成渝地区双城经济圈建设的重要载体，也是深入开展跨省级行政区全方位合作的重要平台。

2022年，要以川渝深化毗邻合作功能平台为载体，加快探索经济区与行政区适度分离改革，深化毗邻地区互动融合发展。一是积蓄释放功能平台先行先试力量。以经济区与行政区适度分离改革为引领，重点在川渝毗邻地区合作共建功能平台中探索战略一体实施、政策协同联动、要素跨区域流动、成本共担利益共享机制，探索经济统计分算方式。推进税收征管一体化，统一税务行政处罚裁量基准，实现川渝电子税务局互联互通。二是提升合作平台发展能级和辐射能力。推进建设万达开川渝统筹发展示范区，联动万开云同城化板块，打造成为双城经济圈北翼经济中心。加快建设内荣现代农业高新技术产业示范区、泸永江融合发展示范区，推动川南渝西融合发展试验区加快建设，打造双城经济圈"双核"之外的第三核心。加快建设明月山绿色发展示范带、城宣万革命老区振兴发展示范区。深化成渝中部地区协同发展，夯实成渝主轴发展基础，推动川渝高竹新区经济区与行政区适度分离改革示范先行，推动遂潼一体化发展先行区取得显著成效，建设合广长协同发展示范区、资大文旅融合发展示范区。三是创新毗邻地区管理和合作模式。因地制宜采用派出实体机构、领导小组等形式，建立和完善平台管理机构，加强重大事项统筹谋划和重大问题协调解决，强化平台发展规划、重大改革、重大项目等落地见效。

3. 促进区域合作联动

强化国内国际合作，健全区域合作机制，强化对"一带一路"、长江经济带、西部大开发、东部沿海城市群等的服务和对接，在密切区域合作中加快融入新发展格局。一是推动全域协同联动。立足资源优势共享，找准发展契合点，打造北碚—绵阳、武隆—乐山等一批非毗邻地区功能合作示范载体，探索飞地经济新路径。深化全域发展，强化双城经济圈对川渝两省（市）其他地区特色产业发展、基础设施建设的引领带动作用，加快基本公共服务均等化水平，增强对秦巴山区、武陵山区等周边欠发达地区的辐射带动能力，支持建设协同发展合作区。二是强化长江经济带沿线合作。推动长江上下游区域一体化发展，优化沿江城镇和产业布局，加强长江黄金水道及沿江港口、高铁和高速公路联动建设，探索共建合作园区等飞地经济模式，共同拓展发展空间，有效承接产业转移和人口回流，协同推进长江经济带高质量发展。三是支撑引领西部地区高质量发展。加强与关中平原城市群联动，深化能源、物流、产业等领域合作，辐射带动西北地区发展。加强与北部湾、滇中城市群协作，把出境出海通道优势转化为贸易和产业优势，促进西南地区全方位开放。深化与黔中城市群合作，加快建设渝黔合作先行示范区，带动黔北地区发展。四是服务共建"一带一路"。全面对接国际通行经贸规则，深度融入RCEP，扩大与"一带一路"沿线国家和地区经贸往来。以"一带一路"沿线国家和地区为重点，推动汽车、装备制造优势企业布局境外生产加工基地和营销服务网络，鼓励跨境电商企业建设电商产业园和公共海外仓。

### （二）提速建设具有全国影响力的重要经济中心

结合成渝两地发展实际，放大优势，补足短板，完善功能，促进共建共享，加快提高参与全球资源配置能力和整体经济效率，建设具有全国影响力的重要经济中心。

#### 1. 构建联通顺畅基础设施

积极推进四向对外大通道建设。加快建设基础设施"一张网"，畅通铁路大通道，加密对外高速公路通道，提升长江干线通行能力，拓展国际航线网络。一是加快建设陆上运输通道。建设成渝地区双城经济圈与京津冀、长三角、粤港澳大湾区综合交通主轴，争取年内建成开行郑万高铁，实质性推动渝西高铁开工，加快推进渝宜高铁前期工作。构建完善大陆桥、成渝昆、西部陆海交通走廊，按计划完成渝昆高铁建设年度任务，开展叙永至毕节铁路、隆黄铁路隆昌至叙永段扩能改造，继续推进成昆铁路扩能改造工程。畅通川藏、厦蓉通道，稳步推进川藏铁路雅安至林芝段建设，全面推动G318川藏公路提质改造，确保G4217、G4218前期顺利进行，提速建设重庆至黔江高铁，争取年内黔江至吉首高铁前期工作取得进展。二是拓展航空水运通道。统筹成都天府机场、双流机场航班航线资源，增强重庆江北机场航线网络覆盖，稳定并加密欧美航线，稳步拓展东南亚、东北亚地区的航线，争取新开"一带一路"相关国家和地区新航点。提升长江黄金水道通行能力，持续推进嘉陵江利泽航电枢纽、乌江白马航电枢纽建设，开展长江上游干支航道整治和梯级渠化，全面畅通岷江、嘉陵江、乌江、渠江等航道，加快启动三峡枢纽瓶颈制约方案前期研究论证工作。

提升都市圈交通设施同城化水平。加密轨道、高速骨干路网，推进重庆都市圈一体化综合交通体系，建设"一小时通勤圈"，打造带动"两翼"地区快速交通网。一是继续推进"轨道上的经济圈"建设。持续实施高铁建设五年行动方案，积极谋划重庆至自贡（乐山）、铜仁、毕节、广安等城际铁路前期工作，推动江津、铜梁、合川等主城新区至中心城区轨道快线和市域（郊）铁路建设，继续推进重庆、成都中心城区城市轨道建设，加快建设铁路枢纽东环线，构建多层次轨道交通网络，推动"四网融合"发展，加快建设成渝中线、成达万等高铁对外大通道，统筹谋划一批普速铁路，全力支撑共建万达开川渝统筹发展示范区。二是扩容织密高速公路网。加快实施渝黔、渝湘、渝遂、渝武等在建射线高速复线扩能及合川至璧山至江津等在建项目建设，新开工成渝、渝遂二期高速加宽工程、永川至璧山等项目。以普通国道为主完善非收费快速物流通道，启动实施中心城区东向至长寿至垫江至梁平至开州、南向至江津至綦江—万盛、西向至永川至荣昌、北向至合川等项目，实现中心城区至主城新区东南西北四向均有非收费快速物流通道连接，有效降低物流成本。

加快构建联通高效能源水利通信设施。大力促进能源水利通信设施一体化建设，提升都市圈、城市群供电、供气、供水以及通信保障水平。一是加快推动能源网络一体化建设。继续推动川渝天然气千亿产能基地建设，加快建设重庆江津至南川天然气管道项目，续建川南天然气新一轮100亿立方米上产工程。着力推动川渝特高压交流工程启动可行性论证、设计等工作，按照"川渝电网加强、川电送渝增量"等原则，科学谋划川渝电网和电力市场一体化发展，优化川渝电力资源配置，启动完善川渝电网主网架结构，优化重庆都市圈500千伏目标网架。二是持续推进共建水利基础设施。加快推进跨区域重大蓄水、提水、调水工程建设，增强跨区域水资源调配能力，推动形成多源互补、引排得当的水网体系。抓紧推进引大济岷、涪江右岸、向家坝灌区二期、长征渠、渝南及重庆中部水资源配置、沱江团结等引水供水重大工程的研究论证。加强大中型灌区续建配套和现代化改造。推进饮用水水源地、备用水源与防洪减灾设施建设，加强主要江河和中小河流防洪治理，实施防洪控制性水库联合调度。系统推进城市堤防、排水管渠、排涝除险、蓄水空间等设施建设，有效治理城市内涝问题。三是加快完善新型基础设施。继续推动5G网络建设，加快推进基于IPv6的下一代互联网部署，推动国家级互联网骨干直联点宽带扩容。实施"东数西算"工程，加快建设成渝国家算力枢纽节点，加密布局大型云计算和边缘计算数据中心。完善工业互联网标识解析国家顶级节点功能。加大新一代移动通信网络试验验证力度，提升传统基础设施智能化水平。

2. 协同培育竞争优势突出的现代产业体系

抢抓全球新一轮科技革命和产业链重塑机遇，顺应产业分工规律，强化区域产业一体布局和协同发展，加快构建高效分工、错位发展、有序竞争、相互融合的现代产业体系，优化、稳定、提升产业链供应链。

协同建设全国重要先进制造业基地。在优化产业空间布局、提升产业集群竞争力、推动产业融合升级发展上持续发力，协同巩固提升川渝制造业竞争力。一是优化制造业协同发展空间布局稳定区域产业链。突出空间集聚和错位发展，优化制造业空间布局，推动"双核""双圈"制造业高端升级，向川南渝西、川东北渝东北"两翼"地区疏解非高端、非核心产业功能，形成"研发销售组装在核心，生产制造配套在周边"的区域分工格局，壮大区域产业集群、稳定区域产业链。二是协同提升优势制造业集群全球价值链（GVC）地位。围绕汽车、电子信息、装备、特色消费品等优势制造业薄弱环节、短板环节、空缺环节，协同招商集聚实力突出、技术高新、带动力强劲、市场占有率高、品牌价值高的龙头企业以及优质工业项目，借力提升区域内制造业价值链水平和全球市场份额。依托西部科学城建设，推动产业链和创新链融合发展，加快集聚科研大装置、大平台、大团队，围绕高端化、智能化、绿色化，协同推进优势制造业关键核心技术自主可控和科技成果产业转化，共同培育壮大新产业新业态新模式。三是完善升级产业协同发展平台。强化两江新区、天府新区以及川渝两地国家级高新区、国家级经济技术开发区等重要产业发展平台的协同合作，推动川渝省市级高新区、经开区升级为国家级高新区、经开区。向高竹新区等川渝合作示范平台适度放权，增强示范区发展自主性活跃度。推进两地国际产业园建设，推动"一区多园""飞地园区"取得实质性进展。四是精准承接国内外尤其是东部地区产业转移。深刻把握国际产业分工和产业转移客观规律，依托川渝两地国家级开发区、重庆沿江承接产业转移示范区、广安承接产业转移示范区等平台，聚焦成渝地区产业链短板和空白环节，共同完善"成渝地区双城经济圈制造业图谱"，精准化、集群式链条化承接国内外先进制造业，尤其是东部沿海地区产业转移，国际产业分工和承接产业转移走在西部乃至全国前列。

协同培育发展现代服务业。突出重点服务业引领和服务业、制造业融合发展，协同推动成渝地区现代服务业迭代升级。一是共同建设西部金融中心。推进成渝地区金融机构跨区域协作、金融市场互联互通、金融政策协同融合、金融基础设施相互衔接，支持川渝两地金融机构互设分支机构，支持区域内有条件的金融机构试点设立一体化管理总部，推进川渝两地同城化结算服务，建设一体化金融信息共享平台，降低区域资金流动成本。抓住全国第三家金融法院——成渝金融法院落户机遇，在金融科技、绿色金融、物流金融等金融前沿领域协同创新、共同突破，在中西部地区形成引领示范效应。依托中新互联互通示范项目，加快外资和涉外金融机构引进培育，带动成渝地区以及中西部金融机构走出国门，增强跨境结算和投融资等金融服务能力。二是共同提升国际物流水平。高质量推进川渝两地国家物流枢纽建设，健全完善以国家物流枢纽为核心，以省市级物流园区为重点、以城乡物流中心为支撑的三级物流网络体系。协同完善成渝地区多式联运基础设施和多式联运集疏运系统，共同创新物流组织模式，合力建设西部陆海新通道，共建中欧班列（成渝）号，协力优化畅通东向开放通道，协同打造世界级机场群，发展智慧物流，提升成渝地区国际物流要素集聚和组织能力。协同引进具有国际竞争力和影响力的龙头物流企业，加快培育川渝本地物流企业和服务业态，大力发展物流总部经济、航运物流等，促进川渝两地口岸物流、商贸流通标准统一、政策协调、运行协作。三是协同推动服务业与制造业融合发展。围绕汽车、电子信息、装备、生物医药等区域先进制造业迭代升级，大力发展工业设计、信息服务、科技服务、节能环保服务、供应链管理等生产性服务业，引导制造业企业发展服务环节、延伸服务业链条,提升制造业服务化水平。扎实推进重庆高新区等先进制造业和现代服务业融合发展试点区建设,加快协同培育两业融合标杆企业,加快培育发展两业融合发展新业态新模式,促进区域产业链、供给链、服务链融合互动升级。2019—2021年成渝地区双城经济圈已批复国家级物流枢纽见表1-13。

表1-13 2019—2021年成渝地区双城经济圈已批复国家级物流枢纽

| 地区 | 枢纽名称 | 批复年度 |
| --- | --- | --- |
| 重庆范围 | 重庆港口型国家物流枢纽 | 2019年 |
| | 重庆陆港型国家物流枢纽 | 2020年 |
| | 重庆空港型国家物流枢纽 | 2021年 |
| 四川范围 | 成都陆港型国家物流枢纽 | 2019年 |
| | 遂宁陆港型国家物流枢纽 | 2020年 |
| | 达州商贸服务型国家物流枢纽 | 2021年 |

协同建设现代高效特色农业带。围绕率先在西部地区实现农业现代化目标,聚焦"现代""高效""特色",加快构建川渝一体的现代农业产业体系。一是共同打造现代农业高质量发展示范区。以川渝平坝和浅丘地区为重点,强化川渝农业协作、共融发展,全面推进成渝地区现代农业品种培优、品质提升、品牌打造和标准化生产,壮大优质粮油、生猪、优质蔬菜、道地中药材、柑橘和柠檬等六大成渝地区优势农业集群。建设重庆主城都市区都市现代高效特色农业示范区和成德眉资都市现代高效特色农业示范区,大力发展都市农业,提升满足都市需求的高质量农产品供应能力,推进农、商、文、旅、体融合发展。以"粮头食尾""农头工尾"为抓手,协同深化特色农产品精深加工,实施农产品加工示范企业培育工程、"川菜渝味"加工工程,共同推进粮油、肉制品、调味品、菌类、水果、优质白酒、林竹产品、蚕桑产品等川渝特色食品饮料产业集群发展,打造农产品加工万亿级支柱产业。二是强化农业科技协同促进农业高效发展。深化川渝两地农业科技园区、产业园区与科研院所、高等院校科技对接,引进国家级农产品加工科研机构落户成渝地区或设立分中心,推动布局一批农产品加工技术研发中心和重点实验室、优势农产品品质评价研究中心、高新技术企业孵化器等创新平台,围绕

成渝地区优势特色农业产业，联合申报实施川渝两地以及国家级科技项目，加强农业学科前沿与基础研究，抢占战略制高点。支持成都、渝北、宜宾等作为培育园区创建国家农业高新技术产业示范区，支持川渝两地涉农高校、科研院所联合国内外农业科研机构共建西南农业科技产业城、畜牧科技城及国家级重庆（荣昌）生猪大数据中心、西南丘陵山地现代农业智能装备技术创新中心等，促进农业科技创新成果产业应用转化。三是打造"川菜渝味"等区域公用品牌。实施地理标志农产品保护工程，对列入中欧地理标志互认产品的品牌进行重点宣传推广及开发利用，联合打造"川菜渝味"等区域公用品牌，推广"巴味渝珍""天府龙芽""天府菜油""永川秀芽""自然贡品""涪城麦冬"等特色品牌，鼓励品牌企业在成渝开设专营店、实体店。积极拓展农业对外交流合作领域，推动成渝农业"走出去"和"引进来"，逐渐提升"川菜渝味"品牌国际知名度和影响力。

3. 打造富有巴蜀特色的国际消费目的地

立足构建以国内大循环为主体、国内国际双循环相互促进的新发展格局，以推动重庆、成都培育建设国际消费中心城市为重点，加快集聚优质消费资源，激发市场消费活力，不断增强巴蜀消费知名度、美誉度、影响力。

营造高品质消费空间。强化川渝两地知名商圈、特色街区协作发展，加快打造一批高端消费场景和载体，集聚更多全球性、特色化的消费资源。一是构建巴蜀消费城市体系。对标国际，推动重庆、成都加快培育建设国际消费中心城市，提升重庆中心城区和成都集聚国际国内品牌、吸引全球消费客群的国际消费目的地核心承载区能力。依托资源优势、产业特色，加快培育建设具有巴蜀特色的区域消费中心城市，推动涪陵、合川、乐山、雅安、南充等打造成为成渝"后花园"，推动万州、江津、铜梁、自贡、内江等地建设特色消费集聚区。围绕"一街一品，一镇一业"错位发展，打造一批风貌独特、底蕴深厚、商旅文融合发展的特色商贸名镇。二是提质巴蜀消费平台和载体。聚焦人性化、智慧化、国际化发展方向，推动成渝地区商圈转型升级发展，不断增强城市商业承载地在构建新发展格局中的辐射带动力。推动重庆解放碑—朝天门和成都春熙路—太古里等商圈加快集聚高端消费资源，共建具有全球影响力的千亿级世界知名商圈。支持成都交子公园、重庆观音桥商圈打造具有较强国际影响力的高能级新型消费商圈。推进宽窄巷子、磁器口等历史文化街区集聚商旅文购娱等优质资源，增强消费便利性和体验感。支持有条件的街区丰富夜购、夜味、夜玩等夜间经济产品，建设夜间消费集聚区、示范区。三是共建巴蜀文化旅游走廊。实施"成渝地·巴蜀情"区域文化品牌培育工程，联合申办世界博览会等国际性重大节会活动，打造中国西部现当代文化艺术高地，协同提升"行千里·致广大""天府三九大安逸走四川"品牌。加快长征国家文化公园、资阳大足文旅融合发展示范区等建设。成立"川渝144过境免签推广联盟"，开展全球推介活动。支持文旅企业参与国际性论坛，引进国际品牌文化旅游企业入驻成渝双城经济圈，推动国际化文化贸易基地建设，提升巴蜀文化国际影响力。

构建多元融合的消费业态。顺应消费品质化、智能化、多元化、服务化升级趋势，加快集聚优质商品和服务，推动消费与现代信息技术融合发展，持续提升成渝地区消费供给质量和效率。一是丰富巴蜀消费品供给。发展国际消费，推进"一带一路"进出口商品集散中心建设，进一步壮大解放碑、春熙路离境退税街区规模，促进进出口商品展示和集聚。发展精品零售，积极引进品牌首店、高端定制店、跨境电商体验店等，大力发展消费精品首发、首秀、首展。发展特色小店，推动发展蕴含巴蜀文化、承载城市记忆的小店经济，鼓励小店创新业态打造"小而美"网红品牌。二是构筑特色消费新场景。推动"互联网+商业"快速拓展，培育新零售、社交电商、跨境电商、智慧商超等新商业业态。大力发展智慧门店、自助终端、智能机器人等"无接触"零售。引导网络直播、短视频等新兴消费业态健康发展，推动教育、医疗、养老、家政等服务线上线下交互融合。提升假日消费、周末消费、旅游消费、体验消费，发展夜间经济、会展经济。三是推进消费融合发展。打响文旅消费品牌，充分挖掘古蜀文明、巴渝文化、三峡文化和三国文化等世界级文化资源，打造一批精品旅游线路，大力发展巴蜀乡村旅游。推动川渝共建国家体育旅游示范区，做大做强具有国际标准、巴蜀韵味的川渝体育品牌。推动传统文化和全新科技元素融入创意设计产业，提升传媒影视、动漫游戏、音乐演艺等产业发展水平，共同举办具有国际影响力的时装周、电影节、艺术节等文化展演活动。

塑造安全友好的消费环境。对标具有国际消费影响力的城市和地区，川渝携手优化营商环境，健全消费者权益保障制度，提振消费信心，提高消费满意度。一是协同完善消费促进政策。规范发展消费金融，在风险可控、商业可持续、保持居民合理杠杆水平的前提下，加快消费信贷管理模式和产品创新，加大对重点消费领域的支持力度。争取国家支持在成渝地区增设一批市内免税店、口岸免税店，调整出口退税政策。研究出台将闲置厂房、办公用房等改为商业用途房屋等支持性政策。拓展移动支付使用范围，提升境外人员在境内使用移动支付便利化水平。优化离境退税服务，促进国际消费便利化。推动成渝两地联合开展文旅消费季活动。二是优化国际营商环境。持续深化"放管服"改革，有序拓展高频政务服务"川渝通办"事项。全面实施市场准入负面清单制度，落实外商投资准入前国民待遇加负面清单管理制度，对内外资企业一视同仁、平等对待，增强成渝地区对国际国内高端商务商贸品牌企业的吸引力。探索建立"市场准入异地同标"机制，构建川渝营业执照异地"办、发、领"一体化服务体系。针对零售新业态新模式，探索推行"一照多址"。三是建立健全消费诚信监管体系。完善企业信用积分管理办法，定期发布企业守信名单和失信黑名单，实行企业信用与市场准入、政策优惠、政府采购等挂钩，促进诚信经营。利用大数据等技术，建立食品、医药等重要产品和跨境电子商务零售等领域追溯体系，加强海关、质检、工商等多部门协同监管力度，加大对制售假冒伪劣商品行为的整治力度。加快公平竞争审查制度建设，依法严厉打击有关违法行为和不正当竞争行为。

**（三）提速建设具有全国影响力的科技创新中心**

狠抓"两重一新"发展机遇，不断优化创新发展布局，培育战略科技力量，强化企业创新主体地位，构建高效协同的自主创新体系，以科技创新催生发展新动能，提速建设具有全国影响力的科技创新中心。

1. 加快高标准共建西部科学城

以"一城多园"模式高标准共建西部科学城，协同布局一批战略性、引领性创新设施，加速创新资源集聚，增强基础研究和原始创新能力。一是协同建设重大科技基础设施。在信息科学、医学科学、环境科学等领域联合争取布局一批国家重大科技基础设施、前沿交叉研究平台，推动更多国家级研发平台和国际技术转移中心落地，吸引集聚中国科学院、中国工程院等全国顶尖科技力量参与共建。重庆主要争取信息网络、人工智能、超算中心等重大科学基础设施落户，成都主要争取生命医学、智慧交通、航空航天、智慧城市等重大科学基础设施落户。充分发挥交通运输设备制造、电子信息制造、机械制造、装备制造、新材料等产业优势，在新兴前沿交叉领域创建国家重点实验室或部、省、市共建国家重点实验室，加强技术创新中心、产业创新中心、科学数据中心和军民协同创新平台建设，推动科技创新核心要素加速聚集。二是推动优秀创新科研资源加速集聚。着力聚集以优秀科研院校和创新型企业为核心的科创要素资源，积极引进国内外优秀的大学资源，采取联合办学等形式，支持在两地设立分校、研究机构，利用大数据、人工智能、区块链等先进技术，搭建科研仪器、科技平台、科技成果、科技人才等科技资源共享服务平台。科学识才、聚才、用才，建立健全高水平人才引进机制，加大"筑巢引凤"力度，加强世界级科学家、两院院士、外籍专家、创新领军人才引进，共同推进博士后培育项目，集聚全球优秀人才和团队。建立对承担国家重大科技任务科研人员的激励机制，加快培养新信息技术、智能制造技术、数字经济等急需领域青年科技人才高层次人才，推动产业链、创新链、人才链融合匹配。三是探索共建国家综合性科学中心。强化西部科学城科学策源、技术发源、产业引领等核心功能，集聚一批大平台、大团队、大项目，完善重大科技基础设施集聚区、科研机构集聚区功能。围绕生命、信息、材料、空天、智能制造等重点科学领域，打造学科内涵关联、空间分布集聚的战略性创新平台和原始创新集群，加快建设中国电科联合微电子中心、中国航天科工新一代通信技术研究院、英特尔FPGA中国创新中心、量子通信器件联合实验室、柔性基底微纳结构成像系统研究装置、空间轻型高分辨率光学成像相机系统研制平台、天然药物与临床转化综合研究平台、多态耦合轨道交通动模试验平台等一批新型高端研发机构，壮大基础科学和前沿科学研究。积极争取国家有关部委和中国科学院支持指导，完善成渝综合性科学中心建设协同机制，推动成渝共同争取重大创新平台、联合承担国家重大科技任务、共同发起大科学计划、推动科学仪器设备共享。

2. 大力提升区域协同创新能力

聚焦国家重大战略需求，围绕提升成渝地区产业协同创新能力，加强产业创新基础能力建设和制造业创新网络建设，构建特色鲜明的协同创新集群。一是持续完善产业协同创新服务平台。大力实施技术创新合作专项行动，共同对接中国科学院、中国工程院和知名科研院所创新资源，大力引进"世界500强""专精特新"企业研发机构，协同建设一批产业关键共性技术研发平台、创新公共服务平台。支持新能源汽车、半导体材料、集成电路、装备制造、人工智能、信息安全、轨道交通、工业互联网等领域的科技企业与高校、科研机构合作建立技术研发中心、产业研究院、中试基地等新型研发机构。围绕轻金属、智能制造、感知物联网、医疗大数据等领域建设国家技术创新中心、国家产业创新中心、国家制造业创新中心、国家工程研究中心、国家级车联网先导区、军民协同创新平台、科技成果转化中心。二是加快构建产业协同创新体系。聚焦成渝地区双城经济圈产业科技创新主战场，围绕先进制造业、战略性新兴产业、未来产业等重点领域，研究编制成渝地区双城经济圈重点产业技术图谱、产业创新科技进步路线图，系统梳理关键核心技术攻关重点，实施关键核心技术攻关工程，集中实施一批科技创新重大项目，统筹推进原创性突破、应用性转化和规模化量产，促进新一代信息技术、新能源及智能网联汽车、装备制造、新材料、新能源、生物医药、碳达峰碳中和等重点产业价值链升级，建设一批区域特色鲜明、互补成链、智能绿色应用走在全国前列科技创新高端产业集群。围绕产业链、供应链、创新链多链融合，积极培育产业协作配套、技术协同创新、要素资源共享的融通模式，构建科技型企业链式培育体系，培育壮大科技型中小微企业主体规模，推动链主企业和链属企业融通发展。三是协同提升企业自主创新能力。围绕提升成渝地区双城经济圈创新资源集聚能力，发挥重庆高新区、成都高新区等创新集聚优势以及两地高新区协同创新战略联盟作用，联合建设一批创新型园区，打造链接全球创新网络的开放发展新前沿，高质量建设国家自主创新示范区。大力培育高新技术企业，共同组建一批利益共享、风险共担、具有核心技术能力的产学研综合体,支持两地规模以上工业企业共同组建国家和地方重点工程实验室、工程(技术)研究中心、国际科技合作示范基地,重点突破新一代汽车动力、自动驾驶系统、智能传感互联、5G关键核心零部件、区块链核心算法、生物安全等一批关乎高新技术产业持续发展的关键核心技术,服务两地制造业升级和军民融合科技协同创新。

3. 持续优化区域协同创新生态

坚持科技创新和体制机制创新"双轮驱动",加强创新创业平台搭建,深化科技体制改革,优化支持全面创新的软硬环境,激发全社会创新创业创造活力。一是协同建设创新创业平台载体。支持两地企业联合科研院所、高校共建企业技术中心、院士(专家)工作站、博士后研究工作站和创新实践基地。推动两地协同建设科技成果转化信息、技术转移、分析测试、区域服务、孵化等平台,依托两地高校协同共建大学科技园、环大学创新生态圈、大学生创新创业俱乐部、大学生创新创业园等创业苗圃,大力培育创新精神和创客文化。推动校区、园区、社区"三区"融合发展,支持发展"孵化+创投""互联网+"、创新工场等新型孵化模式,强化科技型中小企业知识产权质押融资、融资担保、贷款贴息等科技金融服务,逐步形成"创业苗圃+孵化器+加速器+产业园"的阶梯型孵化体系。二是协同优化科技创新服务体系。协同建设科技资源共享平台、专利导航服务平台、科技金融服务平台等科技公共服务平台。大力发展研究开发、技术转移、检验检测认证、创业孵化、知识产权、科技咨询等业态,形成覆盖科技创新全链条的服务体系。综合运用财税、金融、产业等政策,应用现代信息和网络技术,整合开放成渝两地公共科技服务资源,推动技术集成创新和商业模式创新,深化川渝毗邻地区科技创新合作,促进科技企业、研发机构、高端人才等创新资源的顺畅流动。鼓励科技成果转移转化,聚焦重点产业垂直细分领域,依托行业龙头企业和大型科研院所,打造专业化、国际化、平台型的科技企业孵化器。支持高校、科研院所及企业设立技术转移机构,鼓励建立中试基地,依据双边或多边合作协议,共同拓展国际科技创新合作,共建国际科技创新合作基地。三是协同推进科技转化市场化改革。着力疏通科技成果赋权、有效供给、要素集聚、便利化服务等链条中的"堵点"。统筹推进科技成果市场化改革，规范标准化流程，共建通行通用的技术成果评价标准，推动出台统一的科技成果评价规范、知识产权评价规范等政策制度。共同推进职务科技成果产权改革。深化职务科技成果所有权、使用权和收益权改革，统一规范所有权比例原则和确权程序，在国有企业混合制改革中，共同引入试点单位职务科技成果，支持职务科技成果入股。共同推进知识产权综合管理改革，支持两地高新区在知识产权数据信息资源方面开放共享，持续提升成渝地区双城经济圈科技创新生态吸引力。

### （四）提速建设改革开放新高地

围绕改革开放新高地战略需求，深度对接和融入国家"一带一路"建设和西部陆海新通道等对外开放战略，加快拓展成渝地区对外开放的高度、广度和深度，集聚释放成渝地区在国际合作竞争中的新优势。

1. 建设高水平国际门户枢纽

依托水、陆、空立体交通网络优势，以全球视野谋划国际战略通道建设，建设通江达海、连接世界的国际性交通、物流、通信枢纽，高水平打造国际门户枢纽。

构建国际综合交通枢纽。统筹铁公水空交通枢纽建设，努力建成通达全球、衔接高效、功能完善的国际性综合交通枢纽。一是共建引领内陆开放的世界级机场群。统筹成都天府、成都双流和重庆江北等枢纽机场功能整合，优化航权、时刻、空域、飞机引进等资源配置，加强洲际航线班期、航点协调。支持互为进出的货运线路和旅游线路产品，将过境144小时免签政策适用范围扩大至双城经济圈。统筹成渝地区干线机场、支线机场、通用机场建设，共同打造世界级机场群。二是共建长江上游航运中心。全面提升长江航运能力，加快推动嘉陵江、乌江、沱江、涪江内河水运开发，推动果园港、万州港、涪陵港、泸州港、宜宾港等联动发展，打造现代港口群。加快主要港口与铁路、高等级公路的连接线建设，大力发展多式联运，形成无缝衔接的集疏运体系。三是共建国家综合性铁路枢纽。完善重庆、成都国家综合性铁路枢纽功能，强化万州、黔江、南充、宜宾区域性铁路枢纽地位，统筹布局辐射达万、南遂广、川南城镇密集区以及渝东南地区的铁路网络系统。加快永川、涪陵、达州、泸州重要节点城市铁路枢纽建设，在成渝地区枢纽布局体系中发挥重要支点作用。

建设国际物流枢纽。统筹东西南北四个方向、铁公水空四种方式、人流物流资金流信息流四类要素，加快建设对接全国、连通国际的综合物流枢纽。一是培育国际物流枢纽集群。加快完善重庆陆港型、港口型、空港型以及成都陆港型、遂宁陆港型、达州商贸型国家物流枢纽功能，支持成都申报空港型国家物流枢纽、重庆申报生产服务型国家物流枢纽。加快推进川渝国际多式联运试验区建设，完善铁路货运站、公路货运分拨中心和进港铁路专用线等国际多式联运集疏体系，降低国际联运物流成本。二是加强物流运输组织协同发展。以国家物流枢纽为引领，整合成渝地区物流资源，加强战略合作，建立枢纽联盟，在空间布局、货源腹地、辐射范围、运输方式等方面错位发展、资源互补，形成覆盖枢纽的铁路集装箱班列、货运专列、班轮航运、航空运输等干线运输网络，建设"钟摆式"内陆集装箱联运体系。通过资产整合、业务融合、联盟运作等手段，培育国际航运和物流枢纽建设运营标杆企业，形成多样的运输供给。

建设国际信息数据门户枢纽。围绕网络强国建设，构建集立体网络、泛在感知、智能计算、创新试验等于一体的新型基础设施体系，打造全球数据港、国际离岸数据中心和在岸数据中心，建设国际信息数据门户枢纽。一是加强国际数据通道建设。抢抓西部陆海新通道建设、中新示范项目建设等机遇，争取国家支持成渝建设国际性区域通信枢纽，开通至"一带一路"沿线国家和地区的直达国际光纤网络，提升成渝国际和省际出口带宽水平。二是提升成渝信息网络互联互通水平。加快5G基站新一代信息基础设施建设，推动成渝国家级互联网骨干直联点宽带扩容，形成以成都、重庆为核心的"千兆城市群"，实现川渝城镇以上千兆宽带全覆盖。启动重庆数据中心集群和天府数据中心集群建设，推动数据中心网络直联、区间网络链路优化，强化"东数西算"支撑。三是信息平台共建共享。整合数字经济资源，共建全国一体化大数据中心、区域性国际数据中心、西部数据资源交易中心、国家数字经济创新发展示范区，推动川渝在互联网、云计算、大数据和人工智能方面与实体经济深度融合，促进两地政用、民用和商用大数据资源共建共享，打造具有国际影响力的数字经济发展示范区。

2. 提升开放平台集聚辐射力

围绕"补不足、提层次、拓空间、释潜能"，加快完善重大战略平台、各类口岸功能、对外交往平台，快速提升开放平台协同发展和高质量发展能力。

优化提升重大战略平台能级。积极谋划国家级开放平台，加快提升成渝地区双城经济圈开发开放平台层次，增强开放平台对区域经济带动能力。一是提升现有对外开放平台层级。支持两江新区、天府新区优先承接国家重大战略项目、试点示范项目，强化全球资源配置功能、科技创新策源功能、高端产业引领功能、开放枢纽门户功能，增强对国内外资源吸引力，更好地促进高端产业和新兴产业加速集聚。建立开放平台梯度升级机制，有序推动省级开发区等平台升级为国家级平台，探索深化成渝地区国家级高新区"一区多园"模式，释放国家级高新区引领战略性新兴产业发展潜能。二是积极谋划重大开放平台。加快推进川渝自由贸易试验区协同开放示范区建设，积极探索知识产权、创新要素流动、竞争政策、争端解决等制度，形成促进更高水平开放的政策体系。依托中新（重庆）战略性互联互通示范项目建设，争取在金融科技、中新基金互认、中新跨境理财合作、跨境数据有序流动等方面获得国家政策支持，打造"一带一路"合作新示范。加快中日（成都）城市建设和现代服务业开放合作示范项目，重点在健康医疗服务、科技研发、金融服务等领域深化与日本交流合作。积极争取设立长寿等综合保税区、天府国际空港综合保税区及黔江、达州、遂宁等保税物流中心（B型），增强开放平台引领和带动作用。围绕新能源汽车及智能网联汽车、智能制造、电子信息、现代物流等产业合作，加快推进中德、中法、中瑞、中意等国别园区建设，着力打造国际产业合作示范窗口。

加快丰富完善口岸平台体系。加强规划引导，优化口岸经济发展环境，完善口岸体系及功能配套，夯实口岸经济发展基础。一是统筹口岸经济发展规划。加快编制《成渝地区双城经济圈口岸经济发展专项规划》，制定口岸经济发展目标，支持口岸所在市（区、县）制定口岸经济发展规划，以更好地推动口岸经济发展。强化口岸经济发展政策支持，推动成立口岸经济发展投资公司，设立口岸经济发展专项基金，增强口岸经济发展动力。二是争取布局更多口岸。积极争取万州、黔江、达州、绵阳等航空口岸以及万州、涪陵、泸州等沿江水运口岸对外开放，推动三大口岸资质及设施互享，重点完善铁路运输粮食、水果、肉类、活牛、木材等口岸功能，支持航空口岸完善药品进口功能，加快航空口岸离境免税店发展，为口岸经济发展提供支撑。三是合力完善口岸服务配套功能。加强川渝口岸联动合作，增强铁公水空口岸运输、分拨、储备、装卸和数据交换、分配、验收能力，强化海关特殊监管区口岸保税功能。推动两地国际贸易"单一窗口"互联互通，完善两地信息互换和共享服务功能。推进成渝地区与沿海、沿边地区口岸海关的协作，构建便捷互通、一体化运作的区域大通关系统。

合力共建"一带一路"对外交往中心。深化对外交流合作，积极搭建对外交流交往平台，共同举办国际展会、国际赛事，不断扩大成渝地区双城经济圈国际影响力。一是推进国际交流合作平台建设。围绕"一带一路"建设，积极争取沿线国家领事机构和办事机构入驻成渝地区。以科技、教育、文化等领域为重点，加强与东南亚、欧盟、非洲等地区合作，大力推动留学生互派、科技创新中心共建、文化友好交流年互办，吸引高端人才来成渝访学、留学、创业、就业。二是培育引进国际展会。发挥成渝战略区位优势，争取国家支持重庆和成都共同承办中国与东盟领导人会议、"一带一路"科技交流大会、上合组织成员国地方领导人论坛、中国—中东欧国家地方领导人会议及专项领域会议，力争成为系列重要国际会议的永久性或周期性举办地。三是积极承办国际赛事。加强川渝合作，支持重庆和成都共同推进2023年第18届男足亚洲杯赛事筹备工作，联合承办国际乒乓球、羽毛球公开赛、巡回赛，不断扩大双城经济圈国际影响力。

3. 加快完善开放型经济体制

围绕激发市场活力、体制机制创新，不断攻坚克难、改革创新，共同打造市场化、国际化、法治化营商环境，培育发展开放型经济，不断激发经济发展活力。

推动体制机制改革创新。对接 RCEP、CPTPP、CAI 等关贸协定，优化市场化法治化国际化营商环境，加快构建与国际通行规则接轨的开放制度体系。一是全面对接国际高标准市场规则体系。对标对表世行标准，持续优化营商环境指标体系。加大《中华人民共和国外商投资法》及实施条例宣传力度，依法保护外国投资者的投资、收益和其他合法权益，持续营造内外资企业一视同仁、公平竞争的营商环境。聚焦企业全生命周期，对标国际国内先进地区、先进规则，进一步压减企业办事环节、材料、时间、费用。持续深化事中事后监管，实行企业信用风险分类监管，对新业态在监管到位的前提下给予包容态度和开放环境，全面推进审批服务标准国际化。二是加快促进要素市场一体化发展。对标京津冀、长三角、粤港澳大湾区，协同推进"陆海新通道"、多式联运、通关一体化、"国际贸易单一窗口"升级等重点领域和关键环节改革创新，加大区域要素市场、制度体系、社会治理等方面协同改革力度，探索实行成渝两地专业技术任职资格、继续教育证书、外国人工作证等互认互准制度，推动双方政务服务异地直通互办，开展异地间的企业设立登记服务，推动双方公共信息平台、政务平台等互联互通，实现信息共享、执法互助等。依托川渝高竹新区建设，积极探索经济区与行政区适度分离改革路径，加快构建 GDP 跨区分计、税源共育、税收分成等财税共享机制，促进资源要素跨区域自由流动。

推进服务贸易创新发展。积极推动服务贸易领域扩大对外开放，培育服务贸易融合新业态、新模式，促进服务贸易规模持续增长。一是进一步放宽外资准入限制。深入实施国家服务贸易创新发展试点和扩大服务业开放试点，扩大金融、航运、文化、医疗、体育、养老和专业服务等服务业开放领域，积极培育数字贸易、金融保险、医疗健康等潜力型服务产业发展，加强融资信用担保、供应链金融、国际保险等服务能力，加快服务贸易促进机制、管理机制、监管模式等先行先试，促进资金、技术、人员、货物等要素跨境流动。二是加快服务贸易平台和载体建设。依托自贸试验区、两江新区、天府新区、西部科学城、中新互联互通项目等重大平台，加快设立一批跨境电子商务示范园区，积极谋划新兴服务贸易集聚区建设，打造特色服务出口基地，推动服务贸易集聚发展。三是培育壮大贸易主体。聚焦跨境电子商务、保税商品展示及保税贸易、互联网云计算大数据产业、跨境结算和投融资便利化等领域，加快培育全球资源整合型服务供应商，集聚一批创新能力强、集成服务水平高、具有国际竞争力的服务贸易总部型企业。鼓励企业承接高端服务外包业务，重点发展医药研发、商务管理、工业设计和动漫网游等知识流程服务外包业务，打造一批具有较强国际影响力的服务外包骨干型企业。

### （五）提速建设高品质生活宜居地

以加强生态文明建设、促进城乡融合发展、提升公共服务品质为抓手，将成渝地区双城经济圈建设成为环境更优美、生活更幸福、保障更有力的高品质生活宜居地。

#### 1. 促进区域生态文明建设迈上新台阶

加强生态保护和环境污染防治协作，促进绿色低碳发展，共同筑牢长江上游重要生态屏障，巩固、提升成渝地区双城经济圈生态优势。一是共抓生态建设。推进"六江"生态廊道建设。实施重点地区森林生态系统休养生息和矿区恢复治理。持续推进三峡后续工作。协同实施林长制，推进"两岸青山·千里林带"和毗邻地区森林城市群建设。强化"四山"保护提升，系统推进重庆"两江四岸"治理提升。加强毗邻地区自然保护地和生态保护红线监管，协同开展生物多样性保护。实施三峡库区消落带治理和岩溶地区石漠化综合治理工程，推进水土流失综合治理。统筹建立并实施"三线一单"生态环境分区管控制度，落实长江流域川渝横向生态保护补偿协议，开展生态敏感区生态搬迁试点。加强生态环境立法司法协作，严格落实长江"十年禁渔"。二是共治跨界污染。制定统一的环保标准编制技术规范，共同开展玻璃、陶瓷工业大气污染物排放标准等编制。坚持一张负面清单管两地，加强环境影响评价会商。持续推进督察协调联动，开展联合执法，联合防范区域环境风险。深化生态环境监测合作，加快川渝生态环境大数据综合应用平台建设。推进琼江、涪江、沱江、大清流河等跨界水体环境协同治理，开展跨界河流联合巡河。深化大气污染联防联控，落实水泥行业错峰生产制度，开展大气污染防治联动帮扶，实施联合预报预警。深化危险废物转移"白名单"制度，协同开展成渝地区双城经济圈"无废城市"建设。加强土壤污染协同治理，推进辐射安全协作。三是共推绿色低碳发展。实施碳达峰碳中和联合行动，协同开展减污降碳科技攻关，探索碳排放权交易合作。构建绿色低碳产业体系，创建清洁能源高质量发展示范区，联合打造绿色技术创新中心和绿色工程研究中心，实施重大绿色技术研发与示范工程。共建绿色城市标准化技术支撑平台，完善统一的绿色建筑标准及认证体系，大力发展装配式建筑。持续开展川渝节能环保产品技术推广系列活动。推进生态产品价值实现机制试点，开展重庆广阳岛长江经济带绿色发展示范和四川天府新区可持续发展创新示范，建设嘉陵江生态经济走廊、沱江绿色发展经济带。加快长江生态文明干部学院、长江生态环境联合研究生院建设。

2. 促进区域城乡融合发展实现新突破

持续促进城乡要素自由流动和城乡公共资源均衡配置，加快补齐农业农村发展短板，逐步实现城乡共同富裕，使乡村居民和城市居民共享发展成果。一是促进城乡要素高效配置。推动城乡人口有序流动，加快取消重庆主城和成都对稳定就业居住3年以上农业转移人口等重点群体落户限制，推动都市圈内实现户籍准入年限同城化累计互认、居住证互通互认。建立衔接协调的劳动力流动政策体系和交流合作机制，举办川渝创业项目推介会，互设农民工劳务办事机构，共同举办西部农民工返乡创业大赛等重大活动。深化土地制度改革，探索研究在川渝合作共建区域试行跨区域统一指标、收储、出让机制以及跨区域交易，推行工业用地"标准地"改革，探索建立国有土地到期续期制度。支持重庆农村土地交易所和成都市农村产权交易所开展跨区域农村产权交易流转合作。二是优化城乡公共资源一体化配置。推动城乡一体化规划、基础设施一体化建设、公共服务一体化发展，以基础设施、公共服务等公共资源的一体化配置，促进城乡融合发展。推进城乡基础设施互联互通，强化农村交通、水利、电力、通信、环卫等基础设施建设，推动城镇市政设施向农村延伸，推动城乡基础设施一体化建设，实现城乡共建、城乡联网、城乡共享。推动城乡公共服务一体化发展，统筹教育、文化、医疗卫生、社会保障等基本公共服务设施城乡空间布局，推动公共基本服务的城乡统筹并轨。健全多元投入保障机制，促进公共服务资源向农村倾斜。三是促进城乡融合试点探索。加强国家城乡融合发展试验区重庆西部片区与四川成都西部片区的交流沟通,强化经验互鉴,引领带动成渝地区城乡融合发展。以纳入国家数字乡村试点地区的垫江、大足、渝北、荣昌、巴南、四川省内江市隆昌市、成都市大邑县、宜宾市兴文县、泸州市纳溪区等为核心,成渝地区双城经济圈积极探索数字乡村发展,缩小城乡数字鸿沟,促进乡村数字经济快速发展,为全面推进数字乡村发展奠定良好基础。以川渝毗邻地区合作共建区域发展功能平台为重点区域,积极探索推进经济区与行政区实行适度分离改革,共同消除区域城乡融合发展的体制与政策障碍,共同搭建一批城乡融合发展载体平台,实施一批城乡融合发展项目。

3. 促进区域服务共建共享取得新成效

协同建立公共服务统一标准体系,推进成渝公共服务政策协同、共建共享,打造区域协作高水平样板,实现区域公共服务高质量供给。一是全面深化教育合作发展。实施一批教师及校园长、名师名校长联合培训培养项目,协同推进城乡义务教育一体化发展试验区试点。推动优质教育教学服务资源共建共享,共同推进义务教育阶段教师"县管校聘"管理改革。组建成渝地区双城经济圈职业教育课程联盟,共建一批高水平职业院校和专业群,建设一批实训基地和国家级创业孵化基地。联手开展世界一流大学和一流学科建设,互相对等增投招生来源计划,共同争取区域外优质招生计划。与教育部签署共同推进成渝地区双城经济圈建设具有全国影响力的科技创新中心框架协议。举办首届"成渝杯"高校师范生教学技能大赛、第二届"川渝杯"职业院校学生技能大赛。协同推进教育国际交流合作,推动两地中外人文交流教育实验区建设,联合打造"留学巴蜀"品牌。二是深化公共卫生和医疗合作。协同构建强大公共卫生服务体系,全面落实重大疫情和突发公共卫生事件联防联控机制,加强人才培养交流,完善跨地区疫情应急处置机制。优化医疗资源配置,共同创建国家医学中心、区域医疗中心、国家临床重点专科群,协同推进优质医疗资源下沉,开展医联体建设和跨区域办医,推动中心城市检查检验结果互认三甲医院扩面、二级以上公立医院检查检验结果互认实现突破。协调推动解决跨省就医报销门槛和比例差异问题。推动"120"信息系统对接，建立川渝远程医疗协同机制，开展省（市）级危重孕产妇和新生儿救治中心能力评估与互认工作。推动老年健康服务协同发展，构建"1+N"老年医疗协同研究网络。加强卫生人才培训交流。加强川渝中医药科技协作创新。三是协同推进文化体育事业发展。共同组建博物馆、美术馆、文化馆合作联盟和成渝体育产业联盟，建立非物质文化遗产保护协调机制，共同开展长江流域非遗资源调查研究，协同开发非遗文化旅游产品。建立川渝地区传承发展中华优秀传统文化协调共建机制，开展系列学术研讨和文化交流活动。共同制定体育产业一体化高质量发展实施意见及发展规划。举办"巴山蜀水·运动川渝"体育旅游休闲消费季活动、2022成渝体育产业联盟暨第六届体育旅游产业发展大会。推动体育项目合作和竞技人才交流培养。协同筹办2022年世界举重锦标赛、亚洲杯等重大体育赛事，协同申办更多国际国内高水准大型体育赛事。四是深入推动社会保障合作走深走实。深化就业创业合作模式，建成川渝两地更高质量就业指标体系和就业形势预警指标体系，共建乡村振兴返乡入乡创业园、国家级创业孵化基地等就业创业载体，共同举办就业创业周、西部农民工返乡创业大赛等活动，深入开展和谐劳动关系示范镇建设。推进第三批川渝人社"跨省通办"，开展人社公共服务标准化区域协同试点，开展川渝信息化便民创新行动，建设西部数据实验室。提升社保服务质效，逐步实现申请人持社保卡结算工伤医疗费等，提升工伤职工异地就医结算便利程度，推动待遇领取资格线下认证服务网点不断向村（社）延伸。共建人力资源服务产业园，打造"智汇巴蜀""才兴川渝"特色人力资源服务品牌。推进养老服务体系共建共享，开展养老服务合作试点示范，建设统一的川渝智慧养老大数据云平台。统一养老服务标准，联合开展养老机构星级评定和养老服务设施服务质量评价，制定养老服务补贴异地结算实施办法。推动医养结合区域合作，实施普惠养老城企联动专项行动。

### 五、政策建议

#### （一）加强组织领导保障

推动成渝地区双城经济圈建设是一项系统工程，必须坚持高位推动，加强顶层设计和统筹协调,确保各项任务落实落地。

1. 共同争取国家支持

纵观世界级城市群的发展过程,均得益于国家级跨区域统筹协调机制推动,建议参照京津冀、长三角、粤港澳大湾区等区域一体化发展做法,共同争取国家层面专门设立推动成渝地区双城经济圈建设的议事协调机构,由中央领导担任组长,全面协调跨省际、跨部门重大事项,支持地方开展政策协同创新,在外贸外资、服务业开放、自贸试验区协同开放等方面共同向上争取更大力度的赋权赋能。共同争取国家部委加强对成渝地区双城经济圈规划编制、体制创新、政策制定、项目安排等方面的工作指导和支持,推动成渝地区双城经济圈发展基金有效运营,加大中央预算内投资、专项债券发行支持力度。积极争取巴蜀文化旅游走廊全域144小时过境免签、离港免税政策试点、文化旅游用地改革试点等相关政策。联合争取在成渝地区布局集成电路、量子信息科学、呼吸传染疾病国家实验室基地(节点),共同申报国家区域创新发展联合基金。

2. 健全川渝合作机制

深化川渝合作是推动成渝地区双城经济圈建设行稳致远的重要举措,应加快构建多层次、全方位的合作机制。充分发挥川渝党政联席会议、常务副省(市)长协调会议、联合办公室和专项工作组等工作机制,统筹协调成渝地区双城经济圈建设中重大事项、重大问题等。鼓励川渝两地有关部门和市(区、县)建立合作机制,推动川南渝西融合发展试验区等毗邻地区发展功能平台建立市(区、县)多方领导共同参与的联席会议制度。引导川渝两地企业、高校、科研院所等各类主体积极参与双城经济圈建设,持续发挥产业联盟、创新联合体等协同创新作用。持续开展两省(市)干部互派挂职。广泛听取社会各界意见和建议,营造全社会共同推动成渝地区双城经济圈建设的良好氛围。

3. 强化协同进程监测

积极对接国家有关部委,推动出台成渝地区双城经济圈建设的绩效评估办法和机制,对《规划纲要》及相关专项规划落实情况进行动态监测评估分析，推动建立成渝地区双城经济圈一体化发展指数，分年度监测川渝两地协同发展进程。强化政策评估，探索建立定期评估与动态评估相结合的政策评估制度，规范政策评估的关键环节、评估内容，推进政策评估常态化、制度化。联合制定年度共建重大项目清单并建立项目台账，强化项目联合调度和监测。完善第三方评估和公众评估，形成规划多主体评估的监督机制。

## （二）完善政策协同联动机制

立足发展基础和比较优势，探索经济区与行政区适度分离，整合各类政策举措，建立跨行政区政策协同机制，加强成渝地区双城经济圈建设的制度保障。

### 1. 健全产业政策协同机制

聚焦川渝地区制造业、服务业和现代农业高质量发展重点任务，强化产业链关键环节、薄弱环节和要素资源保障的政策支持力度，强化政策间的衔接配合，形成政策合力。建立产业协同发展和承接产业转移协调机制，完善信息对接、权益分享、税收分成等政策体系。统一区域产品标准和市场准入政策，打造"川渝制造""川渝智造"质量精品，提升品牌影响力与美誉度。健全协同创新发展机制，打破区域限制，建立产业共性关键技术基础平台和技术研究联合支持及成果共享机制。完善"双创"企业孵化协同合作机制，创新科技成果转移转化机制，协同建立知识产权法庭，健全知识产权保护和运用机制，支持科研院所的科技成果在川渝落地转化。

### 2. 完善生态环保政策机制

探索制定成渝地区一体化的生态环境地方标准编制技术规范，逐步形成统一标准目录清单。严格执行国家制定的长江经济带发展负面清单。协同共建企业环境信用标准体系、制度体系和应用体系，科学推进成渝地区企业环境信用评价结果互认，推动区域联合奖惩措施落地。协调开展"三线一单"实施，加强区域重点产业发展布局研究，对川渝两地现行的工业项目环境准入规定等政策进行清理评估，对可能造成跨区域环境影响的产业园区、流域综合开发等规划及石化、化工、火电、钢铁、铁路、水库等重大项目加强环境影响评价会商，共同推进重大规划实施和重大项目落地。

### 3. 强化科技创新政策协同

推动高新技术企业在享受所得税15%的基础上,再按照一定标准叠加享受脱贫攻坚税收优惠政策、地方税收扶持政策、首台套补贴等,进一步降低高新技术企业所得税税率,积极争取设立成渝地区高新技术产业协同发展专项投资基金。实施更加积极、开放、高效的创新型人才政策,大力引进培育在关键技术突破、科技成果转化、产学研用紧密结合等方面的"高精尖"人才。加强与国内外知名研究机构和高校的战略合作,实行优秀人才全球搜索、跟踪引进。完善科研人员激励机制,健全创新人才管理制度,促进人才顺畅有序流动,全面激发人才创新创业活力。

### 4. 推进公共服务政策协同对接

推动成渝地区公共服务制度对接、待遇互认、要素趋同、流转顺畅、差距缩小,加速公共服务一体化进程。推动就业、医疗、养老、住房等领域政策协同,在有条件的地区率先实行不受行政区划和户籍身份限制的公共服务政策。完善区域公共服务便捷共享机制,全面落实成渝地区双城经济圈便捷生活行动方案、川渝通办事项,适时研究制定新的便民惠企政策。共同制订川渝两省(市)教育协同发展行动计划,支持有条件的区(市、县)纳入国家产教融合型城市试点。

## (三)深化重点领域改革

坚定不移深化重点领域改革,更加注重改革的系统集成、协同高效,促进产业、人口及各类生产要素合理流动和高效集聚,加快形成有利于成渝地区高质量发展的体制机制。

### 1. 推进土地管理制度改革

改革土地计划管理方式,坚持土地要素跟着项目走,对项目用地计划指标实行分级分类保障,鼓励项目建设用地指标跨省域调剂。推进土地利用全生命周期管理,创新土地用途兼容复合利用、地上地下空间一体化开发等用地模式。分类盘活利用存量建设用地,完善存量土地在用途调整、土地转让、整合开发、复合利用和有偿退出等方面的再利用机制,开展存量建设用地盘活利用试点。稳步推进农村集体经营性建设用地入市,探索宅基地所有权、资格权、使用权"三权分置"的有效实现形式，加快建立产权流转和增值收益分配制度。推动成渝地区双城经济圈土地要素交易，依托重庆农村土地交易所探索开展节余指标跨区域交易试点。

2. 推动金融领域改革创新

深化金融体制机制改革，完善提升金融市场功能，合作共建西部金融中心，形成支撑高质量发展重要增长极的金融服务体系。推进金融市场一体化，推动在担保、不良资产处置、创业投资和私募股权投资等领域跨区域合作，争取国家支持两省（市）符合条件的金融机构互设分支机构和跨区域提供服务，协同推进移动支付体系一体化建设。深化科创金融产品和服务创新，支持成渝地区符合条件的城市建设科创金融改革试验区，探索创建知识产权金融生态示范区。联合开展绿色金融改革创新，支持重庆、成都成为中欧绿色金融标准认定及应用试点城市，共同探索推进川渝两地碳排放权交易市场建设，推进碳金融联动发展。完善区域金融风险防控联动机制，优化债委会等跨地区、跨部门协调体系，加强监管协调、机构协同、行业协作。

3. 共建统一开放的市场体系

共建统一的市场规则，完善共建工作协调机制，推动川渝招商引资、征拆补偿、要素价格等政策供给协同。完善"市场准入异地同标"机制，推进双城经济圈内同一事项无差别受理、同标准办理。推动商品市场互联互通，搭建一体联动、高效运行的供应链体系和城市配送体系，共同推进国际贸易"单一窗口"西部陆海新通道平台建设，促进通关、物流信息共享和业务协同。推动市场监管一体化，建立监管信息互通互享制度，推进川渝公共资源交易平台一体化发展，推动川渝两地信用信息共享和"红黑名单"互查互认。推动劳动力市场一体化，共同完善人才引进政策，建立人才联动培养机制，探索建立户口不迁、关系不转、身份不变、双向选择、能进能出的人才柔性流动机制。推动数据要素市场一体化，统一数据权属界定、开放共享、交易流通等标准和措施，探索建立基于区块链技术的数字资产交易平台。

分报告一

# 重庆市推动成渝地区双城经济圈一体化发展研究（2020—2021年）

推动成渝地区双城经济圈建设,是习近平总书记亲自谋划、亲自部署、亲自推动的重大战略。《规划纲要》明确要求,要牢固树立一体化发展理念,唱好"双城记",共建经济圈,合理打造区域协作的高水平样板,努力推动成渝地区形成有实力、有特色的双城经济圈,打造带动全国高质量发展的重要增长极和新的动力源。按照《规划纲要》,成渝地区双城经济圈范围重庆包括:中心城区及万州、涪陵、綦江、大足、黔江、长寿、江津、合川、永川、南川、璧山、铜梁、潼南、荣昌、梁平、丰都、垫江、忠县等27个区(县)以及开州、云阳的部分地区,面积约5.06万平方千米,2020年常住人口2791.5万人,地区生产总值2.3万亿元,分别占双城经济圈的比重为26.8%、28.5%、35.1%。

推动成渝地区双城经济圈建设战略实施以来,重庆全市上下把学习贯彻《规划纲要》作为首要政治任务,努力践行新使命、快速抢抓新机遇,将《规划纲要》全面融入"十四五"发展规划中,在进一步深刻领会把握推动成渝地区双城经济圈建设的战略意义、战略机遇、战略内涵、战略要点和战略重点基础上,始终自觉在《规划纲要》中找遵循、找方位、找指引,始终秉持"一家亲"意识、"一盘棋"思维、"一体化"理念,相继推动建立完善了省市合作机制,以重大政策协同、重大项目协同、重大战略协同、重大平台协同等为抓手,推动成渝地区双城经济圈建设"聚势起步""乘势见效"。特别是在区域联动、产业协作、设施联通、创新协同、生态共治、服务共享等方面,加快实现与四川共建共享共保共治,强有力支撑了成渝地区双城经济圈一体化发展实现平稳快速起步。

进入2022年,成渝地区双城经济圈建设将继续跑出"加速度",加速迈入"专项攻坚"和"突破有为"的发展新阶段。继续围绕习近平总书记和《规划纲要》指引的方向、确立的重大任务,持续巩固合作机制、深入推进合作事项、不断充实合作项目,通过精准化顶层设计、靶向化政策供给、精细化发展路径等措施,全面提升双城经济圈建设质量和发展水平,努力在推进西部大开发中发挥支撑作用,在共建"一带一路"中发挥带动作用,在推进长江经济带绿色发展中发挥示范作用,在西部地区加快形成"龙头带动"和"示范领航"效应,加快打造带动全国高质量发展的重要增长极和新的动力源。

## 一、发展基础和比较优势

推动成渝地区双城经济圈一体化建设,重庆重任在肩。必须立足自身发展基础,找准重庆在成渝地区乃至西部地区的比较优势,为发挥重庆在推动双城经济圈一体化发展中核心引领作用奠定坚实基础。

### (一)高质量发展成效显著

重庆历经"十一五"时期"打基础、建平台、增后劲"和"十二五"时期"求突破、上台阶、大发展","十四五"进入"转型升级、高质量发展"新阶段。

#### 1. 经济发展活力强劲

近年来,重庆深入落实国家战略,推动经济高质量发展,全市发展能级和核心竞争力显著提升。一是经济规模实现跨越式发展。2011—2020年,重庆GDP由1万亿元跃升至2.5万亿元,2021年1—9月达到2.0万亿元,同比增长9.9%,高出全国平均水平0.1个百分点。二是人均GDP稳步增长。2019年,重庆人均GDP达到7.6万元,成为西部地区首个突破1万美元的省(市),2020年进一步提高至7.8万元,在全国省市中排第八位,在中西部省市中名列首位。三是区域人口吸引力显著增强。通过加快产业集聚和城市扩容提质,全市人口吸引力不断上升,十年间常住人口累计增长265万人,2020年常住人口达到3205.42万人,占全国总人口的比重提升至2.3%,增速居全国第七位。四是经济发展新动能快速成长。2020年,全市高技术产业投资较上年增长26.6%,快于全部投资22.7个百分点,占固定资产投资的比重达到8.3%。新模式新业态逆势增长,数字经济增加值占地区生产总值比重达到25.5%,全年限额以上批发和零售业通过互联网实现商品零售额比上年增长45.0%。直辖以来重庆和全国GDP增速比较见图2-1。

#### 2. 产业发展提质增效

近年来,重庆围绕以大数据智能化为引领的创新驱动发展战略,加快优化产业结构、培育新兴动能,产业高质量发展基础进一步夯实。一是产业结

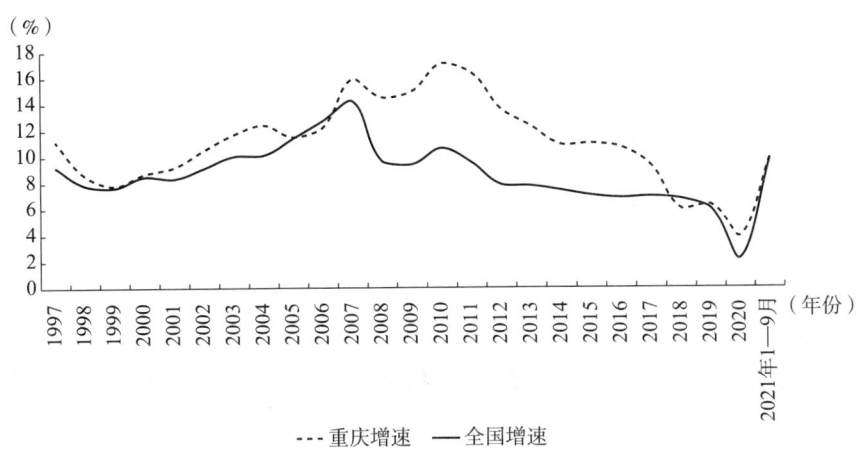

图 2-1 直辖以来重庆和全国 GDP 增速比较

构持续升级。现代服务业快速发展,产业结构由直辖之初的"二三一"(19.1∶40.9∶40.0)转变为 2005 年的"三二一"(15.1∶41.0∶43.9)。尤其是党的十八大以来,产业结构得到进一步巩固,2020 年全市三次产业结构的比例为 7.2∶40.0∶52.8,"三二一"产业格局更加稳固(见图 2-2)。二是产业高质量发展动能进一步增强。创新投入逐渐增长,全市 R&D 经费投入强度由 2016 年的 1.7%提升至 2020 年的 2.1%。企业创新主体地位进一步巩固,规模以上工业企业研发机构和创新能力持续提升,规模以上工业企业研发投入超过 372 亿元。产业创新成效明显,2021 年国家级"专精特新"小巨人企业、高新技术企业、科技型企业分别达到 118 家、5108 家、3.69 万家。高技术制造业增加值占规模以上工业增加值比重达到 19.1%。三是产业发展效率效益稳固提升。产出效率和产出质量持续提升,2020 年全市全员劳动生产率达到 13.4 万元/人,居西部前列,是 2016 年的 1.3 倍。企业经营能力和盈利水平稳步提升,2020 年重庆市工业企业成本费用利用率达到 7.2%,相比 2019 年提升 1 个百分点。

**3. 民生福祉持续改善**

随着全市经济社会的快速发展和综合实力的显著增强,居民生活水平得到了明显提高。一是居民收入实现较快增长。2020 年,重庆居民人均可支配收入约为 3.08 万元,居中西部第一,较 2016 年增长 39.9%。2021 年 1—9

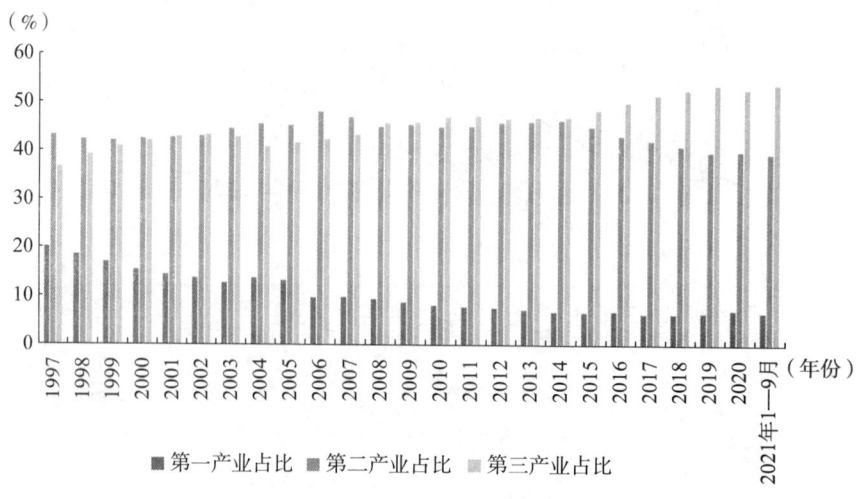

图 2-2  直辖以来重庆市三次产业结构变化情况

月,全市居民人均可支配收入为 2.61 万元,同比增速 11.0%。城镇非私营单位在岗职工平均工资较 2016 年提高 46.0%,居民人均住户存款增长 49.8%。二是居民消费结构明显改善。在居民收入水平大幅提高的带动下,城乡居民生活质量显著改善。2020 年,全市城镇居民和农村居民恩格尔系数分别为 32.6%、36.7%,较 2011 年的 33.1%、46.8%下降 0.5 个、10.1 个百分点。三是医养保障覆盖面持续扩大。全市城乡医疗保险覆盖(参保)率、城乡养老保险覆盖(参保)率均超过 95%,每万人拥有卫生技术人员数为 74.16 人,较 2016 年提高 39.9 个百分点,街道(社区)养老服务设施覆盖率达到 100%;随着居民生活质量和重庆医疗水平的提升,全市居民预期寿命提高至 78.15 岁,较 2016 年(77 岁)增长 1.15 岁。

**(二)空间发展格局逐步优化**

围绕推动"一区两群"协调发展,加快提升主城都市区核心引领作用,充分发挥区域中心城市辐射带动作用,积极引导小城镇集约化发展,整体空间发展格局持续优化。

**1. 中心城区强核提级成效开始显现**

聚焦强核提级,中心城区加速集聚国际高端服务功能,高质量发展、高品质生活态势不断巩固。2020 年,中心城区地区生产总值 9822.1 亿元,占全市的39.3%。2021年1—9月，中心城区地区生产总值7905.75亿元、占全市的39.6%。一是中部历史母城品质提升工程加快推进。长嘉汇大景区有序推进，来福士等高端载体投入运营，十八梯传统风貌区建成开放，"两江四岸"核心区历史与现代完美交融的国际都市风貌不断彰显。二是东部生态之城绿色发展势能不断集聚。广阳岛智创生态城提速建设，相继入选全国"绿水青山就是金山银山"实践创新基地、国家绿色产业示范基地，生态绿色发展优势不断凸显。三是西部科学之城创新发展动能加快集聚。获批全国首批国家应用数学中心，超瞬态实验装置、种质创制大科学装置启动建设，建成国家重点实验室5个，市级以上研发平台增至169个，设立了300亿元双城经济圈发展基金、20亿元西南首只科技成果转化股权投资基金，创新发展动能更加强劲。四是南部人文之城重大文化设施有序落地。相继完成川美图书馆、重庆当代美术馆等提升工程，重庆美术公园等工程稳步推进，初步形成了以四川美术学院为核心，以九龙半岛美术馆、京渝文创园等为支撑的文艺创作展示聚集地。五是北部智慧之城高智高新要素不断汇聚。礼嘉智慧公园成功开园，建成投用长安汽车、瀚云科技等一批工业互联网平台，引进新加坡国立大学、北京理工大学等20多所顶尖大学、科研院所和研发机构，激发了智慧科技创新发展活力。

**2. 主城新区扩容提质步伐明显加快**

紧扣扩规模、优布局、提品质，主城新区持续推动与中心城区同城化发展，城市吸引力不断增强。2020年，主城新区地区生产总值9420.6亿元，占全市的37.7%。2021年1—9月，主城新区地区生产总值7495.52亿元，占全市的37.6%。一是同城化先行区融城步伐加快。"1小时通勤圈"加快建设，璧山至中心城区轨道交通实现常态化运营，江跳线、璧铜线等有序推进，南川至两江新区高速公路建成通车，两江新区至长寿快速通道加速推进，为加速融入中心城区奠定了坚实基础。二是支点城市综合承载功能进一步提升。涪陵绿地·涪陵城际空间站、綦江北纬29度康旅示范小镇等重大项目加速推进，乐和乐都、茶山竹海等创建国家AAAAA级景区有序推进，吸引生产要素及人口加速集聚，城市发展活力不断增强。2020年，支点城市城镇化率

71.85%，高出全市平均水平2.39个百分点。三是桥头堡城市联动周边城市的作用日益凸显。遂潼涪江创新产业园区、荣昌·隆昌产业合作示范园项目启动建设，资大文旅融合示范区加速推进，南大泸、资潼等高速公路建成通车，大内高速即将通车，促进川渝毗邻地区互动发展。

### 3. 大中小城市发展协调性不断增强

按照分类指导、科学施策发展思路，城市规模结构和功能布局不断优化，大中小城市实现了特色化、差异化发展。一是区域性中心城市建设提速。近年来，万州大力实施"北拓南进中优"战略，成为除主城外唯一突破"双百"的大城市，周边地区来万就业、就学、就医、购房等居住人员突破10万人，对周边地区辐射带动作用明显增强。黔江区域集聚能力日渐增强，拥有渝东南唯一的三甲医院黔江中心医院、高职院校2所、国家中职示范校1所、电大1所、市级重点中学3所，普通高考一本上线人数稳居渝东南首位。2021年1—9月，万开云地区生产总值达到1584亿元，占渝东北城镇地区生产总值的45.7%，同比保持两位数增长。二是若干中小城市不断发展壮大。梁平、丰都、垫江、忠县等中小城市，以县城和工业园区为依托推进城镇建设和非农产业发展，市政基础设施和公共服务设施进一步完善，吸纳周边农村人口转户进城的能力得到增强。2020年，梁平、丰都、垫江、忠县、云阳城镇人口分别为32.32万人、27.35万人、32.00万人、34.81万人、49.15万人，城镇化率分别为50.13%、49.21%、49.25%、48.27%、52.88%，较2010年分别增长15.8个、14.7个、15个、15.3个、21个百分点，有力支撑了渝东北地区新型城镇化快速发展。2020年重庆市各区（县）人口情况见表2-1。

表2-1　2020年重庆市各区（县）人口情况

| 区（县） | 常住人口（万人） | 城镇人口（万人） | 城镇化（%） | 区（县） | 常住人口（万人） | 城镇人口（万人） | 城镇化（%） |
| --- | --- | --- | --- | --- | --- | --- | --- |
| 万州 | 156.85 | 108.10 | 68.92 | 永川 | 114.99 | 80.42 | 69.94 |
| 黔江 | 48.75 | 28.85 | 59.18 | 南川 | 57.33 | 34.95 | 60.97 |
| 涪陵 | 111.80 | 80.33 | 71.85 | 綦江 | 101.18 | 68.78 | 67.98 |
| 渝中 | 58.72 | 58.72 | 100.00 | 大足 | 83.61 | 50.6 | 60.52 |

续表

| 区（县） | 常住人口（万人） | 城镇人口（万人） | 城镇化（%） | 区（县） | 常住人口（万人） | 城镇人口（万人） | 城镇化（%） |
|---|---|---|---|---|---|---|---|
| 大渡口 | 42.30 | 41.35 | 97.75 | 璧山 | 75.8 | 53.71 | 70.86 |
| 江北 | 92.65 | 91.86 | 99.15 | 铜梁 | 68.75 | 42.41 | 61.69 |
| 沙坪坝 | 148.00 | 143.00 | 96.62 | 潼南 | 68.9 | 40.18 | 58.32 |
| 九龙坡 | 152.99 | 143.11 | 93.54 | 荣昌 | 66.92 | 40.07 | 59.88 |
| 南岸 | 120.02 | 116.05 | 96.69 | 开州 | 120.46 | 60.92 | 50.57 |
| 北碚 | 83.63 | 72.03 | 86.13 | 梁平 | 64.48 | 32.32 | 50.13 |
| 渝北 | 219.87 | 195.82 | 89.06 | 丰都 | 55.58 | 27.35 | 49.21 |
| 巴南 | 118.08 | 97.91 | 82.92 | 垫江 | 64.98 | 32.00 | 49.25 |
| 长寿 | 69.21 | 48.38 | 69.90 | 忠县 | 72.12 | 34.81 | 48.27 |
| 江津 | 136.09 | 81.87 | 60.16 | 云阳 | 92.95 | 49.15 | 52.88 |
| 合川 | 124.49 | 79.55 | 63.90 | | | | |

### （三）现代化基础设施体系加快健全

围绕建设安全、便捷、高效、绿色、经济的现代化综合交通体系，全面推进空铁水公"四位一体"建设，畅通东南西北"四向通道"，着力夯实成渝地区双城经济圈基础支撑。

**1. 交通路网设施提速建设**

积极抢抓推动成渝地区双城经济圈建设、新时代西部大开发、交通强国建设试点等一系列战略机遇，大力实施交通建设三年行动计划和高铁建设五年行动方案，重庆交通条件加速改善。一是"1小时通勤圈"加快实现。"三环十二射多联络"高速路网逐步形成，"米"字形高铁网以及城市轨道交通网提速布局。2021年，全市高速公路新通车439千米、总里程达3841千米，省际出口通道增加到27个，路网密度居西部地区第一。高铁在建里程929千米、营业里程839千米。轨道交通在建里程308千米、通车里程417千米，串联中心城区并延伸至璧山、江津等主城新区。二是长江上游航运中心初步建成。建成投用中心城区果园港、涪江潼南航电枢纽，开工建设嘉陵江利泽、乌江白马、涪江双江等航电枢纽，截至2020年底，全市航道总里程达到4472千米，其中三级及以上高等级航道里程突破1100千米，港口货物年通过能力、年吞吐量均突破 2 亿吨。货运船舶运力占长江上游地区总运力的 85%，船型标准化率从 77%提高到 85%，位居全国内河第一。三是"一大四小"机场格局全面形成。建成投用江北国际机场 T3A 航站楼及第三跑道、巫山机场、仙女山机场，开工建设江北国际机场 T3B 航站楼及第四跑道工程，完成重庆新机场选址研究。2021 年，重庆江北国际机场增开国际货运航线 5 条，货邮吞吐量 47.7 万吨，比 2020 年增长 15.9%，创历史新高。全年完成旅客吞吐量 3576.6 万人次，飞机起降 28.06 万架次，分别比 2020 年增长 2.4%和 2.2%。

### 2. 能源水利设施持续完善

川渝两地持续推动电力、天然气、通信等基础设施互联互通，互联互通、管理协同、安全高效的基础设施网络加快完善，能源信息共享共用能力不断提高。一是能源互济能力不断增强。川渝 1000 千伏特高压交流工程站址及线路方案比选等工作加快开展，力争年底取得国家核准，疆电入渝和川渝电网一体化保障能力不断提高。川渝千亿立方米天然气基地和中国"气大庆"项目建设提速，磨溪龙王庙组气藏和川东北气田勘探工作加快推进，重庆、成都城市燃气供应合作积极开展。二是水利共保设施加快完善。全市中大型水利基础设施日益完善，渝西水资源配置工程、藻渡水库等 5 个国家重大项目加快建设，长征渠、渝南及重庆中部水资源配置工程等 7 个川渝共建重大项目加快推进。

### 3. 数字基础设施更加健全

全力推进"智造重镇""智慧名城"建设，加快完善信息基础设施、科技创新基础设施，大力开展智慧应用、数字化平台建设，夯实数字经济发展基础。一是信息基础底座不断夯实。"新基建"加快推进，信息基础设施能力西部领先。移动网络建设领先，截至 2021 年底，重庆 4G 基站建设密度西部第一，建设 5G 基站 7 万余个，5G 用户普及率 60%，建成全国首个 5G 新型基础设施大数据平台。光网建设成效显著，千兆级示范小区上万个，覆盖超过 300 万户。二是融合创新能力加快增强。国家级互联网骨干直联点功能不断丰富，加快建设中新（重庆）国际互联网数据专用通道并持续优化。建成工业互联网标识解析国家顶级节点（重庆），工业互联网标识注册量达到上亿次。

### （四）产业发展水平不断提高

三次产业整体实现稳步发展，智能化高端化集群化发展趋势更加明显，现代产业体系逐步完善。

#### 1. 制造业高质量发展态势加速巩固

围绕建设"国家重要先进制造业中心"，推动制造业转型升级和川渝协作，2020年全市工业增加值达到6990.77亿元，同比增速高于全国平均水平。2021年1—9月，全市规模以上工业增加值同比增长14.2%，高出全国平均水平2.4个百分点，居全国第七位，制造业加快复苏和高质量发展。一是支柱制造业集群优势持续巩固。科技型和高新技术企业加快集聚，2020年规模以上战略性新兴制造业和高技术制造业增加值分别同比增长13.5%、13.3%，高于全市平均水平；微型计算机、手机、汽车、摩托车产量占全国比重分别超过24%、9%、6%、29%，建成国内最大己二酸、氨纶生产基地，八大制造业产业集群优势持续增强[1]。二是智能制造绿色制造成效显著。截至2020年底，累计实施3485个智能化改造项目，建设数字化生产线4527条，建成智能化工厂105个、数字化车间574个，引导8.7万多家企业"上云上平台"，信息化和工业化"两化"融合发展水平连续五年位居中西部第一[2]。累计创建市级绿色工厂115家，其中国家级绿色工厂35家，规模以上工业企业产值综合能耗、工业废水排放量分别较2016年下降5.6%、22.8%。三是川渝制造业协同发展取得积极进展。成立推动成渝地区双城经济圈建设制造业专项工作组，联合印发了汽车、电子信息产业高质量协同发展实施方案，2021年设立双城经济圈首批20个产业合作示范园区，签署园区合作协议超过40份。四是产业平台体系持续完善。目前，已形成以两江新区和重庆高新区为核心引领的"2+11+36"园区体系，其中，千亿级（含近千亿级）产业园区16个，集中分布在主城都市区（见表2-2）。工业园区（开发区）规模以上工业

---

[1] 八大制造产业分别是：汽车、摩托车、电子、装备、医药、材料、消费品、能源。
[2] 数据来源：国家工业信息安全发展研究中心发布的《重庆市两化融合发展数据地图（2021）》。

产值占全市工业总产值比重达到80%,平台效应显著。

表2-2 重庆市"2+11+36"园区体系构成情况

| 类别 | 园区名称 |
|---|---|
| 2个核心引领开发区 | 两江新区、重庆高新区 |
| 11个国家级开发区 | 两路寸滩保税港区、西永综合保税区、江津综合保税区、涪陵综合保税区、永川综合保税区、重庆国家级经开区、璧山国家级高新区、永川国家级高新区、荣昌国家级高新区、长寿国家级经开区、万州国家级经开区 |
| 36个市级工业园区 | 涪陵工业园区、白涛工业园区、建桥工业园区、港城工业园区、沙坪坝工业园区、九龙工业园区、西彭工业园区、同兴工业园区、万盛工业园区、綦江工业园区、双桥工业园区、大足高新技术产业开发区、空港工业园区、巴南工业园区、正阳工业园区、长寿工业园区、江津工业园区、合川工业园区、南川工业园区、铜梁高新技术产业开发区、潼南高新技术产业开发区、开州工业园区、梁平工业园区、武隆工业园区、城口工业园区、丰都工业园区、垫江工业园区、忠县工业园区、云阳工业园区、奉节工业园区、巫山工业园区、巫溪工业园区、石柱工业园区、秀山工业园区、酉阳工业园区、彭水工业园区 |

2. 现代服务业规模和效益继续提升

在制造业转型发展、城市功能品质提升等带动下,2020年服务业实现增加值1.3万亿元,占全市GDP的比重达到52.8%,2021年1—9月,服务业增加值同比增长10.3%,增速高出全国平均水平4.9个百分点,优势行业发展质量和水平持续提升。一是金融服务业提速发展。金融业增加值超过2200亿元,占GDP比重达到8.9%。金融机构总数达1873家,外资机构数量居中西部第二,跨境人民币收付金额居中西部第一。共建西部金融中心、建设内陆国际金融中心加快推动,本外币合一账户体系、跨境资金池、QDLP等试点稳步推进。二是现代物流业发展势头迅猛。社会物流总额约3万亿元,物流业增加值超1100亿元,货运量稳居中西部城市第一。初步建成以重庆为中心、立足西部、辐射全国,东南西北四个方向互联互通、铁公水空多式联运的国际物流通道体系。中欧班列(渝新欧)国际铁路联运班列、西部陆海新通道铁海联运班列、跨境公路班车开行规模持续扩大,完成铁水联运、水水中转集装箱吞吐量分别达11万标准箱和15.7万标准箱。三是大健康产业发展成效明显。大健康产业增加值约1675亿元,占全市GDP比重达到6.7%。市场主体和高端人才加快集聚,规模以上医药企业191家,其中上市企业11

家、院士、国家级人才计划入选者等高端人才增至 13 人。石柱县等一批康养基地入选首批国家森林康养基地，武隆仙女山、丰都南天湖等获批国家级旅游度假区。

### 3. 现代高效特色农业发展成果显著

坚持深化农业供给侧结构性改革，实施"十百千"工程，现代山地特色高效农业取得新发展，2020 年第一产业增加值为 0.18 万亿元，同比增长 7.2%，2021 年 1—9 月第一产业增加值为 0.13 万亿元，同比增长 8.3%，农业高质量发展持续推进。一是基本农产品保供有力。"米袋子""菜篮子""肉盘子"得到有效保障。粮食播种面积超过 2 万平方千米，粮食综合生产能力达到 1075 万吨，供给保障能力稳步提升。生猪产能全面恢复提升，畜禽产业转型升级取得重要进展，肉类年总产量达到 180 万吨，其他重要农产品保持合理自给水平。二是农业机械化、绿色化和质量安全水平提升。农业机械化水平提升，累计建成高标准农田 1301 万亩，农作物耕种收综合机械化率达到 52%，农业科技进步贡献率达到 64%。农业绿色发展水平提升，化肥、农药使用量累计分别减少 7%、9.3%，畜禽粪污综合利用率达到 80% 以上。农产品质量安全状况总体保持稳定，主要农产品质量安全例行监测合格率保持在 97% 以上。三是农业产业集群和品牌效应持续增强。柑橘、榨菜、柠檬、生态畜牧、生态渔业、茶叶、中药材、调味品、特色水果、特色粮油等十大山地特色高效产业集群综合产值超过 4500 亿元。"巴味渝珍"入选新华社民族品牌工程，三峡柑橘、梁平柚、巫山脆李、黔江猕猴桃、涪陵青菜头、西阳茶油、丰都牛肉、荣昌猪、城口山地鸡、永川秀芽、江津花椒等特色农产品区域公用品牌加快打造。

## （五）科技创新发展成效显著

以西部（重庆）科学城建设为主平台、产业科技创新为主战场，推动科技创新空间布局不断优化，创新环境大幅改善、创新潜能持续释放。

### 1. 科技创新资源加速集聚

围绕建设具有全国影响力的科技创新中心，推动创新资源要素加速集聚，综合科技创新水平指数排名稳居西部之首。一是各类创新研发平台大幅增长。

截至2020年底,市级及以上重点实验室、工程技术研究中心、科技企业孵化器分别达到182个、364个、68个,其中国家级机构分别达到10个、10个和22个,数量均居西部前列。引进国内外知名创新机构88家,建成国家科技创新基地64个,获批国家儿童健康与疾病临床医学研究中心、国家应用数学中心、国家生猪技术创新中心。截至2021年9月,全市累计引进建设新型高端研发机构26个、市级以上研发机构538个。二是创新研发资金与人才资源加快汇聚。2020年,全市投入R&D经费突破500亿元,投入强度达到2.11%,稳居西部前列,规模以上工业企业研发活动占比达38.6%。全市R&D人员16.62万人,总量稳居西部第三位,新增国家级高层次人才超过2500人,2021年科技进步贡献率达到59.5%。2016—2020年重庆市R&D经费支出与投入强度情况见图2-3。三是高新技术产业和科技企业加速发展。截至2021年9月,累计培育科技型企业3.5万余家,高新技术企业突破5000家。各类高新区拥有高新技术企业占全市30%以上,工业产值占40%以上,全市科技进步贡献率提高到59.5%。"芯屏器核网"全产业链不断壮大,"云联数算用"全要素群加快集聚,"智造重镇""智慧城市"正成为城市新名片。2016—2020年重庆市高新技术企业增长情况及万人有效发明专利数量见图2-4、图2-5。

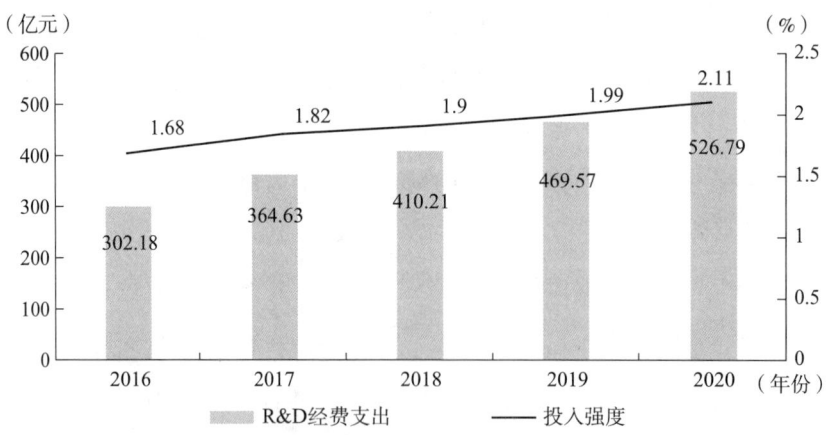

图2-3 2016—2020年重庆市R&D经费支出与投入强度情况

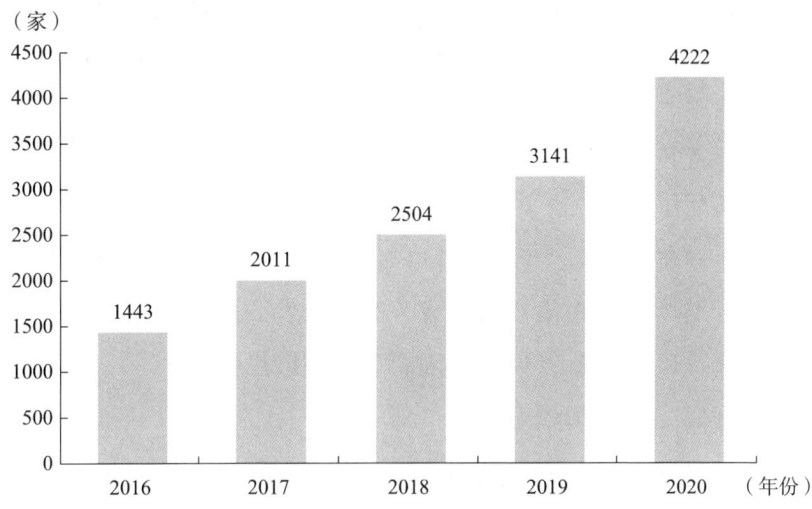

图 2-4　2016—2020 年重庆市高新技术企业增长情况

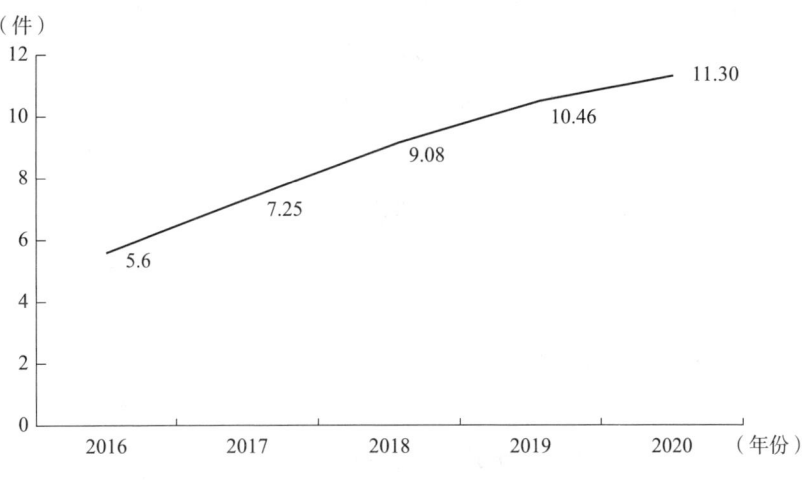

图 2-5　2016—2020 年重庆市万人有效发明专利数量

2. 协同创新格局逐步形成

全市科技创新战略平台加快建设,"一中心一城一区多点"梯次联动的全域创新格局加快形成。一是西部(重庆)科学城建设高标准推进。成渝综合性科学中心(金凤)重大科技基础设施、重庆超瞬态实验装置及前沿交叉学科研究平台加快建设,北京大学重庆大数据研究院、中国自然人群生物资源库等项目建成投运,获批全市首个国家制造业创新中心,原始创新集群加速集聚。二是两江协同创新区提速建设。签约30余个科技创新重点项目，引进北大、清华等高端创新机构23家、研发机构37家，启动建设分布式雷达试验场，空间太阳能电站实验基地等重大项目加速推进，上海交通大学重庆研究院等项目建成投运，产学研创新链、产业链、价值链初步形成。三是各类园区创新平台加快发展。重庆高新区构建"一区多园"协同管理体制、加快建设国家自主创新示范区，重庆经开区拓展发展空间、加速发展大数据智能化产业。12个国家级、市级高新区成为高质量发展的重要载体，22个国家级、市级农业科技园区成为科技与农业融合创新的重要平台。

3. 科技创新生态持续优化

不断完善科研创新体制机制，强化科创金融支撑，产学研深度融合的技术创新体系加速构建。一是创新创业硬环境持续优化。打造形成6个环大学创新生态圈，入孵企业团队超3000个，建立24家市级技术创新战略联盟，建成14个人工智能领域市级重点实验室。科技资源共享平台、西部科技金融路演中心、科技服务大市场、专利导航系统等科技创新服务平台加快建设。二是科技创新政策机制不断完善。深化科技领域"放管服"改革，率先开展知识价值信用贷款改革试点，推动编制科技进步路线图，进一步完善"揭榜挂帅""赛马"机制，实施"重庆英才计划"，加强科技领军人才遴选。累计组建种子、天使、风险投资引导基金88只、基金规模达265.98亿元，规模20亿元的西南首只成果转化股权投资基金落户西部（重庆）科学城。三是科技资源互通共享持续加强。推动川渝两地共享科技专家2.6万余人、大型仪器设备1.4万余台（套）。推动成立成渝地区38家国家及省（市）级高新区联盟、技术转移联盟。加强国际科技合作，持续做大中匈技术转移中心（重庆），初步形成覆盖西部多个省（市）的辐射效应。

（六）市场消费活力逐步激活

重庆消费市场回暖态势持续向好，2021年1—9月实现社会消费品零售总额约1.03亿元，同比增长23.7%，为成渝地区双城经济圈消费提质升级提供了有力支撑。

## 1. 消费载体平台不断丰富

实施国际消费载体提质工程，高端消费平台和场景持续涌现。一是中央商务区发展能级不断提升。解放碑、江北嘴、南滨路三大片区加快建设，建成投用来福士广场等国际化地标式商业综合体，中央商务区累计建成购物中心 18 个、亿元税收楼宇 43 栋。二是核心商圈扩容提质不断加快。制定出台全国首个商圈建设地方标准《重庆城市核心商圈建设规范》。累计建成百亿级商圈 12 个、百亿级市场 15 个，位居西部之首，社会消费品零售总额占全市比重超过 60%。其中，解放碑—朝天门打造世界级商圈稳步推进，年营业额已突破 900 亿元。三是特色商业街建设取得显著成效。全国首个商圈高铁 TOD 项目金沙天街等消费新地标成功开业，观音桥文娱休闲区等 6 个街区成为首批国家级夜间文化和旅游消费集聚区。全市累计建成市级特色商业街 23 条、市级美食街（城）35 条、市级夜市街区 33 条。

---

**专栏 2-1　重庆特色商业街区情况**

市级特色商业街：重庆汽车用品专业街、卓越·美丽熙街、渝中区化龙桥"重庆天地"、开州区"腾龙建材城"、永川区"茶竹天街"、南川区盛丰源商业特色街、綦江区"东溪古镇特色文化商业街"、梁平区乾街、北部新区西部建材城"红木家具文化街"、梦里茶乡品茶商业特色街、万州区观音岩汽车文化街、铜梁区安居古城火神庙特色商业街、重庆贰厂文创商业街、喵儿石创艺特区、海棠香国历史文化风情城、綦江红星美凯龙家居艺术金街、龚滩土家族风情文华商业特色街、黔江民族风情城、仙女天街、重庆蓝光 COCO 时代耍街、华信滨江风情商业街、天星小镇、长嘉汇弹子石老街等。

中华美食街：重庆永川棠城公园美食街、重庆云阳外滩美食街、重庆南岸区南滨美食街、重庆加州美食街、重庆九龙坡区直港大道、重庆市沙坪坝区磁器口老重庆民俗风情餐饮街、重庆江北区北城天街美食乐园、重庆渝中区洪崖洞民族风貌区、重庆南山美食街、重庆渝北金港国际美食街、重庆万州美食城巴国城美食街等。

> 市级夜市街区：恒盛·伴山金街、南川区名润河滨夜市、朝阳路夜市街、黄桷坪自主创业夜市、桃源水街、乾街特色夜市、城南家园夜市街区、双碑夜市、夜宴仙女山夜市街区、石柱滨江金岸夜市、长寿菩提古镇创业型夜市街、昌州故里夜市、黔龙金街夜市、泰吉正码头滨江夜市、南门唐城夜市、马家湾夜市、烤鱼城夜市、滨湖中路夜市、孝子河创业夜市、不夜九街夜市、夜猫集装码头夜市、巫山高唐街夜市、老米市街—川剧院街—三通街夜市、大足区滨河路夜市街、名豪夜市街区、金科世邻夜市、校场口夜市、俊豪中央大街夜市、中交丽景公元时光夜市、鎏嘉码头夜市、南方花园夜市、金辉铜元道夜市、万盛老街夜市等。
> 
> 夜间文化旅游消费集聚区：市级，大九街都市文化旅游特色街区、解放碑片区、重庆融创文旅城、杨家坪—万象城片区、菩提古镇文化旅游区、涪陵锦绣两江夜市街区、三元四方文旅街区等；国家级，渝中区解放碑—洪崖洞街区、渝中区贰厂文创街区、江北区观音桥文娱休闲区、沙坪坝区磁器口古镇、南岸区长嘉汇弹子石老街、北碚区滨江休闲区等。

**2. 消费供给水平明显提升**

统筹推进国际消费资源集聚、渝货精品培育壮大等工程，消费供给更加多元化、品质化。一是优质消费资源加快集聚。解放碑、观音桥商圈已集聚300余家品牌首店、旗舰店。全市已设立进口商品经营网点2000余个、跨境电商O2O体验店超过1500家，拥有品牌连锁店6200余家、中华老字号19个、重庆老字号241个。二是消费新业态新模式蓬勃发展。体育和娱乐用品类消费、网络消费增长较快，2021年1—9月全市体育和娱乐用品类零售额同比增长220.3%，限额以上商贸单位网络零售额比上年增长27.2%。绿色消费不断提升，累计创建绿色商场14家、绿色饭店81家。直播带货、云教育等消费新场景和新业态迅速发展。三是文旅消费融合更加深入。渝中区等3个区获批国家首批文化和旅游消费示范（试点）城市，洪崖洞等特色街区"网红"效应持续增强。智博会、西洽会等国际展会品牌影响力不断提升，内陆国际会展名城加快打造，会展对消费拉动力持续释放。餐饮住宿消费市场回暖势头明显，2021年1—9月餐饮住宿业营业额为1678.65亿元。

### 3. 消费市场环境持续改善

推动消费服务向规范化、品质化升级，消费舒适度明显提升。一是消费政策体系和服务质量标准体系不断健全。相继出台《加快发展新型消费释放消费潜力若干措施》《重庆市培育建设国际消费中心城市实施方案》等若干政策文件，制定实施《重庆市食品安全管理办法》《重庆市旅游服务标准化年建设活动实施方案》等系列法规和标准，开展服务技能培训、星级饭店创建等活动，重点领域消费问题治理效能、消费服务质量显著提升。二是消费监管体制机制持续完善。开展守信联合激励和失信联合惩戒创新试点，10多个市级部门实施协同管理、分类监管。先后建立小额消费纠纷快速维权、12315消费纠纷快速处置等通道，实现"小纠纷8小时内处理"，全市消费市场监管水平和消费维权效能不断提升。

## （七）生态环境保护扎实推进

统筹推进山水林田湖草沙系统治理，着力解决系统性、区域性、跨界性突出环境问题，筑牢长江上游生态安全屏障，在推进长江经济带绿色发展中的示范作用进一步发挥。

### 1. 生态保护建设成效显著

强化生态系统保护修复，生态品质持续提升，山清水秀美丽之地优势进一步显现。一是生态保护持续加强。率先完成"三线一单"成果发布，划定生态红线2万平方千米以上，占市域面积的25%。全市建成湿地自然保护区12个、国家湿地公园22个、各类湿地面积2072平方千米，广泛建立湿地科普宣教中心，"湿地+"乡村小微湿地成为全国湿地建设典范。湿地生态功能进一步增强，生物多样性更加丰富，全市湿地脊椎动物达到563种、高等植物达到707种，国家重点保护物种种数保护率达到90%。五里坡国家级自然保护区纳入世界自然遗产，全市世界自然遗产增至3项。二是生态修复稳步推进。主城"四山"、两江"四岸"等重点区域国土绿化提升行动扎实推进。实施"两岸青山·千里林带"建设32万亩，国土绿化营造林510万亩，全市森林覆盖率达到54.5%。严格落实长江"十年禁渔"，推进长江水生动物、珍稀濒危野生动物及其栖息地保护恢复。完成长江干支流10千米范围内废弃露天矿山修复以及缙云山、水磨溪自然保护地整治，2020年全市新增水土流失治理面积 1335 平方千米。

2. 环境污染治理持续深化

持续打好长江保护修复攻坚战和蓝天碧水净土保卫战，环境质量持续改善。一是水体治理持续加强。始终把修复长江生态环境摆在压倒性位置，全面推行河（湖）长制，扎实推进跨界流域水污染治理，长江干流重庆段水质常年保持Ⅱ类，74 个国控考核断面水质优良比例达 98.6%。强化水源地综合治理，城市集中饮用水源地水质达标率常年保持 100%。城市黑臭水体全面消除，城市再生水利用率达到 25%以上，入选全国城市黑臭水体治理示范城市。二是空气质量稳步提升。深入实施"蓝天行动"，基本消除重度及以上污染天气，主要污染物浓度达到国家二级标准，"重庆蓝"持续巩固。2020 年，全市空气质量优良天数达到 333 天，优良比率超过 90%，居长江经济带各省（市）第五位、四个直辖市第一位。2021 年 1—9 月，全市空气质量优良天数 247 天，"重庆蓝"成为常态。2016 年至 2021 年 9 月重庆市空气质量优良天数见图 2-6。三是固废治理深入推进。持续深化"无废城市"试点建设，全市生活垃圾收运处理系统实现全覆盖，城市生活垃圾无害化处理保持 100%。土壤污染有效遏制，超额完成重金属 6%的减排目标，土壤、地下水环境质量总体稳定。

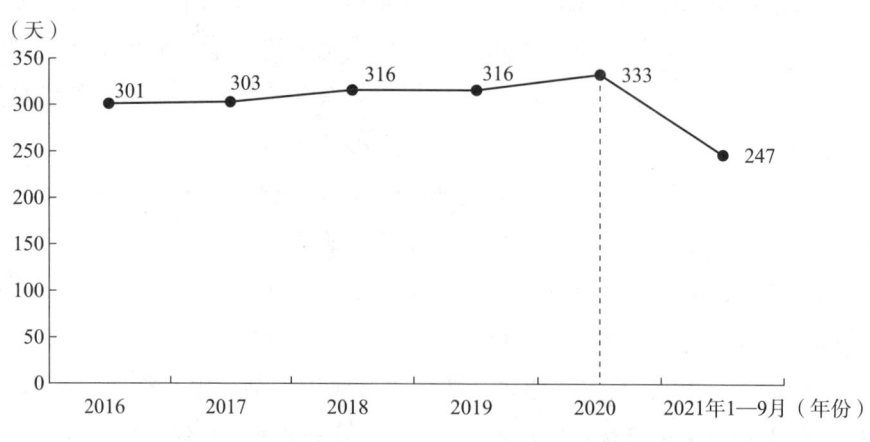

图 2-6　2016 年至 2021 年 9 月重庆市空气质量优良天数

3. 绿色转型发展大力推进

坚持生态优先、绿色发展，产业、能源等重点领域绿色转型加快推进。

一是绿色化改造升级深入推进。突出重点区域、行业、企业治理，淘汰钢铁、水泥、火电等落后过剩产能超过 300 家，将环保产业列入全市十大战略性新兴产业，"绿色经济"产值持续增长。大力推进"以电代油、以电代煤"，非化石能源消费比重稳步提高，可再生能源发电装机占全市总装机容量达到 36%。二是产业绿色创建持续加强。推动绿色园区、绿色工厂创建，截至 2020 年底，全市建成绿色园区 10 个、绿色工厂 115 个、绿色矿山 170 个，发行绿色债券超过 260 亿元，近五年万元 GDP 能耗下降 15% 以上，跻身全国绿色城市指数前 10 位。北碚、渝北、武隆等入选国家"两山论"实践创新基地，广阳岛"长江风景眼、重庆生态岛"已现雏形。

4. 生态共享机制更加完善

持续深化生态文明体制机制建设，生态共建共享合作机制更加健全，生态环保区域整体合力逐步形成。一是水生态法治建设持续加强。扎牢生态环保制度"笼子"，相继出台《重庆市水污染防治条例》等 11 部法规。推动成立长江上游成渝地区生态保护法治联盟，加强长江、嘉陵江及重要支流联合执法，在江津建立首个长江上游珍稀特有鱼类国家级自然保护区川渝司法协作生态保护基地，嘉陵江流域生态环保协同立法稳步推进。二是大气协同治污稳步推进。与四川共享国控、市控及微型站点数据等信息，共享空气质量监测数据 1460 余万条，重污染天气联防联控不断加强。大气联防联控研讨应用不断增强，成功举办首届中国（重庆）广阳湾绿色低碳发展高峰会等会议。三是固废治理机制更加健全。推动危险废物跨省市转移同治，首创川渝两地危险废物跨省转移"白名单"制度并延伸至云贵两省，牵头建立云贵川渝四省市危险废物联防联控机制，危险废物精细化管理等 5 项经验做法入选全国"无废城市"建设典型模式。

（八）改革开放高地加快建设

紧抓国家"一带一路"、长江经济带、西部陆海新通道建设的新机遇，重庆加快推进内陆开放高地建设，改革开放各项工作取得显著成效，引领西部地区带头开放势头更强劲。

1. 开放型经济发展取得新成效

近年来，重庆积极推动外贸转型升级，贸易规模稳步扩大、结构持续优化,开放型经济稳定发展。2020年,实现货物进出口总额6513.36亿元,占西部地区货物进出口总额的22.2%。2021年1—9月,重庆实现进出口总额5770.3亿元,同比增长27%,高出全国水平4.3个百分点,连续17个月保持增长态势;其中出口、进口分别同比增长27.7%、25.7%。一是对外贸易持续快速增长。汽车平行进口、总部贸易、转口贸易等新业态加快培育,获批汽车二手车出口试点,国家级外贸转型升级示范基地累计达到13家,笔记本电脑出口稳居世界第一。二是服务贸易加快发展。服务贸易创新发展试点范围拓展到主城都市区全域,跨国金融结算保持西部第一。三是多元化国际市场拓展有力。与"一带一路"沿线国家和地区经贸合作更加紧密,东盟超越欧盟、美国成为重庆第一大贸易伙伴。2020年,重庆对东盟、美国、欧盟三大贸易伙伴分别进出口1121.7亿元、1076.5亿元、1037.8亿元,占比17.2%、16.53%、15.9%。2021年1—9月,重庆对东盟、欧盟、美国进出口分别同比增长13.6%、24.2%、18%(见图2-7)。四是双向投资取得明显成效。全市外商投资企业达到2800家,在渝"世界500强"企业296家,备案对外投资企业超过550家,累计引进外商投资超千亿美元,6000余家外商投资市场主体贡献了全市50%以上的进出口总值,已经成为重庆对外开放的主力军。2021年1—9月,全市实际利用外资73.7亿美元,同比增长11.1%;对外投资7.85亿美元,同比增长75.2%。

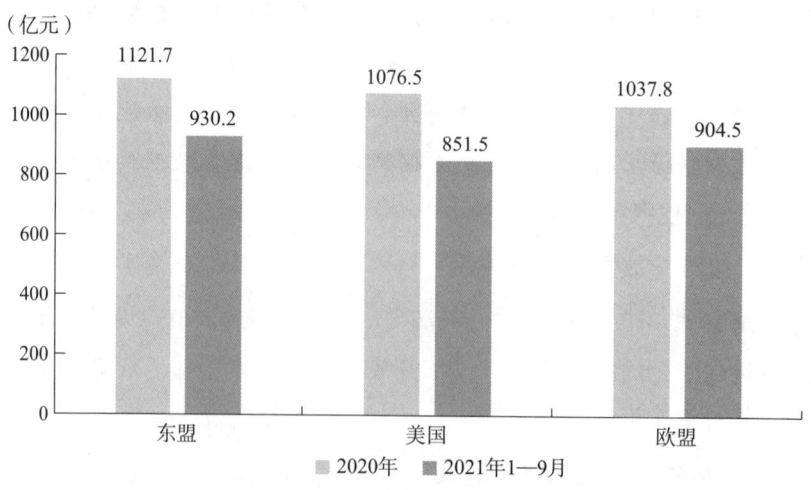

图2-7 2020年和2021年1—9月重庆对主要贸易伙伴进出口情况

## 2. 通道平台建设形成新优势

聚焦"畅通道、建平台、优服务",重庆持续完善通道、平台、口岸功能,对全市开放型经济发展引领带动作用不断增强。一是铁公水空综合立体交通体系基本形成。构建起东西南北空综合立体通道体系,形成了连接欧亚、直达东盟、通江达海、畅行全球的物流网络格局。截至2020年底,中欧班列(重庆)运营线路达到21条、辐射欧亚26个国家40多个城市,西部陆海新通道铁海联运辐射96个国家和地区及260个港口,江北国际机场开通国际航线101条、通达33个国家74个城市。2021年1—9月,西部陆海贸易新通道开行班列1493列、运输集装箱7.47万标准箱,同比增长均为77%;运输货值98.2亿元,货值同比增长83.90%;渝新欧班列开行1812列、运输集装箱17.51万标准箱,分别同比增长7%、21%;渝甬班列累计开行218列,运输1.54万标准箱。二是形成"战略平台+园区平台+功能平台+活动平台"的平台体系。国家级开放平台达到20个,形成了"1+2+7+10"的国家级开放平台体系,是全国唯一兼有陆港型、港口型、空港型国家物流枢纽的城市,也是中西部地区开放平台最多、开放资源最丰富的城市。2021年1—9月,果园港完成货物总吞吐量1506万吨,增长55.2%,集装箱吞吐量31.6万标准箱,增长31.1%;水水中转、铁水联运集装箱分别达到12.5万标准箱和9万标准箱,增长31.2%和10.8%。三是口岸服务功能持续完善。获批保税航油、出入境免税商店、过境144小时免签证、跨境贸易电子商务综合试验区等多项重大改革试点,取得了全国"第一票货物申报""第一票空运运输工具""第一个在线收付汇"等七项全国率先。建成重庆国际贸易"单一窗口",建立了多国海关"一卡通"协调机制,与沿海沿边口岸实现了信息互换、监管互认、执法互助。2021年1—9月,铁路口岸进口整车5192台,超过2020年全年进口总量。

## 3. 开放环境优化呈现新亮点

开放型经济体制改革深入推进,营商环境持续改善,开放型经济发展政策措施不断完善。一是营商环境不断优化。成为中西部唯一入选营商环境创新试点城市,整体营商环境位居中西部前列,成功入围世界银行评价中国营商环境样本城市。二是多式联运体系不断健全。依托西部陆海新通道物流和运营组织中心,建立"一次委托""一次保险""一单到底""一次结算"的多式联运服务模式,形成改革创新案例并上报商务部。三是推动陆上贸易规则不断创新。持续深化"铁路运单物权凭证属性"改革创新,探索建立连通海上与陆上贸易物流金融新规则,积极推介铁路提单运行模式,实现了跨境铁路提单融资、结算便利化、常态化。四是自贸区制度创新持续发力。出台自贸试验区条例,设立"一带一路"法律服务研究中心和"陆海贸易新通道"法律服务研究中心。在知识产权保护等重点领域开展制度型开放协同攻关,形成"关银一KEY通"等16项自主培育改革创新成果,10项在全市推广,1项向全国推广。

## (九)公共服务能力稳步增强

2020年以来,全市有效统筹疫情防控和经济社会发展工作,着力强化基本民生保障,深入实施以需求为导向的保障和改善民生战略行动计划,教育、医疗、就业、社保、养老等领域供给质量持续优化,人民日益增长的美好生活需要得到更好满足。

### 1. 教育医疗整体质量得到全面提升

全市教育、医疗领域深化改革不断走深走实,教育普及水平显著提高,教育公平惠民取得新成效,医疗、公共卫生和健康管理等服务能力得到有效提升。2020年重庆市一般公共预算支出中教育、卫生健康支出分别达到754.9亿元、434.4亿元,2021年1—9月教育、卫生健康支出同比分别增加4%、0.5%。一是教育全面向更高水平迈进。学前教育普及普惠程度不断提高,2020年学前三年毛入学率达到90.3%,公办园在园幼儿占比达到50%。义务教育从"基本均衡"不断向"优质均衡"推进,城镇大班额基本消除。财政性职业教育投入力度持续加大,连续八年保持5%的增速。高等教育不断取得新突破,重庆师范大学涉外商贸学院、重庆工商大学融智学院等5所独立学院转设为普通本科高校,重庆中医药大学、长江生态环境学院等加快建设,2020年获批国家级一流本科专业建设点增至198个,重庆大学、西南大学等9所高校43个学科进入ESI学科排名前1%[①]。重庆两所大学5个专业入

---

① 重庆43个学科进入世界ESI学科排名前1%,http://cq.people.com.cn/n2/2020/1218/c365402-34481335.html。

选国家第二轮"双一流"高校及学科名单。二是全民健康保障能力明显增强。抗击新冠肺炎疫情取得阶段性胜利，快速响应和应急处置能力不断提升，疫苗接种有序推进，截至2021年末全市新冠疫苗累计接种超过6400万剂次。医药卫生体制改革不断深入，建立起等级医院动态调整机制，"三通"紧密型医共体试点实现区县全覆盖，带动基层就诊量占比稳步回升，县域内就诊率达到91.6%。大力推进"智慧医院""美丽医院"建设，不断提高信息技术在医疗服务领域的深入应用和创新发展，有效带动县级医院和基层医院全面提升。国家儿童区域医疗中心①、国家中医疾病防治基地获批成立，巴南区、永川区、万州区、黔江区四家公共卫生应急医院启动建设②。2020年重庆市教育医疗部分情况见表2-3。

表2-3 2020年重庆市教育医疗部分情况

| 地区 | 普通中学师生比 | 普通小学师生比 | 每万人拥有执业（助理）医生数量（人/万人） | 每万人拥有注册护士数量（人/万人） |
|---|---|---|---|---|
| 重庆市 | 1∶14.29 | 1∶15.50 | 27.65 | 34.10 |
| 主城都市区 | 1∶13.97 | 1∶16.36 | 30.05 | 38.09 |
| 中心城区 | 1∶12.77 | 1∶18.04 | 35.36 | 46.72 |
| 主城新区 | 1∶14.87 | 1∶15.14 | 24.95 | 29.79 |
| 渝东北三峡库区城镇群 | 1∶15.09 | 1∶14.53 | 23.38 | 26.50 |
| 渝东南武陵山区城镇群 | 1∶13.84 | 1∶13.99 | 21.98 | 26.10 |

2. 公共文化体育服务体系更加完善

公共文化体育事业发展呈现良性互促态势，"文化+""体育+"融合发展深入推进，惠民力度不断增强。2020年重庆市一般公共预算支出中文化旅游体育与传媒支出为64.9亿元，2021年1—9月文化旅游体育与传媒支出同比增长17.7%。一是文化服务能力不断提升。特色文艺文创平台载体功能不断彰显，文化惠民深入落实，重庆科技馆、重庆大剧院等加快利用数字化、智

---

① 国家儿童区域医疗中心（西南区）建设启动会在渝举行，https://news.cqmu.edu.cn/info/1002/14253.htm。

② 重庆将新建4所应急医院加强公共卫生防控救治能力建设，http://www.beijingleather.com.cn/shehui/43715.html。

慧化手段赋能，提升"文化+"融合发展水平。公共文化服务设施不断完善，2021年上半年全市改造提升基层综合文化服务中心39个，新建24小时城市书房12个、文图两馆总分馆32个，群众文化需求不断得到满足。二是体育公共服务发展不断夯实。深入落实全民健身计划，基本建成覆盖城乡的公共体育服务体系，体育场地建设加快推进，2020年底全市共有体育场地12.6万个，人均体育场地面积1.84平方米，累计建成城市体育公园15个，健身步道17条，中心城区利用边角地建成社区体育文化公园92个。推动重庆市奥体中心等69个大型体育场馆实行免费或低收费开放。

### 3. 社会民生保障体系更加健全

面对突如其来的新冠肺炎疫情、历史罕见的重大汛情、错综复杂的经济世情，全市扎实做好"六稳"工作，全面落实"六保"任务，社会保障能力持续增强。2020年重庆市一般公共预算支出中社保和就业支出达到951亿元，2021年1—9月社保和就业同比增长9.5%。一是就业形势保持总体稳定。及时出台进一步稳定和促进就业的23条政策措施，2020年重庆城镇新增就业65.56万人，23.07万名城镇登记失业人员实现再就业，城镇就业困难人员就业12.55万人，总体稳住了就业"基本盘"。二是基本民生兜底保障不断健全。城乡最低生活保障水平提高，2020年全市城乡最低生活保障标准分别提高至625元、496元。深入实施全民参保计划，城乡养老保险参保率持续稳定在95%以上。城乡居民基本医保提标扩面，2020年城乡居民医保人均财政补助标准新增30元。社会救助体系不断完善，为城乡低保对象、孤儿等困难群众发放基本生活救助资金58.8亿元。三是养老服务不断夯实。以规范街道社区养老服务设施建设为重点，不断优化养老服务设置布局，2020年底全市养老床位总数达到22万张，基本实现城市社区居家养老服务全覆盖，北碚、大足等7个试点区县农村失能人员集中照护机构全部建成投用。四是住房保障能力不断提升。重庆持续大力推进保障性安居工程建设，截至2020年底，全市累计分配公租房约54万套，累计完成棚户区改造2787万平方米，启动城镇老旧小区改造1842个，完成建档立卡贫困户等重点对象农村危房改造20.30万户。重庆市基本保险保障人数变化情况见表2-4。

表 2-4 重庆市基本保险保障人数变化情况

| 项目 | 2016年（万人） | 2020年（万人） | 2016—2020年年均增长率（%） |
|---|---|---|---|
| 城乡居民社会养老保险参保人数 | 1115.82 | 1166.85 | 1.12 |
| 年末失业保险参保人数 | 447.1 | 548.48 | 5.24 |
| 城镇职工基本医疗保险参保人数 | 604.76 | 766.98 | 6.12 |

### （十）推动川渝合作开启新篇章

重庆持续深化与四川的交流合作，合作机制持续巩固、合作事项深入推进，合作成效明显。

#### 1. 合作发展体制机制不断完善

联动四川加快建立健全成渝地区双城经济圈一体化发展体制机制，对接联动显著增强。一是一体化发展组织工作机制加快健全。推动成立由两地市委书记、省委书记任组长的推动成渝地区双城经济圈建设工作领导小组，形成了党政联席会议、常务副省（市）长协调会议、联合办公室、专项工作组四级合作机制。选派两批次201名党政干部互派挂职交流，上下贯通、左右协同的组织保障持续增强。二是重点领域一体化制度联动不断深化。加强与四川高频对接，签订各级政府合作协议200余份。联合制定《川渝优化营商环境条例》，协同建立全国首个危险废物跨省市转移"白名单"制度。加快推动税务执法标准统一、信息互通、结果互认，在全国首创线上跨省缴税"新模式"，近40项涉税业务实现线上"一键通办"；遂潼涪江创新产业园区毗邻地区税收征管一体化管理试点稳步推进。

#### 2. 重点领域合作共建深入开展

携手四川共抓项目共建和毗邻地区一体化发展，协作实效明显。一是合作共建重点项目推进有力。从产业协同布局、基础设施共建共享、科技创新同频共振、生态保护共治、公共服务补短板等领域，共同谋划重大项目，建立成渝地区双城经济圈项目储备库。截至 2021 年 9 月，川渝合作共建 67 个重大项目已开工 65 个，累计完成投资 1866.8 亿元。两省（市）领导联系的 8 个重大基础设施项目已开工 6 个，累计完成投资 1252.4 亿元。二是毗邻地区合作共建区域发展功能平台加快推进。围绕成渝中部地区协同发展、川南渝西地区融合发展、川东北渝东北地区一体化发展，设立了川渝高竹新区、遂潼川渝毗邻地区一体化发展先行区、明月山绿色发展示范带等十大区域发展功能平台，率先试点探索经济区与行政区适度分离，体制机制、产业发展、要素市场、公共服务等重点领域的试验工作有序推进。

> **专栏 2-2　双城经济圈交通互联互通重点合作事项落实情况**
>
> 　　成渝地区一体化发展，基础设施互联互通是前提，尤以交通互联互通为重。截至 2021 年 9 月，川渝两地围绕构建一体化交通运输体系，积极完善顶层设计，协同推动合作事项落地落实，取得积极成效。
>
> 　　交通一体化制度体系持续健全。联合推动国家层面出台《成渝地区双城经济圈综合交通运输发展规划》、联合四川编制完成《共建长江上游航运中心建设实施方案》《推动成渝地区双城经济圈建设加强交通基础设施建设行动方案（2020—2022 年）》等方案。"成渝地区双城经济圈交通一体化发展"交通强国试点获得交通运输部批准。
>
> 　　"轨道上的双城经济圈"建设取得积极突破。成渝中线高铁建设全面启动、成达万高铁可研获批，成渝客专完成提质改造实现成渝双核间 1 小时通达，渝西高铁、渝万高铁项目建设稳步推进。
>
> 　　高速公路网络持续加密。南充至潼南、合川至安岳、大足至内江、泸州至永川高速公路重庆段、成都至资阳至重庆高速公路四川段等建成通车，川渝省际高速公路通道达 14 条，万州至达州、大竹至垫江等省际高速公路前期工作稳步推进，区域高速公路互联互通水平显著提升。
>
> 　　共建长江上游航运中心进展明显。川渝两地成立了由两省（市）政府主要领导任组长的川渝共建长江上游航运中心专项工作组，川渝共建长江上游航运中心建设方案已经初定。川渝长江干线朝涪段航道整治开

工建设，嘉陵江利泽、乌江白马、涪江双江等航电枢纽以及渠江航道整治有序推进，川渝首个合资共建港口——万州新田港二期工程工可获批。开通泸州、宜宾、广元至重庆3条公共班轮航线。

国际航空门户枢纽加速协同打造。两省（市）机场集团签订了战略合作协议，积极推进交叉持股，强化机场协同运营。江北机场改扩建和天府机场建设加快推进，城市支线机场加快规划布局，成渝地区"干支结合"机场布局体系持续优化。

## 二、重庆市推动双城经济圈建设存在的主要困难

2020年以来重庆围绕成渝地区双城经济圈建设，集中精力办好重庆自己的事情，联动四川同心协力办好合作的事，双城经济圈建设加快成势见效。对照党中央要求和成渝人民期盼，双城经济圈建设仍然有诸多短板制约需要补齐，有多方矛盾障碍需要破除。

### （一）现代城镇空间体系结构仍需优化

重庆集大城市、大农村、大山区、大库区于一体，城乡区域发展差距较大，城镇体系不强不优现象仍然突出，对周边地区的辐射带动作用有限。

一是主城都市区的区域带动引领功能有待增强。主城都市区高端要素和高端功能集聚不足，经济实力和城镇化发展水平较国内外发达都市圈还有一定差距，GDP在成渝地区双城经济圈占比26.2%，远低于上海大都市圈在长三角45.4%的占比，人均GDP、地均GDP分别仅为上海大都市圈的63.1%、44.3%。主城新区12区面积占主城都市区的80%以上，但GDP仅占主城都市区的48.6%，常住人口城镇化率仅为65.0%，与中心城区（92.6%）相差20多个百分点，空间布局、人口规模与其经济规模不相匹配，仍是主城都市区能级提升的薄弱环节。主城都市区需要进一步优化功能布局，加快集聚人口，壮大经济规模，尽快形成对渝东南、渝东北以及四川毗邻地区的辐射带动能力。2020年重庆主城都市区与国内发达都市圈发展比较见表2-5。

表 2-5  2020 年重庆主城都市区与国内发达都市圈发展比较

| 都市圈（区） | 面积（万平方千米） | GDP（亿元） | 常住人口（万人） | 人均 GDP（万元/人） | 地均 GDP（万元/平方千米） |
|---|---|---|---|---|---|
| 重庆主城都市区 | 2.87 | 19242.72 | 2112.24 | 9.11 | 6704.78 |
| 上海大都市圈 | 7.38 | 111714.79 | 7741.66 | 14.43 | 15137.51 |
| 广州都市圈 | 5.64 | 42280.10 | 4149.70 | 10.19 | 7496.47 |
| 南京都市圈 | 6.72 | 47496.96 | 3921.07 | 12.11 | 7063.14 |

二是区（县）综合实力普遍不强，城市层次体系不完善。全市 GDP 超过 2000 亿元的区（县）仅 1 个（渝北区），超过 1000 亿元的区（县）只有 7 个[①]，85%的区（县）不足 1000 亿元。相比四川拥有 6 个"双百"大城市（宜宾、泸州、南充、达州、自贡、绵阳），重庆尚缺乏建成区百平方千米、城区人口百万人的"双百"大城市，大中小城市连绵分布、逐级传动的协同联动发展格局尚未形成。同时，与四川毗邻的 10 个区（县），仅江津 GDP 超过 1000 亿元，而四川与重庆接壤的达州、广安、遂宁、内江、泸州 5 个地级市均超过 1000 亿元，城市发展与四川毗邻城市发展存在较大梯级落差，容易产生"跷跷板效应"，在一定程度上制约了川渝高效合作、融合发展。2020 年成渝地区重点城市基本情况见表 2-6。

表 2-6  2020 年成渝地区重点城市基本情况

| 地区 | GDP（亿元） | 人均 GDP（万元） | 常住城镇人口（万人） | 城镇化率（%） |
|---|---|---|---|---|
| 绵阳市（除平武县、北川县） | 2873.1 | 6.3 | 251.49 | 55.06 |
| 宜宾市 | 2802.1 | 5.8 | 249.69 | 51.39 |
| 德阳市 | 2404.1 | 7.0 | 193.44 | 55.97 |
| 南充市 | 2401.1 | 4.2 | 286.13 | 50.22 |
| 泸州市 | 2157.2 | 5.1 | 213.72 | 50.24 |
| 渝北区 | 2009.52 | 9.1 | 195.82 | 89.06 |
| 乐山市 | 2003.4 | 6.3 | 167.84 | 53.11 |
| 达州市（除万源市） | 1983.6 | 4.0 | 268.19 | 53.87 |

---

① 分别是九龙坡区、江北区、渝中区、涪陵区、江津区、沙坪坝区、永川区。

续表

| 地区 | GDP（亿元） | 人均GDP（万元） | 常住城镇人口（万人） | 城镇化率（%） |
|---|---|---|---|---|
| 九龙坡区 | 1533.16 | 10.0 | 143.11 | 93.54 |
| 内江市 | 1465.9 | 4.7 | 157.25 | 50.07 |
| 自贡市 | 1458.4 | 5.9 | 137.91 | 55.40 |
| 眉山市 | 1423.7 | 4.8 | 148.17 | 50.14 |
| 遂宁市 | 1403.2 | 5.0 | 161.25 | 57.30 |
| 渝中区 | 1358.47 | 23.1 | 58.72 | 100.00 |
| 江北区 | 1325.40 | 14.3 | 91.86 | 99.15 |
| 广安市 | 1301.6 | 4.0 | 143.44 | 44.07 |
| 涪陵区 | 1225.08 | 11.0 | 80.33 | 71.85 |
| 江津区 | 1109.44 | 8.2 | 81.87 | 60.16 |
| 沙坪坝区 | 1013.94 | 6.9 | 143.00 | 96.62 |
| 永川区 | 1012.37 | 8.8 | 80.42 | 69.94 |
| 合川区 | 972.44 | 7.8 | 79.55 | 63.90 |
| 万州区 | 970.68 | 6.2 | 108.10 | 68.92 |
| 巴南区 | 865.48 | 7.3 | 97.91 | 82.92 |
| 南岸区 | 813.25 | 6.8 | 116.05 | 96.69 |
| 资阳市 | 807.5 | 3.5 | 95.32 | 41.29 |
| 璧山区 | 747.09 | 9.9 | 53.71 | 70.86 |
| 长寿区 | 732.56 | 10.6 | 48.38 | 69.90 |
| 綦江区 | 714.27 | 7.1 | 68.78 | 67.98 |
| 荣昌区 | 709.80 | 10.6 | 40.07 | 59.88 |
| 大足区 | 700.54 | 8.4 | 50.60 | 60.52 |
| 铜梁区 | 661.02 | 9.6 | 42.41 | 61.69 |
| 雅安市（除天全县、宝兴县） | 649.4 | 5.2 | 75.72 | 60.35 |
| 北碚区 | 636.41 | 7.6 | 72.03 | 86.13 |
| 开州区 | 535.81 | 4.4 | 60.92 | 50.57 |
| 梁平区 | 493.24 | 7.6 | 32.32 | 50.13 |
| 潼南区 | 475.26 | 6.9 | 40.18 | 58.32 |
| 云阳县 | 462.59 | 5.0 | 49.15 | 52.88 |
| 垫江县 | 444.83 | 6.8 | 32.00 | 49.25 |

续表

| 地区 | GDP（亿元） | 人均GDP（万元） | 常住城镇人口（万人） | 城镇化率（%） |
|---|---|---|---|---|
| 忠县 | 427.65 | 5.9 | 34.81 | 48.27 |
| 南川区 | 360.76 | 6.3 | 34.95 | 60.97 |
| 丰都县 | 335.42 | 6.0 | 27.35 | 49.21 |
| 大渡口区 | 266.46 | 6.3 | 41.35 | 97.75 |
| 黔江区 | 245.16 | 5.0 | 28.85 | 59.18 |

### （二）产业链条化集群化发展仍需强化

产业链价值链整体依然处于中低端，部分行业关键环节缺失，产业链供应链安全稳定存在较大隐忧。

一是产业层级不高竞争力不强。重庆已经形成了八大支柱制造业产业集群，其中规模上千亿元的产业集群有6个，规模最大的电子信息产业产值离万元亿级仍有较大距离，全产业链的资源配置和产业重构"主导权"尚未形成。具备行业号召力的大型企业缺乏，龙头企业的行业影响力不强、产品竞争力较弱，配套企业层次总体不高，对行业支撑作用不强。传统产业占比高、战略性新兴产业块头小，尚未形成产业接续"雁阵"，数字经济成为强支撑的主导产业尚需时日。农业整体竞争力不强，适应新时期现代农业发展要求的新业态新模式仍需加强。

二是产业配合整合力度不够。与四川制造业结构高度趋同，电子信息、汽车制造、智能终端、节能环保、机器人等制造业细分领域同质化竞争和资源错配现象依然存在，产业零部件相互配套水平不高，两地制造业分工协同有待深化。重庆生产性服务业占比略超50%，远低于北京、上海约70%的水平，知识密集型服务业占GDP比重超过17%，低于国际1/3的发展规律，比北京低27.5个百分点，助力提升制造业核心竞争力的服务能力和服务模式尚未形成，尤其是现代物流、现代金融、服务外包等优势服务业发展不足，对周边地区产业的配套和整合力度不够。

三是产业链稳定性不足。受疫情和国际地缘政治等因素影响，重庆制造业领域部分行业产业链关键环节缺失，汽车、电子信息等支柱工业的芯片、关键零部件供应持续紧张,加之原材料价格持续上涨,企业投资信心不足,减产停产风险较大,制造业产业链供应链安全稳定存在较大隐忧。如受持续"缺芯"影响,重庆汽车制造业投资增长乏力,龙头企业长安汽车生产波动较大,汽车生产调量逾 10 万辆,加之用电等要素保障瓶颈制约突出,汽车产业潜在产业链断供风险需高度关注和警惕。

### (三)协同创新发展水平、质量仍需提升

当前,重庆创新要素资源相对缺乏、创新能力较弱,与四川的协同创新水平较东部发达城市群差距较大,双城经济高质量发展的创新动力需进一步强化。

一是高层次科技资源要素集聚和科技研发投入不足。相比北京、上海、广州等发达城市,重庆集聚的国家科研重器、科研平台和人才数量相对较少。重庆双一流高校只有 2 所,仅为上海的 12%、四川的 1/4。国家重点实验室和国家工程技术研究中心 20 个,远低于广东(61 个)、上海(57 个)、四川(31 个)。在渝两院院士仅 17 人,不足四川的 1/3、陕西的 1/4。全市 R&D 经费投入强度尚未达到全国平均水平(2.4%),低于相邻的四川和陕西,远低于北上广一线城市(见图 2-8)。

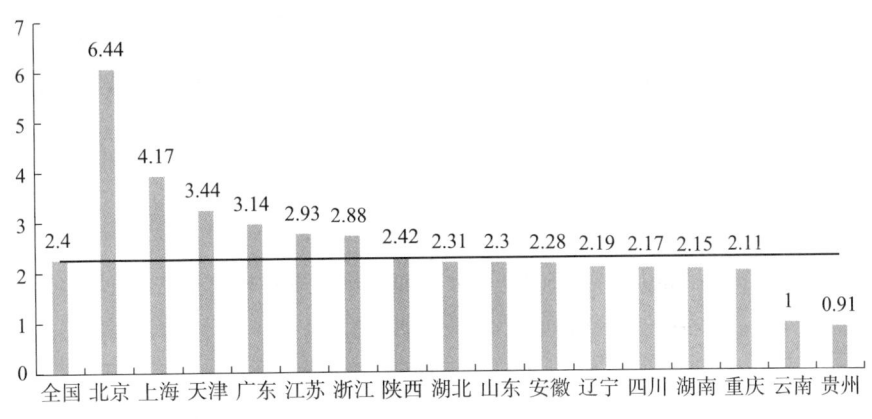

图 2-8　2020 年部分省(市)R&D 投入强度情况

二是科技成果产出与转化能力不高。2020 年重庆获国家科技进步奖仅 9 项,远低于上海(48 项)、成都(22 项)。每万人口发明专利拥有量仅 11.3 件,低于全国平均水平(15.8 件),仅为北京的 7.3%、广州的 24.3%、成都

的47.1%，且重庆专利申请以实用新型为主，发明专利占比仅16%，低上海28个百分点、成都4个百分点。科技创新产业转化平台和科技型、创新型企业较少，国家高新区数量仅为四川的50%、陕西的44%，高新技术企业数量（4222家）仅约为上海（17012家）的1/4、成都（6120家）的2/3，科技创新产业转化能力较弱。2020年重庆与北京、上海主要创新资源比较见图2-9。

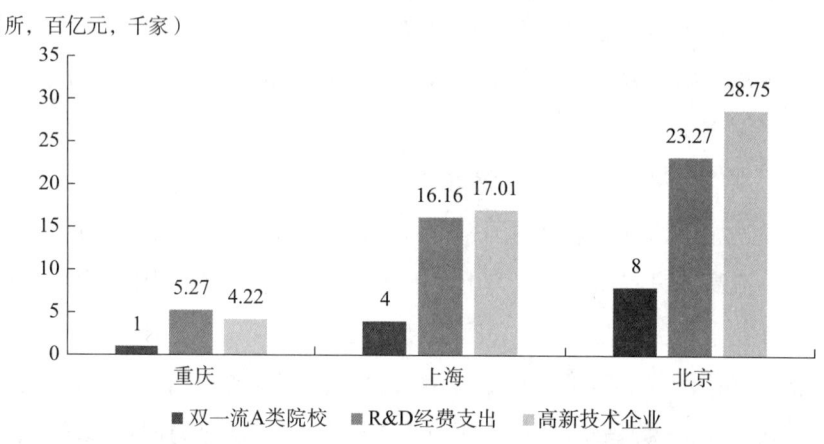

图2-9  2020年重庆与北京、上海主要创新资源比较

三是协同创新政策和机制有待完善。重庆与四川在企业技术创新、人才引进等方面的激励政策仍存在差异，缺乏激励高新技术产业协同发展的财政税收分享机制和制度体系。跨区域高新技术企业、中介机构等市场主体的有关资质互不认可，地区间"抢企业"、企业间"争人才"等现象依然存在。川渝两地虽然已建立协同创新专项工作组，签订了系列创新合作协议，但对比长三角、珠三角地区，成渝地区尚未建立常态化、链条化的区域创新网络体系，区域协同创新体制机制还不健全，区域重大创新事项协同推动效率较低。

**（四）综合交通枢纽集群建设仍需提速**

交通运输发展不平衡不充分问题明显，现代化交通体系相对滞后，对内对外互联互通水平较低，四式联运优势发挥不充分，与四川的交通协同联动不足，制约成渝地区双城经济圈建设。

一是内外综合交通网络还不完善。对外大通道不畅，西部陆海新通道设施条件薄弱，航线网络覆盖面和通达性不高，基地航空建设、国际航线航权分配和时刻资源释放等在西部地区仍处于劣势，缺乏与京津冀、长三角、粤港澳大湾区的直连直通高铁通道。对内交通网络化水平不高，核心城市与周边城市间轨道交通公交式运营的快速轨道交通线网较为薄弱，渝西高铁建设进度严重滞后，干线铁路、城际铁路、市域（郊）铁路和城市轨道交通"四网融合"发展不够，客货枢纽转换不便。川渝毗邻地区部分区县城区之间尚未实现高速公路直连，毗邻地区干线公路等级偏低，"断头路"和"瓶颈路"等问题仍然较为突出。

二是水运和多式联运优势发挥不充分。三峡船闸常态化拥堵现象突出，长江黄金水道功能发挥受到限制，重庆港口航道的通过能力无法充分满足自身和区域经济发展需求。西部陆海新通道物流运营和组织中心功能尚未得到充分体现，与周边省市在线路开辟、货运组织、运输模式等方面合作不够，市外货源在铁海联运总量中占比较低。中欧班列缺乏更高层面统筹，与周边省市线路、货源同质化问题突出，比较优势正在削弱。部分港区集疏运条件不完善、铁水联运发展不足，多次转运增加物流成本，抵消水运价格优势，"最后一公里"问题亟须解决。

三是川渝交通协同联动有待进一步增强。川渝两省市一体化的交通设施建设、运营、管理体制机制还不健全，区域交通运输规划建设仍缺乏有效统筹协调，两地交通建设还存在进度不统一、收费标准不一致的情况。例如，泸州至永川高速公路重庆段已经建成通车，但四川段仅完成工程量的38%；内江至大足高速公路重庆段完成工程量的72%，但四川段仅完成工程量的8%；资中至铜梁高速公路重庆段已进入桥梁、隧道等工程施工阶段，相比之下，四川段仍处于勘察设计阶段。两地对接道路建设标准差异较大，道路定位不同导致道路断面不统一，衔接级差较大，川渝高速通行限速至今仍未一致，重庆高速一般设置限制时速为100千米，四川限制时速为120千米。

**（五）跨区域生态共建和共保仍需深化**

成渝地区生态系统敏感脆弱，生态协同治理体制机制还需进一步完善，共同筑牢长江上游重要生态屏障任重道远。

一是生态共建任务艰巨。川渝同处长江上游的四川盆地，尤其是重庆地处长江上游和三峡库区腹心地带，生态地位重要、责任重大，但生态环境敏感性脆弱性比较明显，生态文明建设任务繁重。三峡库区水土流失面积大、侵蚀程度高、地质灾害多发，治理标准低，生态清洁小流域建设不足，水土保持的综合功能和效益未能高水平实现。局部区域生态服务功能降低，生态破碎化严重，野生生物生境丧失等环境问题突出。以森林为主的绿色资源总量不足、分布不均、质量不高，森林生态功能价值未得到高效利用。

二是川渝生态共建共保机制有待深化。目前川渝两地签订的合作协议原则性条款多，治理措施、工作任务、资金保障等具体内容少，操作性不强。两地水体、大气等环境标准尚未统一，生态建设一体化的规划机制和生态司法、执法机构尚未建立。流域横向生态补偿机制覆盖面还不广、补偿方式单一（以水质升降为标准），流域上游污染、下游治理的现象不同程度存在。区域生物多样性基础数据库及监测评估体系、生态环境保护一体化监测预警平台不够完善，生态环境信息共享不够，监管机制碎片化难题有待破解。

**（六）区域公共服务均衡供给仍需加力**

成渝地区双城经济圈公共服务供给水平整体处于全国中游，供给品质有待提升，内部区域差距、城乡差距较为明显，公共服务高质量一体化发展要求任务依然艰巨。

一是公共服务发展不充分。受制于相对落后的经济发展水平和有限财政实力，重庆公共服务投入相对较低，公共服务供给总量相对不足，与国家中心城市发展定位不符，无法充分有效满足人民群众高品质生活要求。2020年重庆一般公共服务支出在GDP中的占比为1.32%、人均公共服务支出1030元/人，均低于全国平均水平（1.82%、1298元/人），在全国排名靠后。每千人口执业（助理）医师为2.77人，人均拥有公共图书馆藏量0.62册，分别低全国平均水平0.13人和0.22册，在四个直辖市中位居最后。2020年部分省（市）公共服务支出情况见图2-10。

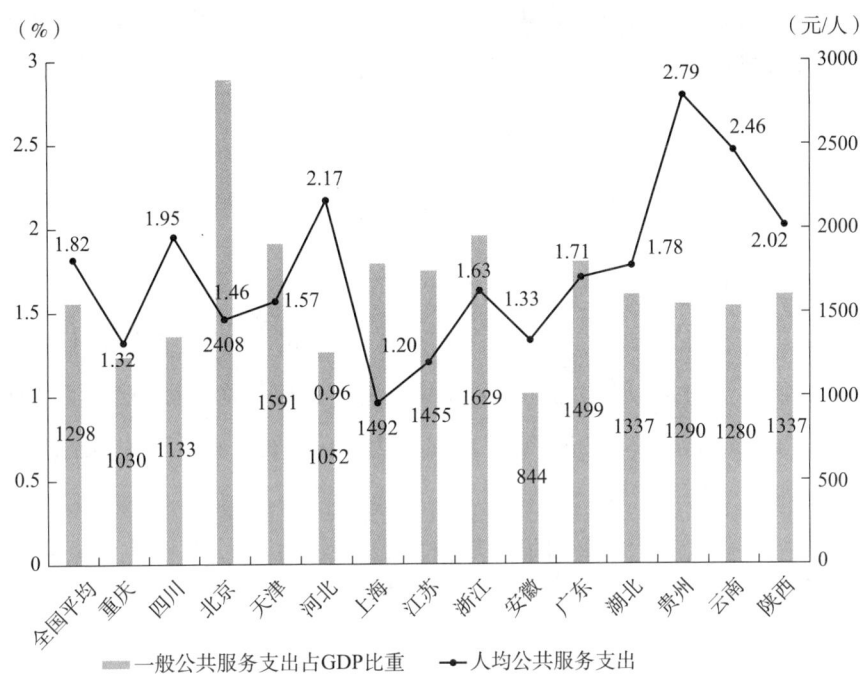

图 2-10　2020 年部分省（市）公共服务支出情况

二是公共服务发展不平衡。"两群"公共服务供给与"一区"差距明显，2020 年重庆主城都市区与渝东北和渝东南城镇群每千人口执业（助理）医师分别为 3.01 人、2.34 人和 2.2 人，人均拥有公共图书馆藏量分别为 0.78 册、0.29 册和 0.37 册。公共服务供给城乡二元矛盾依然突出，农村学校师资力量薄弱，教学现代化水平低，农村医疗机构医务人员缺口大、医疗设备物资短缺落后的现象依然突出，农业转移人口享受的基本公共服务与城镇居民仍存在较大差异。2020 年重庆城市和农村每千人口执业（助理）医师分别为 3.83 人、1.45 人，城乡比为 2.64，高于全国 2.06 的平均水平。

三是川渝公共服务共享共建行政壁垒没有完全打破。成渝地区公共服务一体化建设依然存在行政分割和地域壁垒，公共服务建设实行行政属地化管理，川渝两地公共服务政策衔接不足，资源共享机制、信息沟通机制和政策协调机制不健全，服务标准和流程要求等方面存在较大地区差异，制约公共服务高水平共建共享。例如，两地医保政策尚不统一，医疗服务价格不一致，影响跨省异地门诊费用直接结算和跨区域医疗机构间临床检验检查结果互认。又如，各城市自行建立的公共服务信息平台相互之间兼容性差，不利于公共服务信息资源的共享。

### 三、2022年重庆市推动双城经济圈建设的总体思路

#### （一）基本思路

以习近平新时代中国特色社会主义思想为指导，全面贯彻党的十九大和十九届二中、三中、四中、五中、六中全会精神，坚持党中央集中统一领导，准确把握新发展阶段，完整、准确、全面贯彻新发展理念，服务和融入新发展格局，坚定川渝"一家亲"意识、"一盘棋"思维、"一体化"理念，建立健全跨区域协调发展的体制机制，加快构建统一大市场，促进生产要素自由流动，努力走出一条设施互联互通、产业分工协作、空间一体延伸、资源要素对接对流、生态环境共保共治、公共服务共建共享的创新之路，更好融入国际经济格局和产业分工，完成国家赋予成渝地区的重大使命。

以体制机制创新为主题，加快夯实一体化发展制度基础。体制机制创新是成渝地区双城经济圈一体化发展行稳致远的制度基础。必须正确发挥政府在顶层设计、机制创新、规划融合等领域的重要作用，建立更加有效的一体化体制机制。推动成渝两地多层面规划有机融合，逐步消除行政壁垒，促进资源要素有序自由流动，建设统一开放的市场体系，持续释放区域合作和对外开放示范效应。

以联动融合发展为主线，不断提升空间一体化发展水平。着眼于一体谋划和协调共进，共下区域联动"一盘棋"，发挥重庆主城都市区和成都"双核"引领作用，夯实成渝主轴发展基础，加快促进重庆、成都都市圈相向发展。以探索经济区与行政区适度分离改革为抓手，以川渝毗邻地区十大功能平台为载体，深化川渝自贸区协同开放试验区建设，深化毗邻地区合作。深化、细化、强化"一区两群"协调发展，做大做强主城都市区，辐射带动全域发展，形成分工合理、优势互补、各具特色的区域协调发展格局。

以设施互联互通为先导，持续强化一体化发展基础支撑。协调推进成渝

两地基础设施重大项目建设，共同推动成渝地区对外通道建设，协同打造轨道上的"双城经济圈"，加密提质高速公路网，联手建设长江上游航运中心，合力打造世界级机场群，统筹实施"川渝电网一体化""川渝千亿立方米天然气基地"等能源水利重大项目，加快夯实一体化发展基础设施支撑。

以产业分工协作为抓手，增强经济一体化发展动力。更加重视产业高质量协同发展，聚焦强链、补链、固链，着力构建高效分工、错位发展、有序竞争、相互融合的现代产业体系，协同打造世界级产业集群。共建国家数字经济创新发展试验区、国家新一代人工智能创新发展试验区，共建西部金融中心、国际消费中心城市，深化拓展服务业扩大开放综合试点。共建西部科学城，加快建设成渝综合性科学中心，加强重庆两江协同创新区与成都高新区、中国（绵阳）科技城创新合作，持续优化创新支持政策，不断营造科技创新良好生态，共同争取国家重大科技专项支持，争取更多国家战略性创新功能、大科学装置和国家实验室等落地。

以生态绿色共保为底色，筑牢长江上游重要生态屏障。践行绿水青山就是金山银山的理念，坚持生态优先、绿色发展，贯彻山水林田湖草沙是生命共同体的思想，协同推进长江干支流生态保护和修复重大工程，统筹山水林田湖草沙系统治理，共建"两岸青山·千里林带"。推进生态环境共保联治，协同治理跨界污染，协同制定碳达峰行动方案，加快构建绿色低碳循环发展经济体系，推动重点区域、重点行业绿色转型发展。

以民生保障共享为目标，加快建设高品质生活宜居地。围绕促进高品质生活目标，不断增加优质公共服务供给，优化资源空间配置，完善优质公共服务共享体制机制，扩大服务共享范围，不断保障和改善民生，使改革开放成果更加普惠便利，为成渝地区内居民共享，让成渝地区双城经济圈居民在一体化发展中有更多获得感、幸福感、安全感，建设高品质生活宜居地。

### （二）发展目标

推动成渝地区双城经济圈一体化发展是一项系统工程，不能一蹴而就，必须瞄准方向、保持定力、一以贯之、久久为功，要科学认识区域一体化演变发展的一般规律，结合自身发展实际，准确把握一体化节奏和力度，在不同的时间节点确立具有可行性和差异性的目标。结合《规划纲要》和重庆市"十四五"规划以及全面建设社会主义现代化国家目标，2022年，重庆市推动成渝地区双城经济圈一体化主要目标是：

区域联动质量不断提升。重庆作为国家中心城市的发展能级和质量进一步提升，区域带动力和国际竞争力进一步增强。主城都市区同城化发展基础进一步巩固，重庆都市圈建设取得重大进展。十大毗邻地区功能平台建设全面启动，高竹新区、遂潼一体化发展先行区建设取得系统突破。非毗邻地区合作领域加快拓展、合作模式更加多元。

设施互联互通持续强化。以交通、能源、水利、通信基础设施等为重点的基础设施网络对区域发展支撑作用进一步增强。西部国际综合交通枢纽建设提速，轨道上的双城经济圈建设取得重大进展，市域（郊）城市轨道交通项目加快推进，重大基础设施项目储备和滚动计划有序推进，能源保障、水利保障能力不断增强，信息基础设施覆盖面和服务质量显著提高。

现代经济体系加快构建。区域协同创新体系建设加快，创新资源布局更加优化，科技创新中心核心功能加快培育。优势产业区域分工更加合理、协作效率大幅提升，区域产业链供应链体系完整性和抗风险能力显著增强，数字经济发展潜力持续释放，金融、物流等生产性服务业发展水平进一步提升，先进制造业发展能级和市场竞争力明显增强。

生态绿色宜居深度协同。长江干支流生态保护与修复提速推进，生态环境协同监管和区域生态保护补偿机制持续完善，绿色低碳循环发展经济体系加快构建，重点区域和重点行业绿色转型发展取得重大进展。城市开发模式更加集约高效，公共服务便利共享水平继续提高，城乡融合发展和宜居生活水平明显提升。

## 四、2022年重庆市推动双城经济圈建设的重点任务

### （一）构建区域协调发展新格局

围绕推动成渝地区双城经济圈建设和"一区两群"协调发展，按照"强核、拓城、融边"发展思路，进一步提升中心城区发展能级，强化次级城市

支撑作用，带动渝东北三峡库区城镇群、渝东南武陵山区城镇群协调发展，推动毗邻地区一体化发展，形成联动协作、融合发展的新格局。

1. 提升中心城区引领带动功能

瞄准国际化、绿色化、智能化、人文化的现代城市标准，发挥在双城经济圈的核心引擎作用，加快集聚金融商务、现代制造、科技创新、都市旅游等高端功能，推动中心城区全面高质量发展再上新台阶。一是加快提升产业能级。以江北嘴、解放碑、弹子石为核心，加速集聚国际金融、研发设计、现代商贸、都市文化旅游等产业，着力打造国际性高端服务业集聚区。以西部（重庆）科学城、两江新区为引领，加大跨国企业及行业领军企业区域性总部等高端市场主体和战略引领型、强链补链型、成果转化型项目引进力度，构建以"高端制造+服务型制造"为主的产业体系。二是加快提升创新能级。围绕产业创新发展需求，依托高等院校、科研院所、国家重点实验室等科教平台，建设一批联合实验室和联合研究中心，提升产业创新能力。加快国家数字经济创新发展试验区和国家新一代人工智能创新发展试验区建设，引进一批大数据智能化龙头企业和"专精特新"企业，做强"芯屏器核网"全产业链，做大"云联数算用"要素集群。加快推进超瞬态等国家大科学装置建设，逐步提升基础研发能力。三是加快提升服务能级。改造提升解放碑国际文旅消费中心，提档升级观音桥、南坪、沙坪坝等传统商圈，扩容大坪、嘉州等新兴商圈，大力发展夜间经济，营造高品质消费空间、构建多元融合的消费业态，助推重庆建设国际消费中心城市。积极策划举办具有全球影响力的国际会议、高端论坛、国际体育赛事等重大活动，进一步提升重庆的国际影响力。四是加快提升开放能级。推动中新（重庆）互联互通示范项目、两江新区、重庆自贸区、海关特殊监管区域等现有开放平台升级完善开放功能，积极创建内陆开放型经济试验区和国家进口贸易促进创新示范区。参照海南自由贸易港政策，争取重庆自贸区设立内陆自由贸易港。

2. 发挥次级城市支撑带动作用

加快提升同城化先行区、支点城市、桥头堡城市以及其他节点城市综合承载能力和城市功能，强化对主城都市区的职能分担以及对中小城市和小城镇的带动辐射作用。一是同城化先行区要加快承接中心城区外溢功能。坚持"独立成市"和"互补融合"发展理念,推动江津、璧山、长寿、南川四个同城化先行区主动承接中心城区现代物流、产业配套、生态康养、会展赛事、研发创新、临空经济等功能疏解和补充,增强人口、产业等要素吸引力和承载力,建设特色化功能节点,加快实现同城化发展。二是支点城市要强化资源要素集聚和配置能力。充分挖掘区位交通、科教文卫、生态资源、产业发展等领域比较优势,重点培育专业化特色化服务功能。永川加快推动渝西公共卫生应急医院、中新国际肿瘤医院建设,为主城新区及四川泸州毗邻地区群众提供优质医疗卫生服务;涪陵依托综保区布局建设一批国际消费品展示交易平台,着力强化港口型物流及对外商贸功能。合川加快嘉陵江利泽航运枢纽、市郊铁路渝合线等骨干交通项目建设,增强合川的区域性陆港物流枢纽支撑力。綦江—万盛合力共建西部陆海新通道综合服务区,增强渝黔合作门户功能。三是桥头堡城市要提升毗邻地区协同能力。加快提升公共服务、就业创业和产业发展环境,推进荣昌国家级高新区提质扩容,争取潼南、铜梁获批国家级高新区,推动各高新区积极承接两江新区、西部(重庆)科学城、重庆高新区等中心城区高层级平台的功能和要素外溢,加快国际柠檬交易中心、国家生猪大数据中心等平台建设,延伸产业链、提升价值链、完善供应链、拓宽就业链,增强对周边毗邻地区人口吸纳能力。四是强化万开云对周边区域的引领和带动作用。以万达开川渝统筹发展示范区建设为契机,着力完善要素集聚、科技创新、物流贸易、文化交往、生态宜居等区域组织功能,加快万开云一体化发展,辐射带动梁平、垫江、丰都、忠县等区县发展,促进渝东北川东北融合发展。

3. 加快推动毗邻地区一体发展

以合作发展示范平台为载体,以机制为保障,强化毗邻地区城市辐射带动能力,促进毗邻地区一体化发展。一是发挥毗邻地区合作发展示范平台引领作用。创新体制机制,打破行政边界,加强空间布局、发展规划、政策体系、重大项目统筹,探索建立符合高质量发展和当地实际的政绩考核、税收分成和利益共享等制度,推动基础设施互联互通、优势产业协作共兴、生态环境共建共治、公共服务共建共享，促进资源要素自由流动和优化配置，为毗邻地区一体化发展提供示范。二是加强毗邻地区城市辐射带动能力。加快推进毗邻地区交通基础设施建设，适当超前配置公共设施，加快发展职业教育和优质基础教育，放宽落户限制，以优质公共服务、就业机会、人居环境吸引人口、产业和资源要素向重庆主城都市区和区域中心城市流动，将毗邻地区农村剩余劳动力转化为重庆市产业发展的人力资源。三是完善毗邻地区合作保障机制。支持各地根据不同类型平台建设管理实际需要，因地制宜采取领导小组、派出机构、理事会等多种形式建立平台管理机构，加强重大事项统筹谋划和重大问题协调解决，对应设立执行委员会、办公室等办事机构，加强对平台发展规划、制度创新、改革事项、重大项目、支持政策的具体实施。

### （二）提升基础设施联通水平

以提升基础设施内联外通水平为导向，协同推动交通、能源、水利、信息等基础设施建设，加快构建互联互通、管理协同、安全高效的基础设施网络。

1. 协调推进重大对外通道建设

立足国家"71118"高速公路网、"八横八纵"高速铁路网建设，对接国家"十纵十横"综合运输通道，积极推进川渝大交通基础设施合作，整合优化通道布局以及建设时序，共建共享综合交通运输通道。

一是拓展南北提速共建西部陆海新通道。合力拓展铁路通道，推进渝贵高铁建设，置换既有渝贵铁路客运功能，释放货物运能运力。实施成渝铁路、川黔铁路全线改造，加强渝遂铁路货运衔接能力，协调推进隆黄铁路建设，加速渝怀二线运力形成，全面增强川渝两地对外连接北部湾出海口铁路运输能力。共同开展铁路双层运输通道研究建设。合作畅通公路通道，加快建设渝湘、渝黔高速扩能工程，加密南北纵向至贵阳、怀化等南向沿线枢纽节点连接通道。优化建设时序，合理设置重要枢纽—节点系统连接通道建设优先等级，加快交通补短板工程建设进度，缝补关键通道连接缺口。

二是联动东西推动"沿江—进藏"综合通道建设。开展沿江通道建设，协作开发长江经济带综合运输通道。抓紧建成郑万高铁万州至襄阳段，推动建设成南达万高铁，东出万州、襄阳，连接武襄十高铁，尽快形成至武汉、上海 250 千米/小时高铁的"双通道"。共建长江上游航运中心，共同争取三峡大坝水运新通道启动建设。合作开展川江及其支流航道治理，提高长江、嘉陵江航运通行能力。推动沿江货运通道研究论证，力争早日入规并启动实质性工作。协力拓宽进藏通道，规划建设渝自乐眉雅铁路，无缝对接川藏铁路，建设渝藏快速通道，增强成渝地区双城经济圈互动与西进能力。

三是共优中欧班列国际铁路通道建设。合力推动中欧班列线路提档升级，构筑、拓宽对外开放大通道。加强川渝两地至新疆阿拉山口、霍尔果斯口岸主要通道建设，联合四川加快上马兰渝高铁，充分置换出兰渝铁路货运能力。提速推动渝西高铁（东线）可研尽早获批、尽早开工，打通重庆至包头、银川方向高铁通道，充分置换出西康铁路货运能力。共同推进成西铁路、成兰铁路建设并提前预留对接重庆枢纽功能。实施襄渝铁路、宝成铁路扩能改造，改善北向至二连浩特、满洲里货运条件。加快重庆铁路枢纽环线建设，强化与西部陆海新通道无缝衔接能力，降低重庆枢纽货运过境、编组压力。

四是共建"空中丝绸之路"。统筹推进成渝民用、通航机场布局，加快推动重庆第二国际机场前期工作，共同构建"国际枢纽+区域枢纽+支线节点""客运+货运"的城市群多枢纽机场群系统。优化航空网络，重点推动国际航线互补性发展，加强与北京、上海、乌鲁木齐、昆明等机场中转合作，提高欧洲、北美、大洋洲、东南亚等地航线利用率。共同打造以伦敦、法兰克福、新加坡为中转的航空客货运中转网络。建立多方利益平衡机制，鼓励国际航司在成渝两地增设中心转运枢纽。联合成都制定机场群国际航权资源配置方案，力争实现第五航权成渝双城经济圈内多城市、多机场覆盖。

2. 健全优化内部客运物流体系

大力提高重庆、成都国家物流枢纽中心力、集聚力以及辐射力，强化内部多式联运整合能力，促进空港、水港、陆港三港融合，共建功能完备、体系健全、组织有效的"成都—重庆"国际性综合交通枢纽，不断巩固与提升区域在国家物流枢纽体系中的作用和地位。

一是共同建设国际综合交通枢纽。围绕建成"成都—重庆"国际性综合交通枢纽，统筹川渝两地构建对外、城际、都市圈、城区内多尺度、多层级客运物流交通枢纽体系。按"TOD"理念升级打造重庆"三主两辅"铁路客运枢纽，侧重加强同城化发展先行区轨交客运枢纽能力，桥头堡城市高铁枢纽能力，战略支点城市高铁与轨交衔接能力。合力推进果园港、万州港、泸州港、宜宾港等内陆港联动发展，共同打造世界级内河港口群。加大重庆国际物流枢纽园、成都国际铁路港等铁路货运枢纽对接力度，标准化建设枢纽集疏运设施，完善多式联运体系和集疏运网络，统筹川渝布局铁路分拨点、集散点。进一步促进枢纽与产业融合，共同推进国际铁路港经济开发区建设。完善重庆国际航空枢纽功能，增加专业化航空物流设施，发展航空货运枢纽。

二是共建"轨道上的双城经济圈"。全面推进重庆主城都市区轨道交通建设，抓紧轨道第四轮各线路开工建设，规划发展都市快轨、城际铁路，与江津、璧山、铜梁、合川、永川、长寿等实现城市轨道交通有效衔接，促进重庆主城与周边一体化地区融合。建设合川—铜梁—大足—荣昌城市快轨、江津—綦江城市快轨，重点弥补主城新区城市间互动能力。强化干线铁路、市域铁路、城市轨道交通等"轨网融合"，建设成渝中线高铁，推动城际交通圈与轨道交通圈一体衔接和相互融合。增强客运枢纽无缝化、零距离换乘能力，发展重庆城际列车与成都城际列车换乘设施。

三是加强川渝毗邻区域道路衔接。统一川渝毗邻区域路网规划水平，同步双方道路建设时序，合力促进次级路网、毛细血管充分融合，消除"空间断点"与"速度断点"，提高边界地区一体化发展水平。加快推进永川—泸州、江津—泸州北线等高速以及相关支线路网建设，加大主城都市区与四川毗邻地区多通道、网络化道路衔接力度，全面消除覆盖路网在线路设计、建设进度、上下限速等方面不一致情况，着力清除"断头路""瓶颈路"。协作共建万州—达州、梁平—开江高速，加深渝东北城市群与四川毗邻地区轴向通道衔接程度，依托重大项目建设，积极推进在线路走向、道口布局、转换节点等方面协调一致，促进川渝边界地区在交通与空间上协调发展。

3. 加强水利能源通信设施互联互通

持续推进川渝能源水利通信设施联通互济，全面增强成渝地区双城经济圈电力、天然气等优质资源就地就近消纳能力，着力提升区域"水电气讯"生产供应保障水平。

一是推动川渝水利共建共保。深入推进成渝地区双城经济圈水利协同发展，构建多源互补、区域互通、集约高效、智慧智能的川渝水资源安全保障格局。加快渝西水资源配置工程建设，共同推进渝南水资源配置工程、川渝东北一体化水资源配置工程和万州大滩口水库扩建工程。川渝联动开展嘉陵江、渠江、涪江等跨省河流蓄提调与防洪工程规划方案研究，积极配合四川省推进涪江右岸水资源配置工程相关工作。健全河流联防联控联动机制，常态化开展跨省界河流联合巡河、联合执法。加强水文监测预报预警共享机制建设，实施河流水文信息、抢险力量和应急物资互用共享，开展川渝水库联合调度，切实维护流域水资源与水生态安全。

二是推动川渝能源一体化。统筹川渝电网建设，加大川电送渝力度，推动川渝电网和电力市场一体化发展，规划建设川渝特高压交流电网，构建主城都市区500千伏双环网架。发挥长宁—威远、涪陵页岩气田的示范引领作用，建设川渝天然气千亿立方米产能基地，深化页岩气开发利益共享机制，联合推进川中磨溪龙王庙组气藏和川东北气田勘探开发，加大安岳—潼南、大足—自贡、璧山—合江、富顺—永川、綦江丁山核心区等跨省区块勘探开发力度。加强天然气管网互联互通，共同推进区域管网与国家干网的互联互通和统筹调度，实施天然气管道布局优化调整，完善末端供气管网，推进相国寺、铜锣峡、黄草峡、老翁场、牟家坪等地下储气库建设，建成西南地区天然气储备基地。建设中航油西南战略储运基地、陕西入川渝成品油管道、沿江成品油管道工程，提高成品油仓储和管输能力。

三是推动川渝通信一体化。加快夯实区域智慧底座。发展数据基础设施，加快建设天翼云全国区域中心与水土、巴南区域一体化云数据中心集群，打造西部算力中心。建设高效泛在通信网络，加强5G基础覆盖，聚焦城区覆盖完善、室内覆盖提升，提升成渝交通体系、成渝中线高铁等5G接入率，确保主城和区县核心区覆盖水平。推进重点区县建设智慧应急、智慧园区、智慧城管、智慧停车等项目，打造智慧河长，全面提升河湖管理数字化水平。深化"5G+工业互联网"应用，聚焦汽车制造、仪器仪表、化工等工业门类，落地 5G+MEC/机器视觉/AGV/AR 辅助装配和远程诊断等创新应用，丰富行业应用场景，助推地区产业转型升级。

## （三）推动产业转型升级

适应全球新一轮科技革命和产业链重塑战略要求，以建设国家重要先进制造业中心、现代服务高地等为目标，强化机制创新，优化、稳定、提升产业链供应链，加快完善现代产业体系。

### 1. 推动制造业高质量发展

制造业是实体经济的主体，是重庆的立市之本、强市之基。重庆应围绕双城经济圈建设具有全国影响力的重要经济中心的战略定位和共建全国重要的先进制造业基地目标，加快补短板、破制约、促融合，推动制造业产业基础高级化、产业链现代化和区域产业协同化，打造国家重要先进制造业中心。

一是提升制造业规模化集群化智能化绿色化发展水平。依托重庆制造业体系优势、规模优势和部分领域先发优势，深化"一区两群"制造业协同，加快集聚龙头企业、配套企业和生产性服务企业等主体，提升电子信息、汽车、装备制造等八大支柱先进制造业集群化发展水平，优化完善高技术产业、战略性新兴产业投资支持政策，培育建设一批具有影响力的战略性新兴产业集群，进一步扩大制造业规模能级，提升制造业产业层级。大力发展智能制造，加快推进重庆智能制造实施方案工作进度，深化工业互联网、工业大数据、人工智能等新一代信息技术与制造业全要素、全产业链、全价值链融合应用，加大智能化项目、数字化车间、智能工厂建设改造力度，发展服务型制造新模式，加快工业互联网创新发展，推动"5G+工业互联网"先导应用项目建设，推动企业"上云上平台"，提升制造业数字化、网络化、智能化水平。大力发展绿色制造，加快绿色工厂和绿色园区建设，积极发展绿色产品和绿色供应链，促进资源循环利用，提升能源资源利用效率，降低污染物排放总量和碳排放强度。

二是强化创新链产业链融合。更加突出制造业自主创新体系建设，发挥创新平台要素集聚和发展引领作用，加快建设西部（重庆）科学城和两江协同创新区，大力发展国家级高新区、国家级经开区等园区，形成一城引领、多园支撑、点面结合、全域推进的创新格局。充分利用"新基建"契机，打造一批立足成渝、辐射全国的重大创新平台，高水平建设超瞬态物质科学实验装置、中国自然人群资源库（重庆中心）、西南天然药物与临床转化综合研究平台、山地灾害链综合实验模拟平台等大科学装置。大力培育引进牛羚、瞪羚、独角兽等创新型企业，大力集聚诺贝尔奖获得者、国内外院士、海外创新创业人才等高层次创新人才，强化本地高技能人才、创新创业人才培育。加强产学研结合，增强科技创新与市场需求、产业发展的匹配性，抓好基础研究、技术创新、场景应用，加快关键核心技术攻关和科技成果产业化。加快新技术在产业、企业和产品中的植入渗透，催生新业态新模式新产品，更好激发产业增长潜力。

三是携手四川共同增强成渝地区制造业产业链稳定性和竞争力。强化川渝制造业分工协作，共同培育具有国际竞争力的先进制造业集群，在汽车与电子信息两大产业基础之上，加快出台装备制造、特色消费品、生物医药等其他区域优势制造业协同发展实施方案和规划，强化制造业细分领域分工和协作互补。以汽车、电子信息、装备、生物医药等世界级产业集群为重点，聚焦产业零部件供应短板和空白环节，培育引进零部件供应企业，推动川渝两地产业零部件供需对接和相互配套，协同提升成渝地区产业本地配套能力，稳定区域产业链。高标准共建西部科学城，强化两地科学城、高新区等载体联动，以重庆高新区和成都高新区为核心，构建"极核研发+周边成果转化"协同创新及成果转化模式，推动成渝地区双城经济圈高新区公共技术服务平台以及技术、人才、资金等创新资源的无障碍共享共用。支持川渝各产业园区开展多方式、多层次、多维度的合作共建，协同搭建一批区域性产业承接转移园区，强化联合招商引资，共同承接东部地区和境外产业链整体转移、关联产业协同转移，打造国际产业分工和承接产业转移示范区。

2. 加快打造现代服务业高地

进一步提升服务业市场化、国际化、品牌化水平，不断拓展服务半径、催生服务新业态，推动先进制造业和服务融合发展，促进服务业数字化转型，打造现代服务高地。

一是打造西部金融中心。强化与成都及川渝毗邻地区联动，依托成渝两地资源禀赋和比较优势，加快形成梯度协调、错位发展的金融空间布局，构建成渝金融统一大市场。加快打造金融功能集聚区，构建产融融合核心平台，培育跨境金融服务示范区，建设宜居宜行的山水金融城，构建线上金融核心生态圈，提升金融城发展能级。推进成渝地区金融机构跨区域协作、金融市场互联互通、金融政策协同融合、金融基础设施相互衔接，合力营造金融一体化发展环境。

二是推动服务业品质化发展。进一步提升服务业市场化、国际化、品牌化水平，促进服务半径由面向区域向面向全国转变，内部结构由劳动力和资源密集型向资本和知识密集型转变。推动互联网、大数据、人工智能等新一代信息技术与现代服务业深度融合，在金融、旅游、商贸、物流等领域创新应用推进数字化转型。

三是建设国际消费中心城市。强化"买全球卖全球"商业贸易功能和资源集聚功能，建设西部地区国际品牌入驻和购物首选地，打造世界进口商品超市和国内品牌"世界橱窗"。统筹中央商务区规划建设，促进重点商圈加快提升产业发展能级，着力集聚国际消费品牌、国际消费业态，优化完善商业商务、国际交往等功能，加强高端消费承载力。优化离境退税定点商店和进口商品市内免税店等空间布局，探索建设离境退税示范街，夯实国际消费目的地载体支撑。倡导绿色、健康、安全的消费理念，培育更加成熟的消费细分市场，大力发展个性化定制消费，增加中高端商品和服务供给。引进集聚国际高端服饰品牌、国内外知名餐饮品牌和特色美食、国际性品牌展会活动等优质消费资源，吸引国内外知名品牌新品首发，打造消费时尚风向标。培育一批彰显成渝地方特色的精品和国际文旅品牌。

3. 促进山地特色高效农业稳步发展

紧紧围绕实施乡村振兴战略，着力稳住基本盘、培育新的增长点，加快推动建立川渝一体的现代农业生产、经营体系，打造现代农业高质量区域协作样板，持续优化农业生产力布局，不断提升农业质量效益和综合竞争力。

一是持续增强农产品稳产保供能力。农业生产坚持保数量、保质量、保多样，确保主要农产品供给量足价稳，更好地满足人民生活需要。以"千年良田"建设试点工作为契机，进一步落实藏粮于地、藏粮于技战略，稳住粮食面积和产量，打牢粮食安全基础，加强粮食产能建设。巩固生猪产业良好发展势头，继续推进标准化规模养殖，发展适度规模经营。加大"菜篮子"产品保供力度，大力发展品类丰富的高品质时令蔬菜、高山蔬菜，稳产量、调结构、提品质，保障各季鲜用蔬菜有效供给均衡。加快生态渔业发展力度，大力发展稻渔综合种养，建设集中连片、高产高效稻渔综合种养示范基地，加强水产品安全有效供给。

二是大力推进农业科技创新。强化创新驱动，聚焦农业高新技术产业发展，推动农业科技与乡村产业深度融合。围绕现代种业、农产品精深加工、农机装备等关键核心技术开展川渝联合攻关，共同打造西部农业科技创新中心。加强农业种质资源保护与利用，稳步推进作物、畜禽、水产以及重点微生物等农业种质资源的系统调查与收集，推进西南特色农作物种质资源库建设。聚焦水稻、蔬菜、桑蚕丝等农产品品类、丘陵山地农业装备创新研发等领域，推动以市场为导向的农业科研机构发展体系建设，激励农业院所、企业承担农业科研攻关，加快优化农业科技成果转化政策和环境，努力打通技术突破、产业发展转化瓶颈，促进农业创新链与产业链的精准对接。

三是优化布局加大农业产业集群发展。加大成渝农业产业合作，以集群发展为引领，不断优化区域农业产业布局，努力打造山地特色高效农业全产业链。在主城都市区围绕精品农业、休闲农业，建设现代高效特色农业示范区，大力打造优质粮油、生猪、高品质蔬菜、优质柠檬、茶叶、绵蚕桑、榨菜、调味品等产业集群，全面推动潼南、涪陵、铜梁国家农业现代化园区建设。在渝东北三峡库区城镇群，依托自然资源禀赋，大力建设高山特色农业带，打造柑橘、脆李、道地中药材、草食牲畜等产业集群。渝东南武陵山区城镇群聚焦高山蔬菜、特色中药材、茶叶、烤烟、蚕桑、特色果蔬等集群，大力建设特色农业基地。

### （四）大力提升科技创新能力

着力健全创新平台载体和协同创新体系，集聚创新资源，提升创新的引领带动作用,推动成渝地区加快建成具有全国影响力的科技创新中心。

**1. 加快建设重大基础创新高地**

面向世界科技前沿、经济主战场、国家重大需求和人民生命健康,建设一批重大基础创新基地,增强基础研究和原始创新能力。

一是高标准建设西部(重庆)科学城。聚焦科学主题铸魂,面向未来发展筑城,联动全域创新赋能,高水平建设西部(重庆)科学城,强化科技创新支撑作用。打造成渝综合性国家科学中心,按照"1+N"模式建设中科院重庆科学中心,推动建设超瞬态实验装置等重大科技基础设施。加快建设北京大学重庆大数据研究院、中国电科联合微电子中心、中国航天科工新一代通信技术研究院、英特尔FPGA中国创新中心、量子通信器件联合实验室等一批新型高端研发机构。加快培育硅基光电子、分子病理学、山地城镇建设安全与智能化等领域高水平科技创新基地,大力建设重庆国家应用数学中心等前沿交叉研究平台,推动高校科研院所重大创新基地落地建设,着力打造科学之城、创新高地。

二是加快重点领域战略创新平台建设。大力培育发展新型研发机构,加快引进国内外知名高校、一流科研院所、"世界500强"企业来渝建立新型研发机构。聚焦生态环境、生命科学基础前沿领域,积极争取布局一批国家重大科技基础设施、前沿交叉研究平台,建设一批国家(重点)实验室、技术创新中心、产业创新中心和军民协同创新平台等基础创新平台。继续争取国家支持在渝建设声光电磁领域、重离子治疗等重大科技基础设施。聚焦电子信息、现代农业、新材料、新能源等前沿交叉和特色优势领域,依托高水平大学和科研院所,谋划建设国家实验室。立足学科优势和创新需求,争取国家在渝布局建设大脑智能原理与仿脑控制、仪器仪表、分子病理、山地城镇等国家重点实验室,智能汽车、绿色制造、轻合金材料等国家技术创新中心、战创伤国家临床医学研究中心、生物安全三级实验室等重大装置。

三是加强关键应用领域基础研究。加强目标导向性的应用基础研究部署,聚焦生命健康保障、生态环境改善、碳达峰碳中和、产业竞争力提升,从经济社会发展的实际问题中凝练科学问题,弄通"卡脖子"技术的基础理论和技术原理。发挥国家自然科学基金区域创新发展联合基金的引领支撑作用，汇聚国内优势科研力量，在新一代信息技术、生命健康、先进制造、现代农业、新材料、新能源与节能环保等领域，开展一批关键基础科学问题研究，促进基础研究与技术创新、产业发展融通创新。

2. 加快提升产业创新能力

聚焦重点产业和新兴产业发展方向，加强产业链与创新链联动，推动产业向高端化、智能化、绿色化发展，着力打造产业创新高地。

一是持续完善产业创新平台体系。全面对接中国科学院、中国工程院和军工企业创新资源，引进知名高校和科研机构，引进"世界500强""专精特新"企业研发机构。组建一批利益共享、风险共担、具有核心技术能力的产学研综合体，重点突破新一代汽车动力、自动驾驶系统、智能传感互联、5G关键核心零部件、区块链核心算法、生物安全等一批关乎高新技术产业持续发展的关键核心技术。推动重庆工业互联网标识解析顶级节点加速向川渝各地各领域延伸，加快建设医疗器械、汽车、五金、食品等行业二级节点，助推工业互联深度融合应用，积极创建光电集成国家产业创新中心，工业大数据制造业创新中心、国家级车联网先导区、军民协同创新平台。

二是加快建设创新型产业园区。充分发挥国家新区、高新区、经开区等产业、政策和开放优势，推动国家自主创新示范区先行示范，加快建设一批创新园区。聚焦新一代信息技术、先进制造、大健康、高技术服务等主导产业，推动两江新区加快建设具有全国影响力的科技创新中心核心承载区，推进重庆高新区等产业链创新链深度融合，力争综合实力迈入全国一流高新区行列。推动璧山、永川、荣昌等国家高新区加快建设新型研发机构，集聚创新资源，大力发展新能源及智能网联汽车、新一代信息技术、智能装备、医药健康、新材料等产业。推动重庆经济开发区依托中国智谷（重庆）科技园加快发展信息产业、智能产业，高起点创建广阳湾智创生态城。

三是强化企业创新主体地位。一体化配置项目、基地、人才、资金等创新要素，推动产业链上中下游、大中小企业融通创新。联合引进优质企业、高层次人才、新型研发机构等，协同围绕新能源及智能网联汽车、新型显示、工业互联网、制药及医疗器械、钛合金材料、通用航空装备等重点领域，打造产业创新联合体。加强工业互联网平台技术集成和应用示范，丰富技术应用场景，加速电子信息、汽车摩托车、装备制造等优势产业的智能化升级，培育新一代信息技术、生物医药、智能制造等具有国际竞争力的战略性新兴产业集群。

3. 营造一流创新生态

健全新创业孵化平台和载体创新科技成果转化机制，打通产学研创新链、产业链、价值链，促进科技成果转化和产业化。

一是加快创新创业孵化载体建设。推动国家高新区和市级高新园区参与国家级和省级重点实验室、制造业创新中心、工程实验室、工程技术（研究）中心和检测中心建设。支持企业联合科研院所、高校共建企业技术中心、工程技术（研究）中心、院士（专家）工作站、博士后研究工作站和创新实践基地。推动科技成果转化信息、技术转移、分析测试、区域服务、孵化等平台建设，依托科研院校共建大学科技园、环大学创新生态圈、大学生创新创业俱乐部、大学生创新创业园等创业苗圃，逐步形成"创业苗圃+孵化器+加速器+产业园"的阶梯型孵化体系，支持"孵化+创投"、"互联网+"、创新工场等新型孵化模式。

二是大力培育科技创新人才。完善科技人才分类评价标准，壮大基础研究、应用研究和技术开发、社会公益研究、科技管理服务、实验技术以及综合类科技人才队伍。深入实施"重庆英才计划"，培育一批优秀科学家、创新领军人才、创业领军人才和创新创业示范团队。突出重大需求和战略目标，在重大科技任务担纲领衔者中发现战略科学家，发现和培养更多具有战略科学家潜质的高层次复合型人才。推进科教、产教融合，培养更多高素质技术技能人才、能工巧匠，不断壮大产业发展人才。

三是优化科技创新服务保障。加强科技资源共享平台、专利导航服务平台、科技金融服务平台等科技公共服务平台建设。大力发展研究开发、技术转移、检验检测认证、创业孵化、知识产权、科技咨询等业态，形成覆盖科技创新全链条的服务体系。综合运用财税、金融、产业等政策，应用现代信息和网络技术，整合开放公共科技服务资源，推动技术集成创新和商业模式创新，促进科技企业、研发机构、高端人才等创新资源的顺畅流动。鼓励科技成果转移转化，支持高校、科研院所及企业设立技术转移转化机构，依托行业龙头企业和大型科研院所，打造专业化、国际化、平台型的科技企业孵化器。深化职务科技成果所有权、使用权和收益权改革，加强知识产权保护，推进科技成果市场化评价，着力疏通科技成果赋权、有效供给、要素集聚、便利化服务等链条中的"堵点"，持续提升全市科技创新生态吸引力。

**（五）持续激发市场消费活力**

立足巴蜀文化特色、资源禀赋，深挖消费潜力，提高消费供给品质，加快培育建设国际消费中心城市，打造富有巴蜀特色的国际消费目的地。

1. 优化消费空间布局

对标国际一流消费城市，加强高端消费载体和场景建设，强化与四川知名商圈街区协作发展，切实增强全球消费资源的空间集聚能力。

一是打造国际消费核心承载地。围绕国际消费中心城市建设，做亮"不夜重庆、时尚重庆、山水重庆、味道重庆"四大名片，推动主城都市区建设成为云集国际国内精品、引领时尚消费潮流、吸引全球消费客群的国际消费目的地核心承载区。支持万州、涪陵、长寿、永川、黔江、江津、合川等区县突出地域优势、产业特色，强化对商圈、特色街镇的提升打造，培育建设具有巴蜀特色的区域消费中心城市。

二是提质巴蜀消费核心平台。推动解放碑—朝天门、观音桥等重点商圈业态创新、设施改造、品牌集聚、功能提升，并将其打造成为具有国际影响力和美誉度的世界知名商圈。强化传统商圈设施改造升级和新兴商圈扩容提质，推进高品质步行街建设，形成支撑国际消费、时尚消费的重要载体体系。做大做优寸滩保税港商圈，推进离境退税定点商店、进境免税店、进口商品特色商业街建设。

三是打造特色消费集聚区。做优磁器口、白象街等特色文化街区的建筑风貌，集聚商、旅、文、购、娱等优质资源，增强消费便利性和体验感。推进较场口、九街等特色夜市街区转型升级，引导老字号、风味小吃、时尚酒吧进驻夜市街区，推动品质化夜市消费，做响重庆特色夜市品牌。推动各区县深入挖掘文化、民族、美食等特色，加快完善商业综合体、商业街区等载体布局，在推动特色商圈商街提档升级的同时，重点推动市级商业强镇向底蕴深厚、特色鲜明、商文旅融合发展的全国商贸名镇升级。

2. 丰富巴蜀消费品质供给

围绕国际购物、旅游、会展、美食、文化"五大"名城建设，以引进培育消费品牌、推进消费创新升级、发展特色服务消费为抓手，加快集聚优势商品和服务，提升重庆消费吸引力和辐射力。

一是加快集聚国际消费品牌。大力发展"四首"经济，以"解放碑—弹子石—江北嘴"国际消费核心区为重点区域，吸引世界著名消费品牌在渝开设全球首店、亚洲首店、中国（内地）首店、西南首店以及旗舰店、体验店、连锁店等，推动更多知名企业、品牌等在渝首发首秀新品，增强重庆国际一线消费品牌集聚度和时尚消费引领度。支持建设"全球商品会员超市"、跨境电商保税零售中心、"一带一路"进出口商品集散中心，促进进出口商品展示和集聚。

二是培育本土消费特色品牌。加强中华老字号、重庆老字号保护，深入推进老字号改革创新，瞄准国际品牌方向挖掘提升老字号品牌价值，推动老字号品牌国际化。培育"重庆造"品牌，持续壮大电子信息、高端装备制造、绿色食品饮料等消费品工业产业集群，发展特色消费品、时尚潮流消费品和精致高端消费品等新兴消费品产业，促进消费品产业与旅游产业融合发展。挖掘非物质文化遗产商业价值，支持重庆漆器、荣昌夏布等体现重庆文化特色的非遗传统工艺品向创意型、礼品化方向发展，打造精品级的"重庆手信""重庆礼物"等时尚产品。

三是推进消费创新升级。发展数字信息消费，支持企业运用大数据、智能交互等新技术搭建5G全景应用生态体系，升级重构教育、医疗、零售、家居等消费新场景。推进零售业转型升级，鼓励零售企业、电商平台利用新技术构建更多智慧零售新场景和新业态，提升消费体验感和参与度。创建新型消费平台，健全"互联网+服务"平台，鼓励跨境金融、供应链金融等金融类服务平台发展，支持重点产业发展区域建设产地直播基地、网货生产基地等。

四是发展特色服务消费。提升特色文旅消费，充分挖掘巴渝文化、三峡文化等世界级文化资源，打造一批精品旅游线路，扩大长江三峡游、大足石刻等国际旅游品牌影响力。提升特色餐饮消费，传承发展渝派川菜、重庆火锅等特色美食文化，支持建设各具特色的美食新地标。提升特色体育消费，积极引进国际国内知名体育赛事在渝举办，打造"一区（县）一品"特色赛事活动，推进体育与旅游、教育等产业融合发展。提升特色康养消费，深入挖掘温泉、森林、医药等康养资源，大力发展温泉康养、森林康养、医养结合型康养产业。提升会展消费，积极承接国际高端展会活动，提高智博会、西洽会等重要展会国际影响力，增强展会活动对消费的拉动力。

3. 持续改善国际消费环境

积极对标发达城市和地区，加快营造国际化、法治化、便利化的营商环境，建设国际消费环境标杆城市，进一步提高消费便利度、舒适度、满意度。

一是优化城市国际化功能。加快推进公铁水空四式联运、东西南北四向拓展的综合立体交通网络建设，增强重庆与全球消费资源的连通能力。完善市内主要消费区域的交通站点建设，推动机场、车站到主要商圈、景区、商业综合体的交通方便、换乘高效衔接。加快公共场所国际化引导标识和便利化服务设施规划建设，健全金融基础设施服务体系，完善国际医院、学校等设施建设，提高国际人才在渝工作、生活消费便捷度和满意度。

二是优化消费软环境。积极营造国际化、便利化、安全放心的消费环境，建设国际消费环境标杆城市。强化企业消费服务质量测评，开展企业服务质量达标创建活动，加强服务人才的引进和培养，提高消费服务质量和水平。建立食品、医药等重要产品和跨境电子商务零售等领域追溯体系，加大海关、质检、工商等多部门协同监管力度，加大对制售假冒伪劣商品行为的整治力度。强化消费信用体系建设，完善企业信用积分管理办法，定期发布企业守信名单和失信黑名单。加快公平竞争审查制度建设，依法严厉打击有关违法行为和不正当竞争行为。设立消费维权服务经营者落实首问制度，鼓励和引导有条件的经营者建立赔偿先付制度。

### (六）推动生态环境共保共治

围绕长江经济带绿色发展发挥示范作用，坚决贯彻"共抓大保护、不搞大开发"方针，强化"上游意识"，加强生态环保和绿色发展，共同筑牢长江上游重要生态屏障，巩固提升成渝地区双城经济圈生态优势。

#### 1. 大力实施生态共建共享

围绕"两高""两地"建设和碳达峰碳中和目标，加快实施一批生态建设工程，共建山清水秀美丽之地。

一是统筹山水林田湖草沙系统治理。以长江为主动脉，以嘉陵江、涪江、沱江、乌江等次级支流为毛细血管，构建"一干多支多节点"带状空间生态走廊体系。加强区域生态廊道衔接，联合四川共建长江、嘉陵江、乌江、岷江、涪江、沱江等生态廊道。深入推进"两岸青山·千里林带"建设，统筹山水林田湖草沙一体化保护和修复，整体谋划长江干流和主要支流两岸生态廊道建设，增加江河两岸植被覆盖、丰富生物多样性，提高江河两岸生态系统自我修复能力、提升生态防护功能，丰富江河两岸生态景观，促进自然生态系统质量的整体改观和生态产品供给能力的全面增强。加强河湖滨岸保护和管理，加快建设河岸缓冲带，协同划定岸线保护区、岸线保留区、岸线控制利用区及岸线开发利用区。优化涉河项目审批事项，严格涉河项目审批程序，依法整治违规占用岸线项目，严格控制取水总量，保障河流水体连通性。加强水利水电工程的联合调度，优先保障生态基流，坚决依法查处截断生态基流的小水电。

二是加强三峡库区水土流失综合治理。协同开展湖滨带、重点湖库及小流域水土流失综合治理，因地制宜实施坡改梯并配套坡面水系工程和退耕还林工程，推进高标准农田建设，积极发展特色林果业。推进三峡库区及上游生态清洁小流域建设，积极争取国家出台全面推进生态清洁小流域建设指导意见，设立专项资金，提高投资标准，打造新时代水土流失综合治理升级版。加强水土流失动态监测，加快推进"互联网+"、大数据、人工智能等高新技术在水土保持中的应用，全面推进水土保持信息化、智能化监管。持续实施岩溶石漠化、三峡库区消落区综合治理。

三是加快推进以国家公园为主体的自然保护地体系建设。完善自然保护地体系建设、保护、管理的规范标准，推进自然保护地整合并优化，加快建立以国家公园为主体的自然保护地体系。加快推动重庆广阳岛片区长江经济带绿色发展示范区等生态建设，加强江心岛屿与半岛保护修复，整体推进片区保护修复和建设利用，系统实施一批"护山、理水、营林、疏田、清湖、丰草"工程。重点加强长江上游珍稀特有鱼类国家级自然保护区联动协作，完善川渝自然保护区、湿地公园协同发展机制，结对建立姊妹保护区、姊妹湿地公园，优先在嘉陵江、沱江流域建立湿地公园、湿地保护小区，深化湿地产业合作。加强自然保护地保护对象、自然资源以及人类活动监测，推进野生植物极小种群拯救保护和珍稀濒危野生动物保护，开展跨区域联动执法，在推进长江经济带绿色发展中积极发挥示范作用。

2. 大力实施环境综合治理

以碳达峰、碳中和为引领加快推动绿色转型，全方位全过程推行绿色规划、绿色设计、绿色投资、绿色建设、绿色生产、绿色流通、绿色生活、绿色消费，深化能源结构转型。

一是加强污染综合治理与修复。加快建设一批污染治理工程，加快提升污染防治能力和水平。重点建设城镇污水垃圾处理工程、大气污染防治工程、土壤治理与修复工程、石漠化治理工程、农业面源污染治理工程、船舶污染治理工程、尾矿库污染治理工程、固体废弃物资源回收和危险废物处置基地等项目。推动高新区、经开区、保税区等循环经济减量化、再利用、资源化，按照减量化优先原则，优化空间布局，调整产业结构，实施重点行业和重要领域绿色化改造。共同推进长江、嘉陵江、涪江、渠江等流域水污染防治，加强中小河流防洪堤岸建设，加快城镇污水处理设施改造升级和农村分布式污水处理设施建设，全面推进各级城镇、工业园区、农业农村水污染综合治理，深化和拓展"无废城市"建设。深化大气污染综合防治，加强全域农业面源污染防治和土壤修复治理。

二是加快绿色低碳发展。稳步推进全市和重点行业开展二氧化碳排放达峰行动，制定明确的达峰目标、路线图和实施方案，建立项目碳排放与环境影响评价、排污许可联动管理机制，采取有力措施确保单位国内生产总值二氧化碳排放持续下降，大力发展环保产业和低碳经济，打造绿色发展新增长点。深入落实生态保护红线、环境质量底线、资源利用上线、生态环境准入清单硬约束，实施生态环境分区管控。进一步发挥规划环境影响评价的引领作用，加强规划环评、区域环评与项目环评联动。加快建立产业生态化发展激励机制，完善绿色发展制度和考评体系，构建循环经济产业链条，将绿色化贯穿于生产、交换、流通等全过程，推行企业循环式生产、园区循环化改造、产业循环式组合，支持资源再生、再利用重大示范工程和循环经济示范园区建设。培育一批绿色工厂、绿色园区，打造静脉产业园区和资源循环利用基地，构建绿色工业体系。积极培育碳排放权交易市场，参与全国碳市场联建联维，建立健全生态产品价值实现机制，扎实推进产业生态化、生态产业化，促进经济社会发展全面绿色低碳转型。全面推进绿色制造，运用物联网、大数据、人工智能等新技术，推动传统产业高端化、智能化、绿色化，推行绿色产业链、绿色供应链、产品全生命周期绿色管理。

3. 积极搭建生态共治平台

着力完善区域生态监测网络和信用平台建设，助力两地生态平台共建共享。

一是统筹谋划区域监测网络。加强智慧环保建设，搭建覆盖川渝两省市全域的生态环境监测数据平台和环境综合治理信息共享平台，通过共享实时采集环境质量、生态、环境风险、污染源等信息，构建全方位、多层次、全覆盖的生态环境监测网络，扩大信息共享。一体部署、共同实施跨界区域常规监测任务，重点推进跨界水体监测网络建设，增设共同担责断面，建设跨界地表水水质自动监测站，建立完善突发环境事件应急监测、预警预报，跨界断面水质监测异常数据协商机制。搭建生态环境大数据共享综合平台，逐步实现跨界环境质量监测数据、环评审批、排污许可、清洁生产审核等方面数据共享。建立跨区域监测数据质控协作机制，统一规范监测技术细节，协同监管社会化环境监测机构，互通监管信息，促进监测数据、监测机构两地互认。健全污染预警协商、联动处置等机制，实现跨区域、跨流域、跨部门生态监测信息共享，精准研判。完善同步监测与执法联动响应机制，协同共建生态环境监测实验室和应急物资储备库。

二是协同推进环境信用平台建设。研究共建统一的成渝地区企业环境信用评价指标体系、制度体系和应用体系，科学推进成渝地区企业环境信用评价结果互认。强化企业环境信用信息共享，建设一体化的信用发布平台，推进平台与两地公共信用信息共享平台对接，加强行政许可和行政处罚等环保领域公共信用信息归集共享，实现信用信息共享互动。研究制定环保领域企业联合奖惩措施，在行政审批、综合监管、金融服务、行业自律等方面实施全过程信用管理和联合奖惩，推动联合奖惩措施落地，健全成渝地区环境信用评价跨区域会商机制，营造良好环保信用环境。

三是加强生态环境监管政策协同。联合开展川渝两地现行标准差异分析评估，提出两地生态环境标准统一的对策建议，有序制定、修订统一的大气、水、土壤等领域环保标准，逐步推进川渝两地地方生态环境标准统一。严格执行长江经济带发展负面清单管理制度体系，统一管控对象的界定标准和管控尺度，建立健全生态环境硬约束机制。完善重大基础设施建设项目环境影响评价制度，健全跨区域环境影响评价审批会商机制。加强成渝地区双城经济圈区域性、流域性、持久性环境问题联合科技攻关，联合申报国家生态环境领域重大科技专项，为统一规划、统一标准、统一防治措施提供决策支撑。积极搭建环境产业交流平台，推进环境治理新工艺、新技术示范合作，围绕"双碳"目标，共建西部环境交易中心，充分利用市场机制促进节能减排的加快推进，着力形成生态环保齐抓共管的局面。

### （七）着力扩大全方位对外开放

全面融入共建"一带一路"和长江经济带发展，携手四川共建改革开放新高地，在西部地区带头开放、带动开放。

#### 1. 加快提升开放平台集聚辐射力

加快完善对外开放平台体系、各类口岸功能，快速提升开放平台协同发展和高质量发展能力。

一是积极谋划重大开放平台布局。深化制度创新，争取使国家赋予更大的开放自主权,推动重庆自贸区上升成为内陆最大自由贸易港,联合四川自贸区打造"一带一路"国际多式联运综合试验区。积极谋划打造三峡新区,成为引领和带动渝东北三峡库区城镇群及川东北地区对外开放的战略平台。依托黔江海关服务功能和辐射作用,建设武陵山综合保税区和出口加工区,增加渝东南武陵山区城镇群对外开放平台布局落地。

二是提升口岸开放能级。支持果园港一类口岸开放,争取设立国家公路一类对外开放口岸和江津小南垭保税物流中心。推进万州、黔江等航空口岸对外开放,积极推动万州、涪陵等沿江水运口岸建设,增强铁公水空口岸运输、分拨、储备、装卸和数据交换、分配、验收能力,强化海关特殊监管区口岸保税功能,形成国家级口岸、口岸功能场所、特色商品进口指定口岸相互支撑的口岸体系。

#### 2. 积极发展开放型经济

坚持走出去和引进来并重,加快对外投资和经济合作,全面提升引进利用外资水平,培育发展开放型经济,推动更高水平的对外开放,打造国内大循环的中心节点和国内国际双循环的战略链接。

一是壮大开放主体。支持外贸企业设立研发中心、开展品牌并购与国际推广,加快外贸企业技术创新、制度创新和商业模式创新,形成以技术、标准、品牌、质量、服务为核心的外贸竞争新优势,积极争创国家外贸转型升级示范基地。瞄准国际知名企业和"独角兽"企业,采取以商招商、代理招商、行业招商等模式,引进一批特色突出、规模较大、外向度较高的市场主体,设立一批综合总部、地区总部和功能总部。

二是提高利用外资和对外投资水平。紧紧围绕《重庆市服务业扩大开放综合试点总体方案》,加大服务业开放力度,引导外资更多投向科技、商业、教育、医疗、现代物流、航空、金融服务等开放型经济主导产业,投向总部经济、平台经济、共享经济、绿色经济等新型业态。创新对外投资方式,鼓励企业通过并购国际品牌、技术、市场网络渠道等方式,向全球产业链、价值链、创新链上游进军,推动产业、设备、技术、标准和服务一体化走出去。

三是加强国际经贸合作。推动美中贸易全国委员会、中国美国商会、中国欧盟商会等在渝设立办事机构，在德国、以色列等国设立境外经贸促进机构，深耕与东盟经贸合作，谋划 RCEP 国际合作示范园区建设，拓展"一带一路"沿线国家和南亚、南美、非洲等新兴市场，培育开放型经济新增长点。

**3. 推进对外交流交往平台建设**

加大国际组织机构、国际商业机构引进力度和友好城市结交力度，增强国家交往机构支撑。

一是争取更多国家来渝设立领事馆。加快推动渝中区打造中西部国际交往中心核心区和重庆外事机构集聚区，加强与重点国家和地区——尤其是东盟、日韩等 RCEP 成员国家以及各国驻华机构的对接联系，强化沟通服务，提高在国家对外交往活动中的参与频率，争取"一带一路"沿线更多国家在渝设立领事机构、办事机构。

二是拓展国际间城市外交。重点推动与"一带一路"沿线国家城市缔结国际友好城市关系，扩大经贸往来，互办城市文化友好年。加强与友好城市和友好交流关系城市在教育、研发、人才培养、健康医疗、旅游、国际会演等领域的交流合作。

三是争取更多国际机构和专业性国际组织落户重庆。建立健全与专业性国际组织对话和沟通的机制，争取联合国、世界银行以及国际教育、文化等专业类国际组织机构来渝设立亚洲区和大中华区分支机构。积极主动对接全球知名企业，争取国际企业在渝投资设立全球或亚太地区总部。

四是积极举办国际展会活动。高标准办好中国—上海合作组织数字经济产业论坛、中国国际智能产业博览会、中新（重庆）金融峰会等国际化大型展会，扎实推进 2023 年第 18 届男足亚洲杯前期筹备工作。积极申办争取高端国际会议、国际赛事，探索以两地合办的形式，与成都共同争取奥运会等全球性体育赛事。

**4. 持续优化对外开放环境**

对接 RCEP、CPTPP、CAI 等关贸协定，以制度创新、资源整合、流程再造为抓手，深度对接融入国际通行规则制度体系。

一是加快接轨国际通行规则。发挥重庆自贸区制度创新引领作用，推动自贸区加快接轨国际的制度规则、法律规范、政府服务、运作模式,为全市和全国深化改革开放提供可借鉴的"制度试验池"和适合推广的新模式。

二是深入推进陆上贸易规则创新。完善国际铁路提单融资工程,探索建立多式联运"一单制"快速交付、维权便利、标准通用的新物流运作模式,稳步拓展单证的境内外区域和货物应用面,提升多式联运"一单制"新模式的国际认可度。

三是营造更加开放的市场投资环境。优化外商投资企业服务机制,建立健全外商投资全流程服务体系,畅通企业与政府部门联系渠道,加快推进设立外商投资"一站式"争端解决中心,完善外商投资司法保护救助机制,保护外资企业合法权益。

### (八) 大力推动城乡融合发展

结合国家推动共同富裕、成渝地区共建高品质生活宜居地战略要求和全市"一区两群"协调发展的战略任务,加快破除重庆城乡融合发展体制机制障碍,补齐农业农村发展短板,促进城乡要素自由流动、城乡公共资源均衡配置,逐步实现城乡共同富裕,乡村居民和城市居民共享发展成果。

1. 增强城镇区域重点区域承载力带动力

高质量推进新型城镇化,增强城镇区域和重点区域承载力和对农村区域带动力。

一是增强主城都市区及重点城市(镇)带动乡村发展的内生能力。加快发展城市经济、县域经济、镇域经济,大力完善升级城市综合服务功能,提升主城都市区以及万开云、万州、黔江等区域增长极板块和区域中心城市综合承载能力和发展能级,做大做强一批经济强镇、特色小城镇,更好地吸纳农村转移人口,强化经济、技术、制度等各个方面的扩散效应,辐射带动乡村全面发展。

二是高水平建好国家城乡融合发展试验区重庆西部片区。高标准高水平推进国家城乡融合发展试验区重庆西部片区建设①,聚焦"建立城乡有序流动

---

① 包括荣昌区、潼南区、大足区、合川区、铜梁区、永川区、璧山区、江津区、巴南区,面积约15323平方千米。

的人口迁徙制度、建立进城落户农民依法自愿有偿转让退出农村权益制度、建立农村集体经营性建设用地入市制度、搭建城中村改造合作平台、搭建城乡产业协同发展平台"等五大试验重点任务，强化制度和路径创新。

三是加强与四川城乡融合协同发展。加强国家城乡融合发展试验区重庆西部片区与四川成都西部片区的交流沟通，强化经验互鉴，引领带动重庆以及成渝地区城乡融合发展。以川渝毗邻地区为重点区域合作共建区域发展功能平台，积极探索推进经济区与行政区适度分离改革，共同消除区域城乡融合发展的体制与政策障碍，共同搭建一批城乡融合发展载体平台，实施一批城乡融合发展项目。

2. 强化城乡融合体制机制改革创新

深化改革、创新机制，加快破除妨碍城乡融合发展的体制机制壁垒。

一是健全城乡人口人才双向自由流动机制。呼吁和配合国家相关部委加快修订《中华人民共和国户口登记条例》《中华人民共和国户籍法》，夯实户籍制度改革的法律基础和法治保障。加快完善以居住证为载体的公共服务机制，增加居住证"含金量"，推进基本公共服务向常住人口全覆盖，强化农村转移人口权益保障，提高人口市民化质量。建立健全城市人才下乡长效激励机制，建立科研人员入乡兼职兼薪和离岗创业制度，加大科技人员成果权益分配以及教师、医生等各类人才职称评价的支持力度，激发城市人才下乡活力。

二是健全城乡土地一体化配置利用机制。大力推进城乡建设用地市场一体化，扎实开展农村土地制度改革，尤其是总结推广大足试点先进经验，研究制定农村集体经营性建设用地入市的具体政策细则，引导全市农村集体经营性建设用地使用权规范入市。完善拓展重庆农村土地交易所功能，逐步探索建立城乡建设用地权利体系、调查评价、用途管制、市场规则、价格体系、收益分配等"六个统一"制度体系，提升农村土地资源配置利用效率。

三是健全工商资本下乡促进和风险防范机制。健全工商资本下乡促进机制，鼓励工商资本到农村发展新产业、新业态，对城市资本下乡在用地用水用电、财政补贴、税收减免、项目审批等方面给予充分支持。完善工商资本下乡促进和风险防范机制，强化对城市工商资本下乡项目的跟踪服务，加强监管和风险防范,规范资本使用,严禁"非农化""圈而不用"等现象。完善农村金融设施,积极培育发展村镇银行,优化农村金融服务和产品供给体系。

3. 缩小城乡居民收入水平差距

以乡村振兴战略为统揽,加快构建促进农民持续较快增收的长效政策机制,丰富创新农民增收方式,拓宽农民增收渠道,持续缩小城乡居民收入差距。

一是促进农民工资性收入增长。推动乡村经济多元化和农业全产业链发展,建立平等竞争、规范有序、城乡统一的人力资源市场,统筹推进农村劳动力转移就业和就地创业就业。强化农民工权益保护,健全完善相关机制,推动实现农民工与城市职工同工同酬同待遇。加强新生代农民工职业技能培训,提升农民工就业技能和生存资本。

二是促进农民经营性收入增长。推动"一区两群"各区县立足各自资源禀赋,因地制宜发展现代山地特色高效农业,推进农业"接二连三",建立健全农业全产业链,鼓励支持增值收益更多留在农村、留给农民。培育壮大新型农业经营主体,创新农村集体经济多种经营模式,促进农村居民经营性增收。

三是促进农民财产增收。深化地票、林票等农村产权制度改革,促进农村自然资源向资产转变,农民向股民转变。顺应农民进城的大趋势,积极引导农村土地经营权流转,进一步盘活土地资产。加大对农村闲置宅基地和农房资源的开发利用,探索农户以宅基地使用权及农房财产权入股发展民宿、农家乐等产业项目,增加宅基地及房屋资产性收益。

四是强化农民转移性收入保障。鼓励和支持各区县政府在乡村振兴与巩固拓展脱贫攻坚成果有效衔接的框架下,完善创新财政支农机制。依托和完善防止重庆返贫大数据监测平台功能,加强对农村低收入人口、丧失劳动能力人群的动态监测和常态化、精准化生活保障帮扶。健全对农民和农业生产者的补贴制度,优化涉农财政性建设资金使用方式,拓展财政补贴农业保险险种和范围,加快建立农业保险大灾风险分散机制,提升农户保险服务水平。

### 4. 推进城乡公共资源均衡配置

统筹推进城乡基础设施和公共服务配置，逐步增强农村公共资源供给能力，促进公共资源城乡均衡共享。

一是推进城乡基础设施互联互通。加快建立政府主导、市场运作的城乡基础设施一体化规划、建设、管护体制机制，强化农村交通、水利、电力、通信、环卫等基础设施建设，推动城镇市政设施向农村延伸，推动城乡设施一体化建设，实现城乡共建、城乡联网、城乡共享。完善城乡基础设施建设资金筹措机制，建立健全"市—区"两级政府对农村基础设施建设的财政投入稳定增长机制，采取直接投资、投资补助、财政贴息、资本金注入、以奖代补、专项债券、无偿提供建筑材料等多元化方式支持农村基础设施建设、运营和维护。鼓励支持有条件的地区一体化推进农村基础设施与产业、园区、乡村旅游的开发建设，实现互利共赢。

二是推动城乡公共服务一体化发展。统筹"一区两群"教育文化、医疗卫生社会保障等基本公共服务设施空间布局，促进公共服务资源向农村倾斜，推动公共基本服务的城乡统筹并轨。统筹规划开展新一轮乡村学校布局建设，推广城市学区制管理、集团化办学经验，推动城市优质学校和农村薄弱学校结对帮扶、联建共建，促进农村薄弱学校提档升级。加强农村师资培养、统筹管理和均衡配置，推进农村义务教育教师"县管校聘"，大力发展面向乡村的现代远程教育，促进城乡教育资源共享。深化健康乡村建设，促进城市优质医疗资源向乡镇下沉，健全乡村医疗卫生服务体系，提升基础性全方位全周期的健康管理服务水平。统筹推动城市和乡村社会救助、社会保险等多层次社会保障体系。

## （九）推动公共服务共建共享

深化社会公共服务供给侧结构性改革，强化区域合作，提升公共服务便捷度和供给质量，促进区域公共服务协同共享，建设高品质生活宜居地，切实增强人民群众获得感、幸福感、安全感。

### 1. 推进教育服务一体化发展

抢抓成渝地区双城经济圈打造西部地区教育高地重大机遇，优化基础教育、职业教育、高等教育供给，促进区域内教育优质均衡发展。

一是推动基础教育共建共享。促进幼儿园、中小学规范化建设，积极推动创建全国学前教育普及普惠区县、全国义务教育优质均衡发展区县。严格落实国家"双减"政策，加强义务教育质量监测。增强与四川省基础教育深度合作，大力开展优质中小学融通交流，支持有条件的高校建设附属学校，推进师范院校建设教师培养培训基地。加快优质智慧课堂、数字教育资源面向教师学生全面开放，统筹解决好外来务工人员子女就学问题。共同打造川渝研学实践教育基地联盟，努力协作推进新时代大、中、小学劳动和实践教育。

二是推动职业教育协同发展。统筹"一区两群"职业院校布局，在主城都市区推进西部职教基地建设，在"两群"地区推动职业教育服务生态优先绿色发展示范区、职业教育服务文旅融合发展示范区建设。促进与四川职业教育合作共建，深化产教融合，充分发挥职业教育在服务经济社会发展和产业转型升级中的重要作用。围绕区域产业发展推动建立成渝职业院校特色产教联盟，依托优势专业共建实习实训基地，推进学分互认、联合培养等领域合作。协同开展"成渝招生协作"项目，推进跨省市中高职衔接，互相选派优质职业学校跨区域招生，实施职业教育学生在免学费、助学、培训补贴等方面同等待遇，鼓励跨区域就业。

三是推动高等教育协同发展。促进重庆大学、西南大学在多领域建设世界一流学科，推动西南政法大学、重庆医科大学、重庆师范大学等高校加强优势特色学科建设，全面提升重庆高等教育质量。充分发挥川渝高等院校学科互补优势，进一步加强两地高校学科建设、人才培养、创新平台建设、教师互派、课程互选、科学研究等方面深度合作。共同争取国家在成渝地区增投研究生、本科生招生计划，积极推动两地高校互相增加招生计划。推动高校协同开展招才引智，争取更多东部优质高等教育资源向成渝两地延伸，加强智力支持和科技支撑。

2. 推动医疗卫生服务协同发展

统筹优化全市优质医疗卫生资源布局，加快构建优质高效的整合型医疗卫生服务体系，全面提高医疗卫生服务供给质量和服务水平，全方位全周期保障人民健康。

一是推动医疗服务区域合作。统筹优化城乡和区域医疗卫生资源配置，推动优质医疗卫生资源扩容，缩小城乡、区域、人群间的资源配置和服务水平差距，促进健康公平。加强与四川合作组建医联体或专科联盟，推动两地有条件的医院加快建立深度合作关系，以陆军军医大学附属医院、重庆医科大学附属医院、川大华西医院等为龙头，建立川渝远程医疗系统。加强二、三级综合医院检验检查结果互认，支持医疗卫生机构及相关研究机构共享创新平台和资源库，支持有条件的医院联合创建国家区域医疗中心和国家医学中心。

二是加强基本公共卫生服务合作。加快构建"市—区域—区县"三级疾病预防控制体系，全面提高应急处置和快速转换能力。与四川加强合作，促进建立重大疫情联防联控、监测预警与重大突发事件应急协同处置机制，加强突发急性传染病疫情信息通报，实现预警信息及时共享，增强疫情信息掌控能力，联合开展应急演练和技术交流，在应急队伍、专家资源和救援物资上给予协作支持，增强联合防疫能力。

三是完善医保跨省结算机制。深入推进全市医保领域"放管服"改革，促进多层次医疗保障有序衔接和共同发展，实现医疗保障水平与经济社会发展水平协同发展。高标准推进医保共享信息平台建设，与四川合作建立一体化医保数据共享平台，实现电子处方、经办数据、异地就医等链上共享。利用国家医疗保障信息平台建设契机，强化跨省异地就医结算业务协同，不断扩大普通门诊费用跨省直接结算覆盖范围，逐步将异地联网结算定点医院从大中型医院扩展到基层医院，逐步将更多条件成熟地区纳入跨省普通门诊和药店购药直接结算范围并同步增加直接结算医药机构数量。

3. 推动文化体育共建共享

促进全市公共文化、体育服务标准化、均等化发展，提高公共文化体育供给质量，促进川渝文化体育设施共建共享，共筑西部地区文体发展高地，共同打造巴蜀区域特色文化、体育品牌。

一是加强公共文化共建共享。稳步推进公共文化设施扩面提标，持续提升全市公共文化服务水平和效能，提高文化软实力，加快建设文化强市。深入挖掘巴蜀共有的历史记忆和文化渊源，全面开展巴蜀文化和旅游资源普查，共同深化古巴蜀文化研究，加强实施巴蜀文化遗址考古调查与发掘，加快推动建立非遗保护和推广协调机制，共同推动川剧、川菜、蜀锦、蜀绣、石刻、竹编、夏布等两省市同根同源非物质文化遗产项目的合作研究及保护传承[①]。以协同开展公共文化机构和旅游服务中心功能融合国家级试点为契机，打造巴蜀文化旅游公共服务融合高质量发展示范区，共同构建现代公共文化服务体系。

二是加强体育服务共建共享。全面落实健康中国和全民健身战略，加快促进公共体育设施和场地建设，加快提升城市体育功能，不断满足人民群众日益增长的体育健身需求，加快体育强市建设。加强与四川合作，推动跨区域体育设施共建、资源共享、信息互通、项目合作和人才交流培养，共建"成渝体育圈"。与四川协同推进高规格体育场馆、奥体中心、山地户外运动赛事区、水上运动赛事区、训练基地等体育基础设施建设，打造成渝双城体育发展国际名片。积极开展地区间队伍交流赛、邀请赛，互派队伍观摩高水平赛事，交流办赛经验，合作举办成渝地区马拉松、铁人三项赛、"川渝全民健身城市体能赛"等赛事活动，联合举办具有重大影响力的综合性运动会。

4. 推动社会保障互认共享

紧扣群众的需求和期盼，围绕社会保险、养老、住房、就业等领域，提供更加均等、更加优质的社会保障服务，织密全市社会保障网，加快成渝社会保障制度的衔接与整合，促进社会保障协同发展。

一是推进社会保险服务一体化。加快完善统筹城乡社会保险制度，持续扩大社会保险覆盖面，充分发挥社会保险再分配的调节功能，稳步提高社会保险待遇。与四川加强合作，推动成渝两地养老保险关系转移办理便捷化，健全川渝间办理养老保险关系转移时只转关系不转资金机制，积极探索推进

---

① 加强整合培育非遗品牌川渝两地将共同推动非遗传承发展，https：//www.thecover.cn/news/7183847。

将两地参保跨川渝居住的退休人员纳入居住地社区管理服务。推进农民工、新业态新经济平台从业人员和灵活就业人员等不受户籍限制按规定在两地参加企业职工基本养老保险享受同等待遇，加快实现成渝两地社保服务"一卡通"。

二是推进养老服务协作发展。顺应全市人口老龄化趋势，按照实际需求，加快构建"覆盖城乡、惠及全民、均衡合理、优质高效"的养老服务供给体系，强化政府保基本兜底线，加快完善街道养老服务中心、社区养老服务站等社区养老服务设施建设，促进医疗卫生与养老服务深度融合。加强制度衔接和资源共享，推进成渝两地养老服务协同发展，健全区域内养老服务协作协商机制，共同提高养老公共服务水平，建立成渝两地统一的养老服务设施建设和管理服务标准，统筹规划养老产业布局，开展区域养老一体化试点。

三是推动住房保障合作共享。坚持租购并举，推进保障性住房建设，持续提升住房保障水平，健全住房保障常态化协作机制，加强租住管理刚柔并济，充分释放住房保障共建共享的政策红利。加强川渝合作，完善成渝两地住房保障体系，共同推动公租房保障范围常住人口全覆盖，推动公开各地保障政策和保障性租赁住房申请渠道，共享互认信用信息，开展异地网上受理申请，逐步实现成渝地区居民在纳入工作所在地住房保障范围的基础上，享受与本地市民同等的住房保障待遇。健全两地住房公积金缴存、提取、贷款、信用信息、服务渠道共享机制，以及房产、婚姻状况等信息协查机制，深入推进两地互认互贷，实现公积金贷款"一地办"，确保申请异地贷款职工与所在地职工享有同等权益。

四是推动就业创业服务协作共进。坚持经济发展就业导向，不断扩大就业容量和提升就业质量，实施"渝创渝新"创业促进计划、百万青年就业促进计划、高校毕业生就业创业促进计划，开展"技能重庆"行动，全面提升劳动者就业创业能力，推动实现更加充分更高质量就业。与四川合作协同推动成渝两地公共就业和人才服务窗口共享，建立流动人员人事档案服务管理协同机制，实现人才公共服务标准和流程统一，促进人才跨区域流动，就业信息、档案查询、人事代理等业务异地通办。深化劳务领域合作，强化农民工服务保障，共建共享川渝一体的农村劳动力及农民工资源数据库，推动建立劳动关系协调、劳动人事争议调解仲裁、劳动保障监察协调联动和信息共享机制。

## 五、政策建议

### （一）完善一体化政策支撑体系

积极对接国家政策，加强成渝两地政策和制度层面的深层对接，积极争取国家在促进成渝地区双城经济圈一体化发展的土地、产业、财税金融、科技创新、人才等方面的政策支持，及时深化细化配套政策体系，为一体化发展提供有力政策支持。

1. 积极争取土地优化政策

深化土地制度改革，探索研究在川渝合作共建区域试行跨区域统一指标、收储、出让机制以及跨区域交易，积极向国家争取更大用地自主权，推进耕地指标和城乡建设用地指标在省级统筹下实现双城经济圈内跨区域流转，探索推动节余指标与长三角地区跨区域交易，探索建立全国性的建设用地指标跨区域交易政策。继续深入推行工业用地"标准地"改革，积极探索建立国有土地到期续期制度。支持重庆农村土地交易所和成都市农村产权交易所开展跨区域农村产权交易流转合作。

2. 健全产业协同发展政策

提高区域产业政策的协同性联动性，以提升区域产业综合竞争力为目标，加快优化和协同两地招商引资、人才引进、土地要素供给等政策，降低政策差异对区域整体产业引进的负面影响，对合力打造的区域性重点产业，要强化产业一体化政策供给，提高政策区域协同效应，强化产业链关键环节、薄弱环节和加大要素资源保障的政策支持力度。积极探索更加科学高效的产业协同创新政策，制定促进产业共性关键技术基础平台和技术研究联合支持及成果共享的政策，促进形成鼓励创新、促进科技成果转移转化的政策环境。加快创新探索"一区多园""飞地经济"以及共同参股投资等产业发展政策。

3. 加大财税金融政策支持

大力争取国家设立成渝地区双城经济圈发展投资基金，重点用于基础设施建设、科技创新及民生保障等领域，加大中央预算内投资、专项债券发行支持力度。推进税收征管一体化，统一税务行政处罚裁量基准，探索统一税收政策适用口径，共同制定发布税务行政处罚裁量标准和适用规则。探索税务登记信息交换，实现成渝地区存量税务登记信息互联互通，推动企业开办数据一次采集，共享共用，积极探索异地办税、区域通办政策。争取国家支持在成渝地区增设一批市内免税店、口岸免税店，调整出口退税政策，优化离境退税政策。探索建立适合科创金融改革试验区、绿色金融改革创新试验区的金融政策，促进区域金融监管、金融服务和外汇管理政策探索。

4. 不断优化区域人才政策

立足"近悦远来"目标，建立健全协同共享的人才服务保障政策，破除区域性劳动力流动壁垒，加快探索打造西部人才特区的激励性人才政策，更好吸引和配置人才资源。强化区域性劳动技能培训，全面探索提升区域劳动力素质和供给保障的政策。聚焦战略需要和重点产业发展需求，共同探索安家资助、项目支持、岗位津贴、科研经费、金融扶持、成果激励等人才奖励政策，激励"塔尖""塔基"人才在成渝地区双城经济圈创新创业。加强川渝高端人才信息资源共享，探索开展外国专业人才（B类）工作许可互认试点工作。

（二）推动一体化体制机制创新

坚持全面深化改革，推进体制机制创新，消除隐形壁垒，破解成渝地区双城经济圈一体化发展的深层次矛盾和问题，促进要素跨区域自由流动和集聚，提高资源配置效率效能，为成渝地区双城经济圈高质量一体化发展提供强劲动力。

1. 完善川渝合作交流机制

构建政府主导，企业主体、社会组织和公众共同参与的合力机制，推动成渝地区双城经济圈一体化发展走深走实。与四川加强与国家部委沟通对接，共同推动国家层面部署要求落地落实。充分发挥重庆四川党政联席会议、常务副省（市）长协调会议、联合办公室、专项工作组等工作机制作用，推动重大项目、重大改革、重大平台、重大政策落地实施。培育合作文化，鼓励川渝两省市建立地方合作协同机制。探索建立紧密的利益联结机制，鼓励企业、商会、科研院所等开展多领域跨区域合作。联合开展重大课题研究，加快形成一批有价值的研究成果，争取将成果纳入国家相关规划文件。共同做好宣传舆论工作,精心塑造合作品牌,共同唱好"双城记"、共建"经济圈"。

2. 构建统一开放市场体系

共建统一的市场规则,全面对接国际高标准市场规则体系,完善统一市场和公平竞争政策举措,健全"市场准入异地同标"机制。推动商品市场互联互通,促进成渝地区商贸物流网络化、集约化、便利化,搭建一体联动、高效运行的供应链体系和城市配送体系,探索标准托盘循环共用体系。开展商品市场优化升级专项行动,共同培育一批商品市场示范基地,共建"一带一路"进出口商品集散中心。完善跨省域市场保供合作机制,培育重点保供企业,共享市场监测信息,提升生产、运输、销售等协调保障能力。推动市场监管一体化,建立监管信息互通互享制度,推动川渝两地信用信息共享和"红黑名单"互查互认,完善知识产权跨区域和远程维权服务机制。

3. 完善要素自由流动体制机制

推进土地管理制度改革,推进城乡建设用地增减挂钩节余指标在区域内调剂,探索区域内节余指标与长三角地区跨区域交易。推进金融市场和监管区域一体化,争取国家支持两省市符合条件的金融机构互设分支机构和跨区域提供服务,协同推进移动支付体系一体化建设,探索区域性股权市场制度和业务创新。实施成渝科技创新合作计划,共建综合性科学中心和西部科学城。统一数据权属界定、开放共享、交易流通等标准和措施,联合建设国家数字经济创新发展试验区和国家数字服务出口基地,合力打造数字产业高地。实施"天府英才"工程、重庆英才计划,争取在人才管理改革方面先行先试,推动两省市干部人才双向交流、挂职任职。

4. 建立市场主体联动机制

实施国企改革三年行动,积极争取开展区域性国资国企综合改革试验,在全面建立市场化经营机制等方面加强改革联动,健全两省市国资国企长效合作机制,协同提升国有企业市场竞争力。鼓励民营企业跨区域并购重组和参与重大基础设施建设,引导两省市商(协)会和重点民营企业共同开展项目推介、银企对接,探索建设川渝民营经济协同发展示范区,协同推进民营经济高质量发展。聚焦企业群众需求深化政务服务"川渝通办",推行川渝

"一件事主题式套餐服务",加快实现成渝地区政务服务线下异地办理和全流程线上办理。实行市场主体信息共享互认,支持能源、电信、医疗等行业依法有序提供跨行政区服务。实行以市场主体需求为导向的政务服务"好差评"制度,将评价结果纳入对有关行政机关的绩效考核。

### (三) 发挥一体化示范引领效应

探索经济区与行政区适度分离有效形式,加快建设川渝毗邻和非毗邻地区合作平台,率先在规划统筹、政策协调、协同创新、共建共享等方面取得突破,为成渝地区双城经济圈一体化发展提供重要示范。

1. 推动毗邻合作先行示范

推动万达开川渝统筹发展示范区等毗邻地区十个区域发展功能平台方案落地实施,加快编制出台相应的建设规划。在万达开川渝统筹发展示范区,率先探索建立统一编制、共同实施的规划管理体制,探索招商引资、项目审批、市场监管等经济管理权限与行政区适度分离。推动川南渝西融合发展试验区探索创新跨行政区融合发展体制机制,促进产业、人口及各类生产要素合理流动和高效配置,为全国跨区域融合发展提供经验借鉴。加快推进遂潼川渝毗邻地区一体化发展先行区、川渝高竹新区、明月山绿色发展示范带等区域协同发展功能平台建设,支持平台区域探索符合实际的利益联结机制,加快在具体领域形成一批可复制可推广的经验和举措。建立川渝毗邻地区区域发展功能平台绩效评价指标体系,推动平台建设取得实效。

2. 探索非毗邻地区合作

推动川渝非毗邻地区依托资源和产业的互补性,携手开展全方位、多领域、深层次交流合作,推动形成相互促进、优势互补、共同发展的格局。探索以"一区多园""飞地经济"等方式共建产业园区,支持在合作园区按程序联合设立工作机构、共同组建平台公司协作开发建设运营。围绕产业延链补链,推进非毗邻地区产业协作配套。深入挖掘巴渝文化内涵,探索建立文旅融合发展共同体,推动生态旅游、康养旅游、红色旅游等特色文旅资源联动开发,共同打造一批经典旅游线路。建立干部交流合作机制,围绕乡村振兴互派干部,加强基层党组织建设,推动乡村振兴示范(先进)镇(村)联动合作,加强乡村振兴市场、产品、人才等资源要素优化整合。

## （四）促进一体化项目统筹落地

加强国家及省市统筹，高效推进一体化项目高质量建设，以项目落地为抓手促进形成发展合力，实现合作共赢，推动形成新的增长点。

### 1. 编制专项规划强化项目储备

紧扣《成渝地区双城经济圈建设规划纲要》，把纲要明确的目标任务细化，落实到具体的项目上，突出川渝合作特征，强化一体化项目储备。聚焦基础设施建设、产业发展、科技创新、生态保护、公共服务等领域，布局实施一批重点民生项目，争取国家在成渝地区布局一批高新科技发展与应用的基础设施，不断做深做实项目库、工程包，形成项目滚动推进的良好态势。强化项目招商，坚持专业化、市场化招商，发挥好企业的招商作用，大力引进与我市资源禀赋相匹配的产业，特别注重引进总部经济以及智能化、信息化建设项目。加快推动编制一批建设专项规划和建设方案，加强项目研究论证，积极推动已出台专项规划和建设方案落地实施。

### 2. 做好全流程项目跟踪服务

加强一体化项目跟踪服务，强化组织实施和项目调度，研究制定相关任务清单、行动方案、工作台账，把握重要时间节点，加快推进在建项目建设、及时解决好项目实施中的突出问题，切实抓好一体化重大项目月调度，形成抓项目、促发展的良好氛围。建立健全一体化项目分类分批实施机制，明确牵头部门、落实工作责任，精准分解年度目标任务，健全事前、事中、事后评估体系，切实保障项目建设落到实处。

### 3. 积极开拓资金保障渠道

加强一体化项目资金、土地等要素保障，拓宽资金保障渠道，强化社会参与，健全市场化运作机制，更加注重发挥市场配置资源作用。结合国企改革，加大川渝政府投融资平台合作力度，探索设立以行业板块为依托的产融结合的新型投融资平台，打造大型跨省级投融资平台。探索毗邻地区投融资平台整合。引导社会资本通过特许经营、政府购买服务等多种形式与政府合作。大力推广政府和社会资本合作模式，构建政府资本与社会资本利益共享、风险分担的长期合作关系。

分报告二

# 四川省推动成渝地区双城经济圈一体化发展研究（2020—2021年）

在 2020 年 1 月召开的中央财经委员会第六次会议上，习近平总书记提出了推动成渝地区双城经济圈建设，中共中央政治局于 2020 年 10 月 16 日审议通过了《成渝地区双城经济圈建设规划纲要》，提出了未来五年的重点建设任务，指明了成渝地区双城经济圈的发展方向。成渝地区双城经济圈与成渝经济区、成渝城市群一脉相承但又有所区别，成渝地区双城经济圈四川部分包括成都、自贡、泸州、德阳、绵阳（除平武县、北川县）、遂宁、内江、乐山、南充、眉山、宜宾、广安、达州（除万源市）、雅安（除天全县、宝兴县）、资阳等 15 个市，面积约 13.85 万平方千米，2020 年常住人口 7013 万人，地区生产总值 4.3 万亿元，分别占双城经济圈的比重为 73.2%、71.5%、64.9%。双城经济圈空间范围与成渝城市群相当，但与中央赋予成渝地区的各阶段建设目标相比，成渝地区双城经济圈建设过程中完成目标更多、任务更重、协同发展难度更大。

加快成渝地区双城经济圈建设，必须重点突出重庆、成都两个中心城市的协同带动，加速形成优势互补、高质量发展的区域经济布局，以点带面、均衡发展，加快建设具有全国影响力的重要经济中心、科技创新中心、改革开放新高地、高品质生活宜居地，尽快建成全国高质量发展的重要增长极和新的动力源，真正成为中国经济发展的"第四极"。

本报告通过对四川推动成渝地区双城经济圈建设的具体做法和经验进行分析，提出 2022 年的重点任务和对策措施，着力补短板、强弱项、提能力，让区域协同发展的支撑更有力，加快成渝地区双城经济圈一体化进程。

## 一、发展基础和比较优势

借鉴长三角、京津冀、粤港澳大湾区等区域一体化的政策实践，分析四川当前的发展水平和比较优势，有利于找准突破方向，构建分工合理、竞争有序的协调发展体系，实现域内要素流动和资源整合，为进一步推进成渝地区双城经济圈一体化建设奠定基础。

## (一) 经济发展稳定持续

近年来，在经济下行压力不断增大的背景下，四川经济发展韧性更强，整体势头良好。2020年地区生产总值达到48598.8亿元，居全国第六、西部第一，经济总量占全国的4.8%、西部地区的22.8%，增速超过全国1.5个百分点，第二、三产业对经济的贡献分别为43.4%和42.5%，其中，信息传输、软件和信息技术服务业增长26.4%，对经济增长的贡献率达到24.9%。数字经济总量突破1.6万亿元，占经济总量的32.9%，全省产业结构更加均衡，经济高质量发展动能日益增强。2020年社会消费品零售总额20824.9亿元，居全国第六位、西部第一位，线下商超数字化渗透率37.1%，消费升级趋势明显。庞大的经济体量和较强的产业实力奠定了四川推动成渝地区双城经济圈一体化发展的动力基础。2021年前三季度，四川地区生产总值达到38998.7亿元，居全国第六位，高技术产业实现较快增长，规模以上高技术产业增加值同比增长20.1%；消费品市场持续恢复，社会消费品零售总额同比增长18.9%、全年保持高位增长；外贸增势良好，实现进出口总额6692.1亿元、居全国第八位（见图3-1~图3-3）。

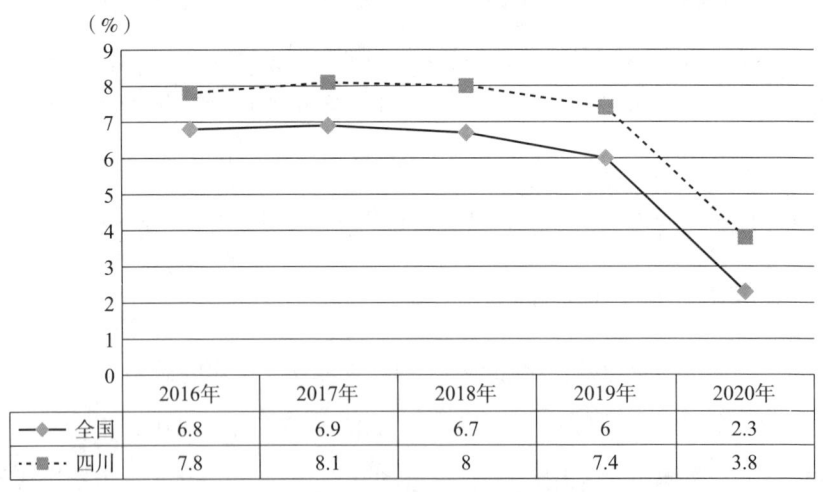

图3-1 2016—2020年四川与全国地区生产总值增速及变化趋势

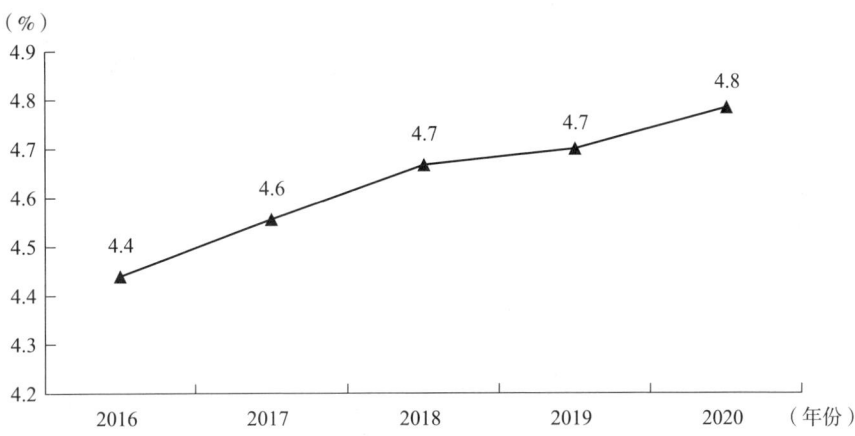

图 3-2　2016—2020 年四川省地区生产总值占全国的比重及变化趋势

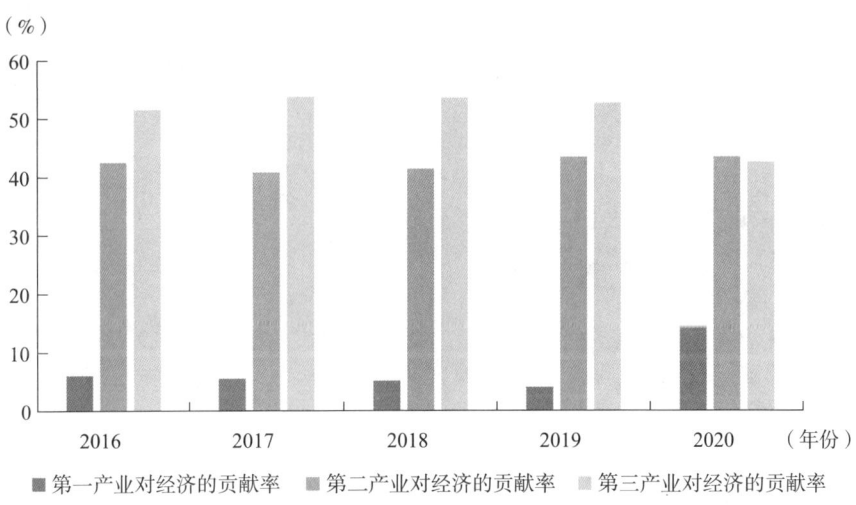

图 3-3　2016—2020 年四川省三次产业对经济的贡献率

**专栏 3-1　四川经济发展情况**

1. 坚持"农业多贡献、工业挑大梁、投资唱主角、消费促升级",扎实做好"六稳"工作,全面落实"六保"任务,2020 年地区生产总值居全国第六。

2. 全面完成脱贫攻坚目标任务，实现剩余7个贫困县脱贫"摘帽"、300个贫困村退出、20万贫困人口脱贫①。

3. 加快构建"5+1"现代产业体系。扎实抓好粮食扩面增产工作，新增高标准农田380万亩，粮食总产量时隔20年再次登上350亿千克台阶①。

4. 出台稳定工业生产25条、促进工业稳增长10条等措施，实现规模以上工业增加值增长4.5%、高于全国1.7个百分点。

5. 建立服务业重点产业推进机制，深入实施"三百工程"，开展第二批天府旅游名县评选活动，成功创建稻城亚丁、巴中光雾山2家5A级旅游景区，绵阳方特东方神画、都江堰融创文旅城等开业运营①。

6. 印发《四川省数字经济发展创新示范区建设方案》，已认定首批12家省级数字化转型促进中心，其中区域型2个、行业型7个、企业型3个。

7. 国家网络视听、国家超高清视频等产业基地成功落地，中国电科成都产业基地、成都华为鲲鹏生态基地等顺利投入运行。

8. "万企上云"行动和"中小企业数字化赋能专项行动"深入实施，超过21万家企业实现上云。工业互联网标识解析（成都）节点注册量超过8亿条，居全国前列。获批建设"成渝地区工业互联网一体化发展示范区"。

### （二）空间格局不断优化

"一干多支、五区协同"发展战略是四川立足当前发展阶段和区域协同联动发展目标提出的区域经济发展战略，将加快构建四川区域经济发展新格局。作为高质量发展先行区，成都市2020年地区生产总值占全省的36.5%，全市新经济企业注册45.8万户，雄厚的经济实力和极强的投资吸引力使成都成为引领带动全省发展的核心。2020年成德眉资区域地区生产总值约占全省的

---

① 《四川省2021年政府工作报告》。

46%，同城发展进入城市部分功能共建阶段，区域内设有国家级新区1个、国家级开发区4个和省级新区1个，为推动双城经济圈一体化提供了经验和借鉴。成都平原经济区、川南经济区、川东北经济区、攀西经济区、川西北生态示范区①根据各自产业基础、资源禀赋等特点明确发展定位，培育特色优势产业体系，逐步实现错位协调发展。成都平原经济区以高能级产业为主导，重点发展装备制造、航空航天等先进制造业和现代服务业，建设现代高端产业集聚区；"南翼"跨越发展取得突破，川南经济区着力发展食品饮料、化工轻纺、机械制造等传统特色优势产业，加快布局新能源、新材料等战略性新兴产业，打造全省经济增长第二极和南向开放通道，泸永江融合发展示范区建设进度加快；"北翼"振兴发展成效显著，川东北经济区着力做强特色优势农业、打造汽车汽配等产业集群，振兴革命老区，建设东向北向出川通道，万达开川渝统筹发展示范区建设跑出"加速度"；攀西经济区着力提升战略资源创新开发能力，打造世界级钒钛产业集群和阳光康养休闲度假胜地；川西北生态示范区坚持走绿色可持续发展道路，培育壮大生态经济。2020年5月，成都东部新区挂牌，标志着成都"东进"战略进入全面建设阶段，与重庆"西扩"战略合力搭建起资源要素积聚发展的平台和载体，带动遂宁、资阳、内江等成渝发展主轴城市迅速崛起，推进川渝之间相向发展。同时，广安川渝合作示范区建设纵深推进，两地共建高竹新区将深度推进双方合作实现协同发展；泸永江融合发展示范区、万达开川渝统筹发展示范区、遂潼川渝毗邻地区一体化发展先行区等在产业协同、教育卫生、交通运输、农业农村、文化旅游、医疗保障等领域开展合作。

---

① 成都平原经济区包括成都市、德阳市、绵阳市、乐山市、眉山市、资阳市、遂宁市、雅安市；川南经济区包括自贡市、泸州市、内江市、宜宾市；川东北经济区包括广元市、南充市、广安市、达州市、巴中市；攀西经济区包括攀枝花市、凉山州；川西北生态经济区包括甘孜州、阿坝州。

**专栏 3-2  区域发展新格局**

1. 制定出台《关于推动成德眉资同城化发展的指导意见》，成立省推进成德眉资同城化发展领导小组及其办公室，建立成都东部新区及协同发展区"联席会商+对接协调+专项合作"三级合作机制，创建成德眉资同城化综合试验区，推动与资阳共建临空经济示范区，与眉山天府新区共建成眉交接地带融合发展精品示范区，构建形成中心城市引领型、组团式多层次网络化空间结构，促进全省发展主干由成都拓展为成都都市圈。

2. 着力推进"五区协同"，与遂宁市签署合作协议，谋划实施构建高质量发展规划体系、共建交通基础设施互联互通网络等4个方面13条具体举措。

3. 深入推进"两区一城"发展，发挥东部新区空间承载与后发优势，叠加天府新区科创优势、高新区产业活力，携手构建具有国际竞争力和区域带动力的高能级发展共同体。

4. 推动出台《成都东部新区推动成渝相向发展三年行动计划（2021—2023）》，深入对接重庆市高新区、璧山区等区域，推动成渝地区双城经济圈建设任务落地落实。

5. 加快建设西部（成都）科学城、绵阳科技城新区，推动成都平原一体化发展。推动宜宾、泸州川南区域中心城市沿江协同发展，建设宜宾三江新区、南充临江新区，提升南充、达州川东北区域中心城市发展能级，加快内江自贡同城化发展，推动广安融入重庆都市圈，促进两翼协同发展，打造成渝地区双城经济圈建设重要支撑腹地。

### （三）基础设施基本联通

近年来，四川着力拓展四向出川大通道，全省已建成进出川大通道38条，基础设施互联互通水平有效提升。

**1. 公路里程全国第一**

2020年，四川全省公路总里程超过39.4万千米，公路密度达到80.9千米/百平方千米，其中高速公路通车总里程突破8000千米，居全国第三，覆盖全部市（州）、136个县（市、区），成都到重庆公路增至6条，其中高速公路4条。

**2. 铁路密度加快提升**

铁路营业里程5312千米，覆盖18个市（州），省内路网互联互通水平实现了大幅提升，连接成渝的第4条铁路大通道——成渝中线高铁开工建设，将进一步强化两大中心城市的带动作用。

**3. 航空发展速度加快**

全省共有民用运输机场15个，成都双流国际机场开通国际航线130余条，旅客吞吐量4074万人次，居全国第二，2021年6月天府国际机场建成投用，成都成为内地第三个拥有双国际机场的城市。蓉欧班列自运行以来累计开行超过8000列，境外城市已拓展至61个，四川对外联系更加紧密、道路更加通畅。

**4. 水利能源基础设施建设加快推进**

紫坪铺水利枢纽、毗河供水一期工程等大型水利工程建设完工，电力外送通道、油气管道等基础设施建设为成渝地区双城经济圈一体化发展形成有力的能源水利保障。新型基础设施建设取得新突破，截至2020年底，全省4G基站达29.5万个，5G基站超3.6万个，千兆光纤用户数88.9万户、居全国第三位，建成数据中心107个，在用机架数总量超10.5万个，数字技术融合应用广泛深入，为数字经济发展提供了有效的底座支撑。

---

**专栏3-3　重大基础设施建设情况**

1. "成渝地区双城经济圈交通一体化发展"交通强国试点获交通运输部批准。成渝中线高铁可研获批、渝西高铁前期工作加快推进。成达万高铁开工建设，渝昆等高铁线路加快建设。川渝省际高速公路通道建成通车13条、在建6条，成都经天府机场至重庆等高速公路建成通车，南充至潼南、内江至大足、泸州至永川、梁平至开江等川渝互通高速公路开工建设。成渝高铁实现350千米/小时达速运行。成渝扩容、遂渝扩容等高速公路项目前期工作加快推进，形成成渝、成遂渝、成安渝、成资渝4条双核互联高速通道格局。

2. "三江"水电基地加快建设，重点推动金沙江乌东德、白鹤滩、苏洼龙，雅砻江两河口、杨房沟，大渡河双江口、硬梁包等一批大型水电工程项目建设。截至2021年6月底，全省已建水电装机容量占全国水电装机容量的22%，居全国第一位。

3. 川渝1000千伏特高压交流工程前期工作加快推进。

4. 涪江双江航电枢纽工程开工建设，嘉陵江利泽航运枢纽、涪江重庆段航道整治建设有序推进。

5. 印发实施《建设国家天然气（页岩气）千亿立方米级产能基地行动方案》，以川东北高含硫气田、川中安岳气田、川南页岩气田、川西致密气田为基本格局的全国重要天然气生产基地基本建成。

6. 出台《四川省跨行业信息通信基础设施合作建设指导意见》，强化信息通信基础设施合作建设。

7. 持续加大5G网络规模化部署，成渝地区纳入全国一体化算力网络国家枢纽节点布局。成都超算中心获科技部批复同意，成为第十家国家超算中心。"蜀信链"区块链服务基础设施全面接入国家"星火·链网"，积极创建国家骨干节点。

### （四）产业体系更加完善

1. 制造业高质量发展水平进一步提升

工业经济平稳增长，2020年全省工业增加值达到1.34万亿元，规模以上工业增加值增长4.5%，比全国平均水平高1.7个百分点。一是五大支柱产业加快发展。五大支柱产业营业收入达到4.2万亿元，计算机、通信和其他电子设备制造业增长达到17.9%，石油和天然气开采业增长12.2%。二是数字经济不断壮大。数字经济"芯屏端软智网"等数字经济核心产业集群集聚、规模持续壮大，占GDP的比重进一步攀升。产业数字化转型步伐不断加快，"万企上云"行动和中小企业数字化赋能专项行动深入实施，超过21万家企业实现上云。三是产业创新能力不断提升。以传统优势产业为重点，通过技术改造、工艺革新、产品换代，实现信息化、智能化、绿色化升级，加快向价值链中高端迈进,持续开展重点企业研发全覆盖行动,大力培育创新主体,规模以上高技术产业增加值增长11.7%;省级制造业创新中心达到13家、企业技术中心1208家,华龙一号、超超临界发电机组、高端无人机、"两机"核心部件等领域取得一批标志性创新成果。

**专栏3-4　2020年四川省"5+1"现代产业产值及增速**

| 产业 | 营业收入(亿元) | 增速(%) |
| --- | --- | --- |
| 电子信息产业(不含软件) | 6957.5 | 22.6 |
| 装备制造产业 | 7327.8 | 2.3 |
| 食品饮料产业 | 9067.7 | 5.4 |
| 先进材料产业 | 6317.3 | 6.0 |
| 能源化工产业 | 7271.9 | — |
| 数字经济 | 16100 | 12.6 |

2. 服务业抢抓机遇加快发展

加快现代服务业强省建设,服务业总量再跨万亿台阶,达到2.5万亿元,上升至全国第八位,服务业增加值增长3.4%,占地区生产总值比重达到52.4%,优势行业发展质量和水平持续提升。一是支柱型服务业加快发展,商业贸易、现代物流、金融服务、文体旅游四大支柱型服务业增加值突破1万亿元,社会消费品零售总额达到20824.9亿元;社会融资规模突破1.4万亿元,创历史新高;适时推出"春回天府·安逸四川""巴蜀文化旅游走廊自由行"等系列活动,"天府三九大·安逸走四川"影响力持续提升,全年实现旅游收入6500亿元,国家5A级景区达到15家、居全国第三位,国家全域旅游示范区达到8个、居全国第一位。二是六大成长型服务业实现提升,人力资源服务企业总营业收入同比增长46.9%;餐饮收入达到2482.5亿元,比全国高16.3个百分点;举办糖酒会、工博会、酒博会等大型展会,推动展会市场化发展。三是服务业聚集区建设成效初显,加快推进服务业"三百工程",新增培育10个省级现代服务业集聚区和10个服务业强县,支持成都打造国家服务业核心城市,宜宾、南充等区域性服务业中心城市建设初步成形。

### 3. 农业持续稳定发展

"10+3"现代农业体系加快建设，擦亮农业大省金字招牌，第一产业实现增加值5556.6亿元，增长5.2%。一是粮食安全和重要农产品供给能力不断提升。新增耕地35万亩、高标准农田380万亩、国家现代农业产业园4个，粮食总产量再次登上350亿千克台阶，生猪出栏5614.4万头、年末存栏3875.4万头。二是特色农业产品发展壮大。川粮（油）、川茶、川果、川竹、川牛羊等特色产业加快发展，生猪出栏数量保持全国第一，茶产业综合实力稳居全国第二，形成全国最大的晚熟柑橘产业带，川芎、川贝母等大宗药材人工种植面积居全国第一位，竹林面积居全国第一位。三是农业园区建设引领农业高质量发展。创建国家级现代农业产业园11个、数量居全国第二位，全省累计认定省星级现代农业园区94个、市级园区364个、县级园区673个，省级以上重点农业龙头企业达到902家。四是农村一二三产业加速融合。农村电商销售额达到455亿元，累计建成产业融合园区430个。

---

**专栏3-5　产业发展情况**

1. 高规格召开全省服务业、制造业、现代农业和文旅发展大会，出台实施一系列针对性政策措施。

2. 制定出台"5+1"产业重大项目、重大政策、重大措施"三张清单"，聚焦行业头部企业，"一对一"进行帮扶指导。

3. 实施产业链填缺补短工程，编制10个重点领域产业链全景图，推动电子信息、装备制造、先进材料等重点领域锻长板、补短板。

4. 制定"5+1"重点特色园区三年发展计划，出台成渝地区双城经济圈产业合作示范园区办法，实施"百亿强企""千亿跨越"行动，开展"助企暖心"活动，出台缓解中小企业困难"13条措施"。

5. 建立厅（委）领导联系重点产业运行调度机制，落实"周报告、月调度"。

6. 省委、省政府出台《关于加快构建"4+6"现代服务业体系推动服务业高质量发展的意见》，就加快构建现代服务业体系、推动服务业高质量发展提出指导意见。

7. 以实施乡村振兴战略为总抓手，抓好关于成渝地区双城经济圈建设工作部署，确保粮食生产稳定发展，抓紧恢复生猪产能，保障主要农产品稳定供给，以现代农业园区引领现代农业"10+3"产业体系建设。

### （五）协同创新加快发展

#### 1. 高能级创新平台加快集聚

将聚集高能级创新平台作为提升创新能力的先手棋，"五集群一中心"重大科技基础设施布局初步形成。一是西部（成都）科学城加快建设，统筹布局宇宙线物理研究与探测技术研发平台等高能级创新平台6个，中科系、中核系、中物系等国家级科研机构21家，国家川藏铁路技术创新中心等国家级创新平台16个，精准落地中科曙光先进微处理器技术国家工程实验室等科技创新基地22个、清华四川能源互联网研究院等协同创新平台43个、空间轻型高分辨率光学成像相机系统研制平台等科教基础设施4个，建成西部地区首个国家超算中心——成都超算中心。二是国家重大科技基础设施集聚。高海拔宇宙线观测站、转化医学设施等国家重大科技基础设施加快建设，国家在川布局的空间轻型高分辨率光学成像系统研究平台等4个科教基础设施即将落地建设，四川国家应用数学研究中心正式挂牌。三是创新平台载体集聚发展。在精准医学领域组建全省首个产业创新中心，新认定光电互连、玄武岩材料等7个省级制造业创新中心。全省新增各类创新平台223个，其中国家企业技术中心8家、省级重点实验室9个、省级工程技术研究中心56个、省级工程研究中心（工程实验室）26个、省级企业技术中心124家。

#### 2. 科技成果加速转移转化

大力推动科技创新与实体经济发展相互融合，积极完善科技成果转化机制，创新科技成果转化政策，创新产业加快发展。一是科技创新成果转化成效明显。2020年技术合同认定成交额达到1248.78亿元，技术输出成交额、吸纳成交额分别达到1244.59亿元、875.58亿元。二是科技成果转化效能大幅提升。2020年全省累计入库科技型中小企业超过1万家，高新技术企业突破8000家；高新技术产业规模突破2万亿元，实现营业收入14448.5亿元，规模以上工业中高新技术产业营业收入占比由 2015 年的 27.1% 提升至 2020 年的 31.9%。三是重大创新转化成果不断涌现。"华龙一号"全球首堆并网，我国首台 F 级 50MW 重型燃气轮机满负荷运行，新一代"人造太阳"中国环流器二号 M 装置首次放电。积极推进成德绵国家科技成果转移转化示范区建设，10 个重大科技专项和 106 项科技成果转化示范项目加快实施。

3. 创新创业活力持续迸发

完善科技创新体制机制，健全创新支持政策，营造良好的创新创业创造生态，持续激发创新创业创造活力。一是全面创新改革深入推进。出台《深入推进全面创新改革试验实施方案》，加快复制推广第一轮创新改革举措，新增 4 项经验成果纳入国务院第三批创新举措复制推广，乡镇行政区划和村级建制调整改革入选中国改革年度唯一省级特别案例。二是大力开展创新活动。开展"创新驱动发展两院院士四川行"活动，出台支持两院院士在川创新创业 10 条政策措施。三是深入推进大众创业万众创新。新增成都高新区、自贡高新区、宜宾临港经开区 3 个国家双创示范基地，布局建设首批 15 个省级双创示范基地，着力构建"众创空间+创业苗圃+孵化器+加速器+产业园"的阶梯型孵化体系，加快建设 29 个国家级科技企业孵化器，孵化企业和创新团队超过 3 万家（个）。

> **专栏 3-6 川渝协同创新情况**
>
> 1. 在共同打造协同创新共同体方面，按照"一城多园"模式编制西部科学城建设方案，建立高新区联盟、中国西部物联网联盟，联合搭建大型科学仪器设备共享服务平台，探索建立川渝两地科普基地、科普专家等科普资源开放共享机制，共同推动出台创新人才跨区域流动的政策措施。
>
> 2. 在共同推进关键核心技术攻关方面，共同申报国家科技重大专项，联合申报国家自然科学基金区域创新发展联合基金，聚焦人工智能等领域联合实施一批重点研发项目，共同推进国家新一代人工智能创新发展试验区建设。

3. 在共同开展科技成果转移转化方面，共同开展职务科技成果所有权或长期使用权改革试点；协同发展科研机构，引进建设一批新型研发机构；联合举办科技成果对接活动，联合组织军民两用技术成果对接活动；共同推进建设"一带一路"科技创新合作区和国际技术转移中心，布局建设一批"一带一路"国际技术转移机构，共同谋划"一带一路"科技交流大会；联合举办创新创业活动。

### （六）生态环保成效显著

#### 1. 环境污染治理能力不断提升

加强生态环境保护，持续打好污染防治攻坚战，推动全省生态环境质量持续改善。一是坚决打好污染防治攻坚战。全面推进中央生态环境保护督察及"回头看"反馈问题整改落实，大力推动长江经济带生态环境突出问题整改，在全国污染防治攻坚战考核中被评为"优秀"。二是大气环境质量明显改善。2020年全省空气质量优良天数率达到90.8%，21个市（州）城市达标数量增加到14个；全省PM2.5平均浓度、二氧化硫、氮氧化物排放量均超额完成国家下达的目标。三是水环境质量大幅提升。87个国考断面地表水水质优良断面占比达到98.9%，13个出川断面水质全部达到优良标准，化学需氧量、氨氮排放量均超额完成国家下达目标。四是土壤环境质量总体保持稳定。县城生活垃圾无害化处理率达到99.78%，全省危险废物利用处置能力达到366万吨/年，医疗废物集中处置能力达到14.7万吨/年。

#### 2. 生态保护成效明显

在全面加强生态保护的基础上，不断加大生态修复力度，持续推进天然林保护、大规模绿化全川行动、退牧还草、湿地与河湖保护修复、石漠化综合治理、水土保持等重点生态工程建设，取得了显著成效。一是森林总量快速增长。"十三五"期间，全省完成营造林5020万亩，其中完成国家下达公益林人工造林42万亩、封山育林212万亩，完成新一轮退耕还林192.66万亩，巩固前一轮退耕还林成果1336.4万亩，森林覆盖率由"十二五"末的

36.02%提高至40%，增长3.98个百分点。森林蓄积量由17.53亿立方米提高至19亿立方米。二是草原生态功能不断增强。治理严重退化草原7684万亩（次），每年实施草原禁牧0.7亿亩，推行草畜平衡1.42亿亩，草原生态系统质量明显改善，草原生态功能逐步恢复。川西北草原植被盖度从84.5%提高到85.8%，天然草原牲畜超载率从10.03%下降到9%。三是河湖湿地生态环境明显改善。大力推行河长制湖长制、湿地保护修复制度，系统开展湿地保护和修复、退耕还湿等工程建设，实施邛海、若尔盖、海子山、长沙贡玛等退化湿地修复工程，修复退化湿地22万亩，新增受保护湿地面积49.2万亩。初步形成了湿地自然保护区、湿地公园等多种形式的保护体系，改善了河湖、湿地生态状况。截至2020年底，全省国家（含国际）重要湿地2个、省级重要湿地7个、国家级湿地类型自然保护区7处、国家湿地公园29个（11个试点），省级湿地公园25个。

### 3. 绿色转型发展大力推进

完整、准确、全面贯彻新发展理念，充分发挥四川清洁能源资源优势和产业发展基础优势，着力推动绿色低碳高质量发展。一是加快形成以清洁能源为主体的能源消费结构。有序推进金沙江、雅砻江和大渡河"三江"水电基地建设，可再生能源电力装机量和发电量分别达到8782.5万千瓦、3677.4亿千瓦·时，分别占全省电力装机和发电量的85.3%、88.8%。加快推进天然气（页岩气）勘探开发，建成全国最大的天然气（页岩气）生产基地。推动实施电能替代、清洁替代工程，煤炭消费稳步压减，非化石能源占能源消费比重达到38%，基本形成以清洁能源为主体的能源消费结构。二是积极引导产业绿色转型。引导企业加大设备更新和技术改造投资力度，加强对传统产业降碳减排的激励；深入推进供给侧结构性改革，抑制过剩产能，减少无效和低端供给，降低成本、提升档次，扩大有效和中高端供给，增强供给结构对需求变化的适应性和灵活性，推动供需在更高位上实现新的平衡，2020年规模以上工业单位增加值能耗在超额完成"十三五"目标的基础上，下降4%左右。

> **专栏 3-7　生态环保情况**
>
> 1. 大力实施天然林资源保护、退耕还林等重大生态工程建设，深入开展全民义务植树，大力推进大规模绿化全川行动。
> 2. 持续推进退牧还草、退耕还草、草原生态保护和修复等工程。
> 3. 深入开展石漠化综合治理、沙化土地治理、坡耕地治理和国家水土保持等重点工程建设。
> 4. 大力推行河长制湖长制、湿地保护修复制度，系统开展湿地保护和修复、退耕还湿等工程建设。
> 5. 以沱江、岷江、涪江流域水污染防治为重点，深入实施十大重点流域水污染防治规划。

## （七）改革开放持续深化

"放管服"改革深入推进，修订《四川省权责清单动态调整管理办法》，推动工程建设项目审批事项由82项压减至66项，实现"一网通办、一网通管、一网通看"。进一步压缩企业开办时间，深化企业投资项目承诺制改革，加强企业投资项目事中事后监管。与重庆签署"放管服"改革合作协议、公共资源交易平台一体化合作协议，印发第一批川渝跨省通办事项清单，推进电子社保卡签发、养老保险转移续接等高频政务服务实现跨省通办。完善川渝财税协作推进机制，制定川渝跨区域合作项目财税利益分享框架协议，明确总部经济、园区共建、飞地经济等跨区域财税利益分配方式。持续开展营商环境指标提升行动，省级"最多跑一次"事项比例高达98.7%，政府服务水平大幅度提升，80%以上的政务服务事项实现"一窗受理"，政务服务评价满意度达到99.9%。制定出台加快推动要素市场化配置改革实施意见，落实公平竞争审查制度，逐步清理废除妨碍统一市场和公平竞争的政策。全面推行"双随机、一公开"跨部门联合监管，建立市场准入异地同标、市场监管案件线索移送等机制，实现异地申办营业执照、"红黑名单"互认。开放合作"朋友圈"不断扩大，驻川领事机构达到20家，和香港、澳门、台湾的合作进一步深化，与广东、浙江、广西等省（自治区）的合作实现常态化发展。高水平建设自贸试验区，探索形成 700 余个制度创新成果。共建川渝自贸试验区协同开放示范区，共建"一带一路"进出口商品集散中心和"一带一路"对外交往中心。

> **专栏 3-8　深化改革开放基本情况**
>
> 1. 深化改革。制定出台《关于规划建设省级新区的指导意见》，批复设立宜宾三江新区、成都东部新区、南充临江新区、绵阳科技城新区。改革完善重大疫情防治和应急管理体系，研究出台《关于健全完善公共卫生应急管理体系的工作方案》，印发《关于改革完善重大疫情防治和应急管理体系的指导意见》，实施《四川省疾病防控救治能力提升三年行动方案（2020—2022 年）》。审议通过《关于深入贯彻习近平总书记重要讲话精神加快推动成渝地区双城经济圈建设的决定》，制定推动成渝地区双城经济圈建设重点改革工作安排，明确 20 项重点改革任务。与重庆市联合印发《推动成渝地区双城经济圈建设若干重大改革举措》，包括探索经济区和行政区适度分离、深化要素市场化配置改革、打造市场化法治化国际化营商环境等 11 项改革任务，协同推进 95 项政务服务事项跨省市通办。建立市场准入异地同标、市场监管案件线索移送等机制，开设"两江天府合作办事窗口"，实现异地申办营业执照、"红黑名单"互认。研究建立跨区域合作财政协同投入机制和财税利益分享机制，共同设立 300 亿元成渝地区双城经济圈发展基金。
>
> 2. 对外开放。鼓励有条件的省级新区申报设立综合保税区，打造高水平对外开放平台，综合保税区增至 6 个，成都国际铁路港、泸州、宜宾综保区通过验收，成都高新综保区发展绩效评估在全国综合排名第一。获批国家数字服务出口基地和全国新一轮全面深化服务贸易创新发展试点。推进自由贸易试验区协同改革开放，首批 8 个协同改革先行区加快建设，实现成德眉资同城化"全覆盖"。携手重庆共建川渝自贸试验区协同开放示范区，制定共同向国家争取赋能放权、自主性共同推进、共同启动早期收获等"3 张清单"，共建"一带一路"进出口商品集散中心和"一带一路"对外交往中心，建立全国首个跨行政区域外商投资企业投诉处理协作机制。

## （八）民生福祉不断提升

居民收入不断增长，全省城乡居民人均可支配收入分别达到 38253 元、15929 元，增速为 5.8%、8.6%，高于经济增速 2 个百分点和 4.8 个百分点，城乡居民收入比由上年的 2.31 下降为 2.26，城乡居民收入差距进一步缩小。服务设施逐步完善，公共服务一体化发展，基本建成城乡社会保障体系，异地就医结算覆盖省内所有县（市、区），全省基本医疗保险参保率达到 98%。养老服务设施日趋完善，建成日间照料中心 9805 个、养老机构 3140 个、农村互助养老幸福院 5070 个，建立公租房、保障性租赁住房为主的住房保障体系。建立 15 个教育协同发展专项工作组，成立人力资源服务产业园联盟和就业创业协同发展联盟，建立卫生应急通信通报、技术交流、应急处置、合作保障等机制，深入推进川渝交界区域社会治理协同。扎实推进城乡环境综合整治，全省城市污水和生活垃圾无害化处理率分别达到 95.2%、99.8%。大力实施公共体育普及工程，推动体育设施提档升级，全省 88 个大型公共体育场馆免费或低收费向群众开放。启动实施 10 个市（州）、11 个县（市、区）、55 个乡镇（街道）、550 个村便民服务标准化规范化便利化"三化"试点。公共资源交易标准化规范化"两化"建设深入推进，首批 62 个"示范交易中心"完成创建。

---

**专栏 3-9　社会事业基本情况**

1. 联合制定服务成渝地区双城经济圈建设警务合作框架协议和警务运行机制，深入推进川渝交界区域社会治理协同。

2. 联合发布川渝政务服务两批次通办事项清单，推动跨省通办事项线上"全网通办"或线下"异地可办"。

3. 成立教育合作联盟，共建职业教育集团，实施"11+11"高校学科联建项目，两地各 11 所高校结对推动 60 余个学科深度合作。

4. 联合开展"蓉漂人才日""重庆英才会"等招才引智活动，推动"天府英才 A 卡""重庆英才服务 A 卡"对等互认。

5. 推进跨省异地就医直接结算，推动医院检查检验结果互认。共同打造国家区域医疗中心和国家医学中心，共建成渝地区国家中医药综合改革示范区。

6. 深化人力资源社会保障合作，实现养老保险关系无障碍转移接续。建立住房公积金跨区域转移接续和互认互贷机制，探索开展住房公积金跨区域资金融通使用。

7. 四川省图书馆、重庆图书馆、成都图书馆实现读者信息馆际互认、图书通借通还"一卡通"。实现重庆中心城区、成都主城公共交通"一卡通"和"一码通乘"，开通遂宁安居至潼南桂林等8条跨省城际公交线路。

### （九）务实开展双圈合作

完善省级层面工作对接机制，两省市分别成立以省市党委书记为组长、省市长为副组长的推动成渝地区双城经济圈建设领导小组，有关部门、市、县（市、区）相应成立组织领导机构，协调推进重点工作。加快细化实化《成渝地区双城经济圈建设规划纲要》的任务书、施工图，制定贯彻落实《成渝地区双城经济圈建设规划纲要》的实施意见、专项规划或方案，包括建立多层次轨道交通体系、发展综合交通运输、建设西部金融中心、建设科技创新中心以及打造巴蜀文化旅游走廊等。开工建设川渝共同实施重大项目27个，川藏铁路雅安至林芝段、成达万高铁开工建设，渝昆高铁、成渝中线高铁、渝西高铁等前期工作加快推进，成都天府机场建成投用，川渝电网主网架结构加快完善，1000千伏特高压交流工程加快核准开工。推动川渝毗邻地区融合发展率先突破，规划建设万达开川渝统筹发展示范区等10个区域合作功能平台，其中川渝高竹新区、遂潼川渝毗邻地区一体化发展先行区已批复设立，全面启动建设。川渝第一批95项跨省通办政务服务事项，全部实现线上"全网通办"和线下"异地可办"。

### 二、四川省推动双城经济圈建设存在的主要困难

尽管四川在推动成渝地区双城经济圈建设中做了大量工作，鼓励各地与

重庆方面开展务实合作,但受制于经济社会发展水平,仍存在不少亟待解决的问题。

## (一) 外向经济发展仍不理想

一是缺少高效便捷的对外通道。对外联系通道不畅,建成对外高速铁路仅3条,规划的25个高速公路进出川通道仅建成13个。对外货运通道技术标准低,宝成、成昆等普速铁路能力利用率趋于饱和。城际铁路多数处于在建或开展前期工作阶段,成都与地市之间、各地市之间的城际、市域(郊)铁路格局尚不健全。高速公路通道亟待扩容改造,公路与城市道路"肠梗阻"问题凸显,目前无一个机场拥有第五航权,沿江港口功能重叠。

二是开放型经济体制还未完全形成。外向型经济发展能级水平不高,对外贸易仍以劳动密集型产品为主,在全球产业分工中影响力偏弱,城市国际化水平不高,对全球优质资源要素吸附聚集效应不强。供应链体系亟待完善,2020年社会物流总费用占GDP的比率为14.9%,高于全国平均水平0.7个百分点,双向运输不平衡、同质化不良竞争、口岸滞留时间长等问题尚未得到有效解决。开放型经济区域分化且极化现象超出合理区间,开放型经济活动缺乏配套协作和梯度拓展空间。

## (二) 产业整体发展和协作水平仍然不高

一是产业发展整体实力不强。装备制造、电子信息、芯片制造等优势产业以资本密集型和资源密集型为主,总体处于全球产业链中低端环节。产业分工协作水平不高,地市之间电子信息、汽车制造、新材料等主导产业同质化明显,没有形成规模效益和集群效应。产业布局空间结构不优,产业园区主要集中在成都"一干",成都与周边地市还未形成明显的城市梯次和产业梯度布局,缺乏上下游相互承接的产业链体系。

二是老工业基地和资源枯竭型地区转型困难。老工业基地普遍发展水平较低,全省7个老工业基地和资源型城市中有6个人均GDP低于全国95个老工业城市平均水平。老工业基地产业结构单一,电子信息、装备制造、新材料等新兴产业发展缓慢。公共服务短板明显,普遍面临城镇化水平不高、基础设施老化、环境保护压力大、民生改善任务较重等问题。要素集聚能力不强,人才、资金、技术等要素流失严重,制约了产业转型升级的顺利推进。

**(三) 城镇发展体系尚不完善**

一是成都极核发展能级不高与带动作用不明显并存。成都在全国城市中常住人口居第四位、经济总量第六位,但人均 GDP、地均 GDP、R&D 投入分别仅排副省级城市的第 12 位、第八位和第 12 位,工业增加值在同等 GDP 规模城市中排名也相对靠后,发展能级水平有待进一步提升。成都经济和人口吸附能力较强,2020 年经济总量、人口总量占全省比重分别达到 36.5%、25%,但对川南、川东北、攀西地区的辐射带动能力还较弱。

二是成都都市圈建设仍处于初级阶段。成都都市圈以占全省 6.8%的面积集聚了 30.6%的人口,创造了 46%的地区生产总值,但成都都市圈建设总体上处于极核带动向协同建设转型的初级阶段。成都都市圈经济规模仅为东京都市圈、上海都市圈的 1/6、1/5,人均 GDP 仅为其 1/3、1/2 左右,在产业支撑引领、创新驱动、公共服务配套等方面与发达都市圈相比还有较大差距。

三是区域中心城市支撑不足。全省除成都以外,仅有泸州、绵阳、南充、宜宾、自贡、达州 6 个Ⅱ型大城市,缺乏特大城市和Ⅰ型大城市,绵阳城镇常住人口、经济总量仅为成都的 15.2%、17%,城市规模等级"断层"明显。除市州政府驻地外,尚无城区常住人口达到 50 万人以上的中等城市和 20 万人以上的特大镇。区域发展格局出现明显断崖式落差,特别是成渝主轴上的资阳、遂宁、内江等城市的 GDP 平均值仅为成都的 8%左右。

四是川渝毗邻地区合作仍需深入。川渝毗邻地区处于四川盆地"中部塌陷"区域,人口占川渝总人口的 32%,经济总量、财政收入分别仅占川渝的 28%、16%。川渝毗邻地区四川区域发展水平相对滞后,除重庆城口与垫江二县,川渝毗邻地区重庆区域经济发展水平上明显高于四川区域。川渝毗邻地区由于经济水平差异、行政分割等因素,导致交通互联互通水平低、产业联动发展能力弱、环境共治难度大、公共服务共享突破难等问题较为突出。

**(四) 基本公共服务共享难度较大**

一是推进基本公共服务均等化难度较大。成渝地区基本养老保险覆盖率仅为 80.8%,仍有 1800 多万人未参保失业、工伤和生育保险,尚未完全实现应保尽保，社保水平与群众的预期还有较大差距。优质资源大量集中在大城市，四川近四成三级医院集中在成都、绵阳，基层服务能力不够强，基层公共服务人才大量流失，县一级公共医疗卫生服务能力难以应对如新冠肺炎疫情的重大考验。师资配备不合理，中等职业学校、普通高中、普通高等学校生师比均低于全国平均水平，特别是普通高等学校生师比全国排名靠后。

二是公共服务需求日益增长与财政供给能力不足矛盾突出。经济发展水平导致对基本公共服务的财政投入存在较大差距，成都、重庆的财政实力较强，公共服务的投入水平也较高，其他市（县）的基本公共服务水平明显偏低。四川民生支出占公共财政支出的比重始终保持在65%左右，由于群众对更高质量、更加多元的保障需求持续增加，而公共服务领域开放发展程度低，社会力量进入不充分，财政对公共服务的投入始终处于"紧跟快跑"的状态。

三是公共服务共建共享壁垒较多。现行体制下成渝地区地方政府属于相对独立的利益主体，行政区之间存在着行政分割的利益分歧和地域壁垒，严重阻碍了资金、技术等要素的自由流动和合理配置，也妨碍了公共服务政策的衔接与整合。目前，四川与重庆在政府间的合作机制相对松散、约束力相对不强，各方合作的共识主要靠承诺来保障，稳定性较弱。各地自行建立的公共服务信息平台相对独立，相互之间兼容性差，也不利于公共服务信息资源的共享。四川与重庆在劳动力相互流动方面日益频繁，但流动人口信息共享机制缺乏。在基本养老保险关系转移接续具体的政策实施过程中，四川与重庆在"既转关系、又转基金"无障碍转移方面还并未完全实现。

### （五）协同创新能力有待进一步提升

一是创新实力相对不强。四川地区A+H股上市公司数量较少，占全国比例不到2%，相较于长三角、京津冀、珠三角等城市群地区创新实力差距较大。高端创新人才数量较少，四川两院院士人数远低于北京、上海、合肥。研发投入比例偏低，四川研发经费（R&D）支出占地区生产总值的2.17%，每万人发明专利拥有量仅8.4件，均低于全国平均水平。

二是创新载体建设不够。对比其他科创中心，四川缺少世界顶尖的研究型大学和重大科技基础设施，国际化、品牌化、常态化的国际科技交流、技术转移平台相对缺乏，纳入科技创新中心、综合性国家科学中心等国家创新战略顶层布局的项目相对偏少。另外，四川国家重点实验室数量（16个）远低于北京和上海。全国共有169家国家级高新区，但四川只有8家。

三是协同创新体制机制亟待完善。由于成都与重庆创新资源相当，在创新发展平台的谋划和建设上竞争大于合作，创新要素的区域流动共享受到较大影响，协同创新生态系统和体制机制还不完善。目前，四川与重庆在内部各城市间以协议形式的协同发展机制主要涉及战略合作、经济、交通、环境等领域（约占88%），科技领域涉及较少，在基础研究、前沿科学及前瞻研究领域等源头创新协作，以及在电子信息、装备制造、轨道交通等产业领域的创新协作、科技成果转化、科技合作与交流、科技资源和数据共享等创新机制及政策顶层设计等方面，均未形成畅通的链接通道。

**（六）互动机制的深层次矛盾尚未解决**

行政分割和碎片化发展比较严重，现有省际协调联动机制还未根本打破各自为政的局面，尚未建立起成规模、影响大、多元化的成本分担和利益共享合作平台，应急管理信息和联动处置机制不完善。要素流动存在制度障碍，隐形的地区市场封锁、地方保护现象依然存在，跨区融合、共创共享的数据资源平台尚未建立，亟须统一相关数据标准规范，打通跨区域数据壁垒。一体化发展广度深度有限，两地合作仍是政府主导，市场机制未充分发挥作用，区域合作的自组织能力较弱，合作框架协议更多表现为协商形式，整体协同度有待进一步提升和突破。跨区域合作规划缺少具体落地实施的"路线图"，招商引资存在同质化无序竞争和资源错配等问题，促进重大项目协调推进、合作项目成本共担利益分享的精准化政策等尚未细化、落实。

**三、2022年四川省推动双城经济圈建设的总体思路**

加快发挥比较优势，着力强化中心城市带动作用，促进产业、人口及各类生产要素合理流动和高效集聚，做大经济总量，提高发展质量，提升全局分量，增强区域经济实力、发展活力、城市魅力和国际影响力，推动在西部形成高质量发展的重要增长极，建设具有全国影响力的重要经济中心、科技创新中心、改革开放新高地、高品质生活宜居地。

### （一）完善城镇体系布局，推动区域一体化协调发展

立足成渝地区双城经济圈"双核一轴、两翼三带"空间发展格局，推动国土空间规划、区域功能定位全面对接、一体规划，推动新型城镇化建设和城乡融合发展有机衔接，构建"功能协同、空间融合"的新型城乡体系。深入实施"一干多支"发展战略，推动川渝毗邻地区统筹发展，加快国家中心城市建设，培育发展现代化都市圈，壮大区域中心城市和重要节点城市，促进各类要素合理流动和高效集聚，加快形成以核带圈、以圈促群、城乡融合的区域一体化协调发展新格局。

### （二）加快基础设施建设，夯实区域一体化发展基础

以国际航空枢纽为引领，以高速铁路、城际铁路和高速公路为骨干，推动交通基础设施全面对接，提升交通一体化运营水平，构建"互联互通、高效便捷"的现代化综合交通体系。强化跨区域水利、能源、通信基础设施建设，构建安全、便捷、高效、绿色、经济的基础设施网络体系，提升对经济圈一体化发展的支撑能力和保障水平。

### （三）打造产业承载平台，激发区域一体化发展动力

围绕加快构建国家创新型先进制造基地，以促进各城市间专业化分工协作为导向，推动制造业高质量发展，提升第三产业竞争能级，构建"高端引领、成链配套"的现代产业体系。整合优化产业发展平台，协同建设区域创新中心，加快科技成果转化和产业化，打造具有国际竞争力的产业集群，实现产业创新协作全面对接、一体发展，夯实区域一体化发展产业基础。

### （四）全面提高市场效率，扩大区域一体化发展空间

统筹推进基本公共服务、社会保障、社会治理一体化发展，建立基本公共服务标准体系，促进优质公共服务资源对接共享，推动公共服务全面对接、一体发展。围绕建设改革开放高地，着力优化一体化、国际化营商环境，协同推进开放平台建设，加快清理废除妨碍统一市场和公平竞争的规定和做法，促进形成标准互认、要素自由流动的统一开放市场，构建"衔接统一、联通互认"的区域市场体系。

### （五）强化生态共保联治，筑牢区域一体化绿色屏障

坚持共抓大保护、不搞大开发，坚定把修复长江生态环境摆在首要位置，共建横向联动、纵向衔接、运转高效的生态环境联防联控新机制，推动生态环境保护全面对接、一体发展，构建"联防共治、全域管控"的生态环境体系。探索绿色转型发展新路径，落实国家"碳达峰""碳中和"重大战略，大力发展绿色低碳循环经济，建设生态型经济圈，切实筑牢长江上游生态屏障。

## 四、2022年四川省推动双城经济圈建设的重点任务

立足实际，厘清思路，根据国家战略部署，全面加强川渝经济合作，到2035年把成渝双城经济圈打造成为继京津冀、长三角和粤港澳大湾区之后的又一国家重要发展极。按照这一远景目标，从现在到"十四五"末，四川推进成渝双城经济圈建设要突出以下任务。

### （一）加快推进基础设施互联共享

要强化补短成网、提档升级，以交通、能源、水利、通信基础设施等为重点，共同打造内联外通、高效衔接的基础设施网络体系，以大型基础设施互联互通支撑成渝双城经济圈加快崛起。

1. 合力打造国际性综合交通枢纽

打造轨道经济圈。加快畅通沿江与出川出渝高铁大通道建设，加速推进成渝中线、渝西高铁、成南达万、成昆、渝昆等高铁建设，全面融入国家快速交通网，强力打造陆海互济，联通欧洲、东南亚和南亚的货运通道，深度融入全球产业分工与协作。积极推进川南、汉巴南等城际铁路建设，加密川渝城市间城际铁路网，加快构建成渝间、相邻城市间"1小时交通圈"及成渝与周边城市"1小时通勤圈"，显著扩大一小时经济圈覆盖范围。

加强航空枢纽建设。以打造西部地区国际航空枢纽和我国民航业发展第四极为目标，依托"一市两场"优势，打造世界级航空枢纽。优化机场功能布局，推进干支有效衔接，拓展国际航线，着力发展航空货运，大力发展临空经济。加强与重庆合作，完善"3+N"区域机场体系建设，合力打造世界级机场集群。

完善道路网络覆盖。完善高速公路进出川通道,加速形成以成都为中心的高速公路"4小时经济圈"。适应一体化要求,推动成渝高速公路加密成网,强化川渝互联互通,推进普通国省干线公路提档升级,建设广覆盖的县级公路和"农村四好路",打通"断头路""瓶颈路"。

提升内河水运能力。加快建设岷江航电工程,形成成都连接长江的水上通道。实现嘉陵江全江渠化通航,形成便捷的第二大件运输通道。加快贯通金沙江、岷江、涪江和渠江中下游航道,加强港口建设,积极发挥水运优势。加快推进川渝港口合作,推进铁公水联运港建设,共同打造长江上游航运中心,推动江海联运发展。

提高综合运输水平。完善成都交通主枢纽,加快建设次级交通枢纽。推进成渝联合运输,实现客运零换乘和货运无缝衔接。以车联网和无人驾驶技术为依托,大力发展智慧交通,显著降低客货运输成本。

2. 全力强化能源安全保障体系

加快区域能源输配网络建设。统筹规划川渝电网布局与建设,重点推进甘孜至成都东、阿坝至成都东、天府南(乐山)至重庆1000千伏特高压交流输变电和线路工程,加快建设"西电东送"战略通道,构建以1000千伏特高压环网为主、220千伏电网为支撑、覆盖川渝的电力输配网络。优化川渝天然气管网布局和建设,加快补齐以攀西地区为主的管道建设短板。全面推进全省管道改造升级工程。

高水平建设国家重要清洁能源基地。以金沙江、雅砻江、大渡河"三江"干流水电开发为重点,科学有序推进凉山州风电基地和"三州一市"光伏基地等新型清洁能源建设。加强与重庆合作,推进常规天然气与页岩气项目建设,建设川渝天然气千亿产能基地,打造中国"气大庆"。推进川东北、遂宁市等储气调峰项目和华电内江燃气轮机示范项目建设,共同打造西南地区百亿级储气调峰基地。加快四川高兴煤炭储备基地建设。

3. 齐力加强重大水利设施建设

加强重大基础设施建设。统筹实施骨干水源及输配水网工程,加快推进在建水源和应急备用水源安全保障工程,完善水源地建设布局,以国家

"172"重大水利工程为龙头,以大桥水库二期、向家坝灌区一期、引大济岷为重点,规划建设一批重大水利工程。积极推进已成灌区续建配套和节水改造,实施江河湖库水系连通工程,共同构建多元互补、调控自如的川渝水资源输配网络,提高供水安全保障能力。

完善水利防灾减灾体系。加强以长江干支流河道治理等为重点的水旱灾害防御工程建设,大力实施长江、嘉陵江等江河堤岸加固治理工程,推进病险水库和病险水闸加固,全面消除水安全隐患。加强江河湖库水文资源监测,共建灾害监测预警、联防联控和应急调度系统,提高防灾减灾应急能力。

4. 加快建设普惠共享的新型数字基础设施

提升区域互联互通水平。加快建设新一代信息基础设施,完善区域通信枢纽布局,提升网络传输能力及网间互联互通水平,推进电子政务、电子商务、就业服务、社会保险、公共安全、市政管理信息资源共享,逐步完善跨区域便民公共服务平台。

合力打造数据中心。整合数字经济资源,共建全国一体化大数据中心、区域性国际数据中心、西部数据资源交易中心,建设国家数字经济创新发展示范区,打造具有国际影响力的数字经济产业示范区,加快两地政用、民用和商用大数据资源共建共享。

加快数字四川建设。围绕"5+1"产业布局,推进数字产业化和产业数字化发展。共同推进5G、人工智能、区块链等新型基础设施共建共用,推动川渝在互联网、云计算、大数据和人工智能方面与实体经济的深度融合,推动应用项目落地数据中心。

加强国际数据通道建设。深入推进西部陆海新通道数据直接合作,优化升级中新(重庆)国际互联网数据专用通道,探索与"一带一路"沿线国家和地区数据互通路径。强化国际性区域通信枢纽建设,与重庆共谋共建面向国际发展的信息大通道。

(二)扩大产业互补协作发展

1. 合力建设先进制造业基地

打造全球知名的电子信息产业基地。推动川渝强强联合,瞄准世界先进水平，聚焦集成电路、新型显示、新一代网络技术、5G等领域，在全球范围内吸纳集聚要素资源，通过头部企业和重大项目引领带动产业链、价值链向高端迈进。

打造世界级重大装备制造基地。整合优势资源，发挥军民融合优势，推进联合研发和配套协作，重点推进发电输变电与储能、航空航天、智能制造、油气化工等装备制造业成链集聚发展，打造具有世界影响力和代表国家水平的装备制造基地。

打造全国重要的能源化工产业基地。依托资源禀赋科学布局清洁能源产业，大力发展绿色载能产业，打造全国重要的清洁能源产业基地。推动成都、南充、眉山协同打造石化产业基地，打造川东北精细化工集聚区和沿江新型资源化工产业带。

打造世界级白酒生产基地。立足资源禀赋和特色优势，优先发展"六朵金花"，引导成都、德阳、泸州、宜宾"四大白酒主产区"协同发展，支持泸州、宜宾培育世界级白酒产业集群。

打造全国重要的新材料产业基地。加强协同研发与应用拓展，积极融入高端制造供应链，推动生物医用、高性能纤维、特种金属功能、石墨烯及核石墨等新材料产业发展，打造世界级钒钛资源综合利用示范区。

打造川渝汽摩产业研发生产制造基地。整合川渝两地资源，推动川渝合作示范和市州协作，共同打造川渝汽摩产业集群和全国重要的汽车（新能源汽车）、摩托车产业研发生产制造基地。

2. 协同打造现代服务业优势集群

建设西部金融中心。突出高端引领，加快发展区域性总部、后台运营中心，推动设立专业保险机构，加快金融资源集聚，发展壮大本土金融机构。加强成渝金融服务对接，支持企业组建总部在蓉的创投、产业基金，共同探索设立股权、产权、大宗商品等要素交易中心或知名交易所西部中心，促进资本市场和金融创新合作，打造服务西部、辐射全国的西部金融中心。

建设巴蜀文旅走廊。推进全域旅游示范区建设，以三星堆、九寨沟、大熊猫等特色旅游资源和三国文化旅游资源为核心，培育一批标志性、引领性的枢纽项目，加快景点建设，打造十大知名文旅精品和巴蜀文化旅游走廊精品路线，构建"双核引领、两环辐射、四带串联、多点支撑"巴蜀文化旅游走廊，把经济圈打造成为文化旅游高地和国际重要旅游目的地。

建设内陆国际型商贸物流中心。强化成都西部物流枢纽地位，统筹规划国际多式联运集疏系统，拓展成都国际集装箱物流园区服务功能，提升"两场一体"物流服务功能。完善物流产业园区和港口物流园规划布局。加快发展规模大、功能全、档次高的现代化综合市场和专业批发市场，打造遂宁、泸州、自贡、内江、南充等商贸物流基地，与重庆合作，共建现代物流产业集群，建设辐射带动全国、南亚、东南亚及欧洲的内陆国际商贸物流中心。

3. 携手建设高效特色农业带

共建高效特色农产品供应基地。加快优质粮食、油料、生猪、蔬果、茶叶、调味品等重要农产品和特色优势农产品供应基地建设，扩大绿色、有机和地理标志农产品种养规模，共同打造优质畜禽果蔬产业发展带。大力发展设施农业、景观农业等新技术新业态，推进一二三产业融合发展。

共建农产品深加工基地。围绕特色优势农产品资源，加快建设农产品等初深加工园区，培育和引进一批科技含量高、精深加工能力强的特色食品和农产品精深加工龙头企业，推进优质粮油、肉食品、茶叶、中药材等农产品深加工基地建设，促进加工产业精深化、集群化发展。

4. 推进产业园区合作共建

借鉴长三角、京津冀、粤港澳大湾区等区域园区合作开发的成功模式，加快川渝两地合作建设产业集聚、创新发展、对外开放等园区，支持探索建立区域创新、园区合作收益共享机制、鼓励成渝两地共同出资设立产业链合作、创业投资、科技创新和成果转化引导基金，深化成渝地区内部产业的深度融合和合理集聚，推动形成目标统一、利益共享、有机融合的产业发展格局。鼓励东部发达省份与成渝地区的老工业基地、资源枯竭型城市合作设立产业转移和转型发展园区，共同推动这些老工业基地、资源枯竭型城市加快发展和转型。

## （三）加快构建协同一体的空间格局

### 1. 发挥中心城市核心引领作用

充分发挥成都和重庆两个国家中心城市的核心引领辐射带动作用，促进产业、人口及各类生产要素高效集聚，形成以点带面的空间发展格局。围绕服务国家战略、带动区域发展、参与全球合作，创新人城境业高度和谐统一的新型现代化城市发展模式，高质量建设天府新区，高起点规划建设成都东部新区，高标准建设践行新发展理念的公园城市示范区，加快提升成都国家中心城市"五心一枢纽"功能，增强对国际国内高端战略资源的集聚集成和转化能力。科学构建"城市族群+功能片区+产业社区"的城市空间格局，突出生态导向、公交导向、文化导向，构建独具特色的城市形态。加快建设空港新城、简州新城、天府奥体公园、沱江发展轴，打造经济圈建设新平台和彰显公园城市理念的新家园，促进成都国家中心城市高品质发展，做强双城经济圈的核心动力源。

### 2. 促进"成德眉资"同城化

进一步强化成都"主干"功能，推动"主干"由成都拓展为"成德眉资"，进一步提升极核功能和综合承载能力，共建成都现代化都市圈。加快成都与德阳、眉山、资阳在区域规划、基础设施、产业布局、生态环保、公共服务、政策协调等方面同城化，建设具有国际性的现代化都市圈。构建体系完备、高效衔接的综合交通体系和功能一体、空间融合的新型城乡体系，打造以轨道交通为骨干的"1小时通勤圈"。构建衔接统一、联通互认的公共服务体系和联防共治、全域管控的生态环境体系，打造宜居宜业的高品质生活环境。构建高端引领、成链配套的现代产业体系和统一开放、高效配置的区域市场体系，打造充满活力的增长极。构建平台共享、一体联动的对外开放格局，增强内陆开放门户功能。通过"成德眉资"同城化，拓展成都国家级中心城市的发展空间，强化其在经济圈建设中的核心引领作用。

### 3. 强化经济圈城市联动发展

充分发挥经济圈内不同规模城市比较优势，共享发展环境、政策、资源、平台，实现生产要素自由流动，形成优势互补高质量联动发展新格局。推进成都平原经济区一体化发展，共同打造中国新一代信息技术基础、重大装备智能制造基地、国家军民融合示范基地和世界旅游目的地。推进川南经济区一体化发展，做强泸州—宜宾组团，推动内自同城化发展，共建现代产业集中发展区。推进川东北经济区振兴发展，加快建设川渝合作先行示范区，做强南充—达州组团，推动阆苍南一体化发展。推进攀西经济区转型升级，高质量建设攀西国家战略资源创新开发实验区，实施安宁河流域综合开发，巩固脱贫攻坚成果。加快推进革命老区、少数民族地区、相对贫困地区、老工业地区、资源型地区等特殊类型地区高质量振兴发展。

4. 促进成渝"双城互动"

深化与重庆协同合作相向发展，加快推动重大项目布局跨越龙泉山向东延伸，合力打造引领成渝高质量发展双引擎。成都加快实施"东进"战略，牵头组建成渝轴线区（市）县协同发展联盟。强化成渝中轴联系，增强川东北和川南两翼发展能力，依托交通干线和重要河流水系构建区域经济发展带，形成"一轴两翼、双核三带"相向发展的新格局。推进万达开川渝统筹发展示范区建设，推动川东北与渝东北地区一体化发展，建设成渝地区双城经济圈北部经济副中心。促进川南渝西融合发展，加快建设成渝地区双城经济圈南部经济副中心。推动成渝中部地区一体化发展，建设成渝地区中部物流配送中心。推动广安与合川、遂宁与潼南、荣昌与隆昌、合江与永川等次区域合作，共同打造跨区域合作先行示范区。

**（四）提速公共服务共建共享**

1. 推进基本公共服务标准化便利化

加强区域间基本公共服务各领域的建设标准和布局规范、服务流程的衔接，加快构建一体化的基本公共服务标准体系。扩大异地就医住院、门诊直接结算定点医疗机构覆盖范围，推进医疗救助一站式结算，推动医联体或专科联盟关系的公立综合医院实现检查检验结果互认、信息互通，探索医保缴费年限跨省转移互认。建立完善就业服务共享协作机制，推进社会保险服务协同、养老保险关系无障碍转移和职业年金转移接续，建立社会保险协同互认机制。打通社保卡跨区域整合社会保障、卫生健康、公用事业缴费等民生服务功能的瓶颈障碍，逐步实现区域间社保卡的"一网通办、一卡通行"。

2. 增强优质教育医疗资源供给

积极推进优质教育医疗资源扩容和均衡布局。推进国家、省级和区域医学中心建设，加快建成一批全国一流的医院、学科和专科。支持四川大学华西医院、陆军军医大学西南医院等领军三甲医院跨区域设置医疗机构，推动对口支援、巡回医疗和远程诊疗，支持组建跨区域医疗联合体，支持民营医疗机构跨区域连锁发展。强化毗邻地区医疗机构合作，实现跨区域就近转诊。推动全民健康信息跨区域互联互通，建立一体化的急救医疗网络体系。支持高水平大学跨区域设立分校区或与地方共建分校，深化中小学校长和教师交流合作机制，开展跨区域优秀校长和优秀教师交流，鼓励有条件的中小学名校开展跨区域帮扶，支持毗邻地区共建高水平职业院校。

3. 推进公共卫生和医疗养老共建共享

增强重特大突发公共卫生事件应急联动能力，健全区域重大疫情、突发公共卫生事件联防联控机制。协同推进公共卫生队伍建设，联合开展公共卫生人才技能培训和学术交流活动，共同完善补强公共卫生人才队伍体系，提升基层一线公共卫生人才服务保障水平。推进养老从业人员专业化市场共建，推广区域内养老服务标准、养老从业人员从业资质互认，推动建立统一的养老服务统计制度，建设区域养老服务信息管理大平台，支持符合条件的民营养老机构跨区域开设分支机构，联合打造一批具有示范带动作用的健康医疗服务、养老产业示范项目。

4. 联合打造"2小时应急救援圈"

加强跨区域合作协调联动，打破行政区划界限，整合应急救援力量和资源，强化信息沟通与交流、推动应急资源共享和综合调度，建立完善毗邻地区应对突发事件协作机制，开展应急队伍联合演练，提高应急队伍综合救援能力，建成就近就急的"2小时应急救援圈"。

**（五）加快建设高品质生活宜居地**

1. 共筑长江上游生态屏障

加强生态空间共保，推动环境协同治理。加强排放标准、产品标准、环保规范和执法规范对接，联合制定生态环境保护标准，共同发布成渝地区双城经济圈区域环境治理政策法规及标准规范。强化对重点生态功能区产业准入负面清单和"三线一单"的衔接，形成环境准入的统一标尺。完善区域联防联控机制，推动跨界水体环境协同治理，联合开展大气污染综合防治，加强固废危废污染联防联治，推进生态环境数据共享和联合监测。创新跨区域联合监管模式，积极推进跨区域联动执法工作，推动边界区域生态环境共保联治，切实解决边界不清、管理死角等问题，形成共同保护生态环境合力。

2. 打造国际消费目的地

积极推进巴蜀特色国际消费目的地建设。突出特色推进商业街、步行街提档升级，打造富有吸引力的各类消费商圈，营造高品质和差异化的消费空间。顺应消费升级趋势，加快构建多元融合的消费业态，打造特色消费新场景。完善消费供应链体系，积极推进"川渝好物进双城""成渝双城消费节"活动，打响"成渝造""成渝服务""成渝购"消费品牌，加强消费品质量安全监管，联合开展重点消费品检查抽查、服务消费问题专项整治等活动，营造放心舒心安心消费环境。完善消费信用体系，建立跨区域消费领域信用信息共享共用机制。

3. 营造一流营商环境

强化政务服务平台标准对接，统一跨区域行政审批事务流程和标准，逐步实现企业开办、一般投资项目备案、民生保障等事项异地通办和区域政务联网互认。持续优化市场准入机制，实施统一的市场准入负面清单制度，全面落实公平竞争审查制度，保障各类市场主体依法平等进入。协同推进信用体系建设，促进信用信息共享、失信行为标准互认、惩戒措施联动，联合构建以信用为核心的市场监管体系。协同推动知识产权保护、信用体系建设等领域的立法、执法合作。

（六）加快创新能力提升

1. 协力优化创新资源布局

根据我省产业布局特点，进一步整合全省高等院校、科研机构等创新资源，优化我省科技创新布局。依托成都国家中心城市和国家创新型城市建设，加强成德眉资都市圈科技创新体系整体打造，强化创新要素集聚与扩散，提升科技创新能级，打造科技创新枢纽，建设具有全球影响力的创新高地和国家科技创新中心。发挥中国（绵阳）科技城和省级创新型城市科技资源、创新人才、产业基础、配套服务和文化氛围的集聚优势，强化科技研发、成果应用转化和创新服务功能，打造创新发展次级增长极，带动区域创新发展。推进南北向的成德绵乐协同创新示范带建设，突出军民融合和自主创新特色，建设西部最强科技创新和高技术产业走廊；加快打造东西向的成渝高新技术产业带，加强与重庆的创新联合协作和互动协同，建设连接成渝两大国家中心城市的科技创新走廊。

2. 建设产学研用一体化平台

围绕电子信息、装备制造、食品饮料、先进材料、能源化工和数字经济的"5+1"现代产业体系和重点领域，积极推进共建国家重点实验室，组建一批天府实验室，推动筹建飞机发动机、核动力国家实验室。强化省级以上创新中心建设，推动国家川藏铁路、高端航空装备技术创新中心等加快建设，在农业种植、人工智能、先进材料、生物医学、健康服务等重点领域谋划部署新型创新载体。以国家和省级高新技术开发区、国家级自主创新示范区、科技成果转移转化示范区、国际科技创新合作园区等建设为牵引，招引企业、科研机构来川设立区域性研发总部、技术成果孵化基地。持续推进研发创新平台建设，加强科技孵化器、众创空间等创新机构和研发平台建设，建设研究开发、技术转移、创业孵化、知识产权、科学技术普及等专业和综合科技服务平台。

3. 提升协同创新能力

积极推进区域科技创新"一体化"发展，建立健全区域协同创新体制机制，为各类科技交流、合作、对接、共享、融合、成果转化等破除制度藩篱。持续深化与知名高校、科研院所的合作，围绕集成电路与新型显示、工业软件、航空燃机、钒钛资源、轨道交通、智能高端装备、生命健康等重点领域，协同建设一批创新中心、产业技术研究院、产业技术创新联盟、产学研协同创新中心、建设技术研发平台、产业技术创新战略联盟、科技成果中试熟化与产业化基地,共同开展关键核心技术研究和攻关。共同制定引导企业加大研发投入的激励政策,支持有条件的企业建立企业技术中心、工程研究中心、院士工作站、中央研究院等创新载体。搭建开放式产业技术基础公共服务平台,为经济圈内中小企业提供委托研发、计量认证、试验验证、知识产权运用等公共服务。持续深化科技成果使用权、处置权和收益权改革,加快科技成果在经济圈内的转移转化和应用。

4. 加大人才引育力度

紧扣重点领域、重点产业、重点项目,实施高层次创新创业人才培养计划,大力引进培养科技领军人才、青年科技人才、基础研究人才和高水平创新创业团队。健全以创新能力、质量、实效、贡献为导向的科技人才评价体系,突出对重大科技贡献、优秀创新团队和青年人才的激励。优化调整高校专业设置,加快培养适应经济圈发展的优秀人才。加快建立校企合作培训平台,对高技能人才进行专业化的培训和实操锻炼。依托优势产业、重点行业、重点项目,吸引国内外人才智力开展长期工作或短期服务,来川创(领)办企业、独资开办各类中小型科技企业。实施优秀企业家培育计划,加快培养一批经营型、科技型和成长型企业家,鼓励科研人才到企业兼职或创办企业。

## 五、政策建议

积极采取措施,加快推动主要任务落地落实,有效促进成渝地区双城经济圈一体化进程,共同打造中国最具活力的新兴增长极。

### (一)完善政策支撑体系

1. 加强招商政策协调

依据产业发展规划合理确定区域招商引资重点,引导各类外来投资科学布局。协商确定各类招商引资政策的底线和优惠政策幅度,引导各地招商引资竞争从"拼政策"逐步向"拼环境"转变,减少区域间招商过度竞争。加强对重大项目招商的合作,开展联合招商、协同招商,推动重大项目落户合作园区,探索招商引资项目异地流转和企业迁移利益共享机制。

2. 强化财税政策支持

加快推进税收征管一体化，统一税收政策执行标准，推动税收大数据等信息共享，逐步实现异地办税、区域通办。共同争取国家设立成渝协同发展投资基金。推动建立川渝财政注资的财政性基金，重点用于基础设施建设、产业发展和民生领域。支持毗邻地区建立跨行政区财政协同投入机制，在合作园区建立投入共担、利益共享的财税分享管理制度。

3. 推动金融领域合作

优化完善基础金融服务，协同增强科创和制造业金融服务，强化两地在绿色金融发展方面的合作，共同打造绿色金融数字化发展平台，深化绿色金融改革创新。支持川渝优质企业到沪深证券交易所及新三板发行、上市和挂牌，加强两地区域性股权市场合作。推动建立统一的抵押质押制度，推进异地存储、信用担保等跨区域业务，降低跨行政区金融交易成本。协同推进金融风险防范化解，加强金融监管信息对接，共建金融风险监测系统，建立健全规范化、透明性的联合执法机制，协同打击金融违法犯罪。

4. 促进要素优化配置

推动土地要素市场化配置综合改革，统筹平衡年度土地收储和出让计划，探索建立跨区域统筹用地指标的土地管理机制。加强人力资源协作，共建统一开放人力资源市场，推动人才资源互认共享，探索人才柔性流动机制。推动公共资源交易平台互联共享，建设产权交易共同市场，探索建立水权、排污权、用能权、碳排放权等跨省交易制度。

（二）加大开放合作力度

1. 重点推动全域开放合作

与"一带一路"沿线国家或地区互设经贸合作产业园区，强化贸易产业服务功能，构建创新要素聚集基地。积极参与西部陆海新通道、孟中印缅、中巴等国际经济走廊建设，强化与粤港澳大湾区、北部湾经济区、南亚和东南亚开放合作，加强上下游产业链协作，拓展新兴大市场。积极承接东部沿海地区和美日韩等产业转移，深化川港、川澳合作机制，推进中日（成都）

城市建设和现代服务业开放合作示范项目等建设。推进中欧班列（成都）、中欧班列（重庆）高质量发展，依托沿线城市国家物流枢纽，加快资源要素聚集，拓展交易结算、数据信息、商务服务、贸易会展、科技研发、旅游文创等服务业态。

2. 协同推进开放平台建设

加强两地自由贸易试验区建设协调联动，加大力度推进首创性、差异化改革，探索在负面清单外的部分领域深化合资合作、允许外资控股或独资试点等改革举措，探索建设内陆自由贸易港。以重庆港口型国家物流枢纽和成都陆港型国家物流枢纽建设为核心，稳步推进区域内其他国家物流枢纽建设，打造"通道+枢纽+网络"的物流运行体系，提升物流和运营组织中心功能。鼓励两地企业组团参加西博会、科博会、智博会、西洽会、中新金融峰会等重大投促活动，积极引进国际知名品牌赛事落户成渝地区，合作引入国际学校、国际医院，搭建川商渝商服务平台。推进重庆西永综保区、江津综保区与成都高新综保区、高新西园综保区联动发展，完善便捷通关政策，支持国际贸易"单一窗口"平台建设，推进"两步申报""两段准入""两轮驱动""两区优化""两类通关"等改革创新，打造进出口贸易全产业链综合服务体系，全面提升货物跨关区流转效率。

（三）发挥示范引领作用

1. 加快川渝合作示范区建设

积极推进川渝合作示范区（广安片区）建设，以交通基础设施建设为突破，以共建产业园区为支撑，加速广安融入重庆进程，建成重庆北部区域中心城市、川渝合作桥头堡。持续构建协同高效机制体制，完善广安市与合川区、北碚区、垫江县以及重庆市高层定期互访机制，强化沟通交流、深化务实协作，继续强化重点事项清单化管理机制，在签订框架协议的基础上，建立重点项目建设清单，共同推进基础设施、产业协作、生态环境保护等方面的合作。加强城市发展规划协同，主动对接重庆都市圈规划和重庆市国土空间规划，力争将广安纳入重庆进行整体规划，加快构建协调共融、特色鲜明、优势互补的城市发展体系，深度融入重庆都市圈发展。进一步加强产业合作，深化承接产业转移示范区建设,强化与成渝地区行业协会合作关系,建立跨区域承接产业转移协调机制,主动承接重庆汽摩配件、医药制造、机械加工、先进材料、智能家居、精品服饰、特色轻工等产业转移,成为重庆产业配套基地。深化公共服务领域合作,加快构建与成都、重庆教育一体化发展机制,争取与各类高校开展职教项目合作,共建产教融合创新发展示范基地;深化落实户籍、社保、就业、人才、治安等方面合作,推动金融、能源等跨行政区布局、建设和使用;深度参与跨区域跨流域生态保护合作,共建重污染天气应急响应机制。深化与成渝地区政府机关、企业院校沟通协作,广泛开展对标学习、干部交流任职、党建交流学习等活动。

2. 积极推进泸永江融合发展示范区建设

加快启动《泸永江融合发展示范区建设规划》编制工作,明确示范区川渝部分各自功能分区和产业布局,启动泸东新城规划建设,构建"都市区+城镇组群+特色小镇+美丽乡村"的城乡空间格局,打造跨行政区组团发展模式的融合发展示范区。加快推动互联互通的交通、能源、信息等基础设施支撑体系建设。探索建立协作共兴的区域产业体系,推进泸州与永川区在高端装备、智能制造、职教培训和医疗卫生等领域的融合发展;与江津区联合推进"合江·江津(珞璜)"新材料产业合作示范园区建设,在保税加工、航运贸易、现代物流等领域实现联动协同发展。探索建立"联合河长制""联合林长制",开展跨区域生态环境保护联合执法。加快建立市场准入异地同标机制,推进财税金融支持、产业准入标准、要素资源保障、企业立项申请等方面的政策协同,打造高端产业和人口优势承载地、四川南向开放新高地。

3. 扎实推进川渝共建园区建设

准确把握汽车摩托车、电子信息、装备制造、消费品和材料、生物医药等优势产业集群共建方向,充分发挥铁路、公路、水运、航空多式联运的优势,在川渝毗邻地区的广安、达州、遂宁、资阳、内江、泸州等地选择一批条件较好的园区,共建集生产、研发、居住、服务、消费、生态等多功能于一体的新型产业园区。进一步搭建合作平台,创新合作模式,完善合作机制,支持各产业园区开展多方式、多层次、多领域的合作共建,将产业合作园区建设成为成渝地区双城经济圈制造业协同发展的重要载体。积极推进农业科技园区和农产品深加工基地共建，在合作模式、推动市场化运作等方面加大探索力度，为川渝大市场提供稳定、可靠、安全的绿色农产品。

### （四）加速突破体制障碍

#### 1. 加快完善交流合作机制

持续完善川渝两地省级高层互访机制，互派党政代表团开展务实交流，积极推进已签订协议及时履行。扩大两地干部交流范围，在省级层面互派干部任职的基础上，有序增加市、县至省（市）级机构任职人员数量，实现从省级层面到县级层面的全覆盖。充分发挥党政联席会议机制和常务副省（市）长协调会议机制功能，共同研究制定跨区域重点项目建设方案及年度计划，共同解决重点项目建设在征地拆迁、安置补偿、土地和资金要素保障等方面存在的困难和问题，共同制定统一的招商引资政策和产业准入负面清单，共同推进区域生态环境联防联治。

#### 2. 探索经济区和行政区适度分离

加快适度分离改革试点工作，以双方共建园区为基础，优化合作开发和招商引资工作机制，更好地发挥市场配置资源的决定性作用，实现经济活动一体开展、社会事务分区管理，探索形成可复制可推广的跨省域一体化发展经验。加快将试点区域乡镇管理、民生事业、基层治理等社会事务交由原行政辖区属地管理，新区集中资源一体化开展基础设施、产业发展等经济活动。探索建立适宜新区发展的行政审批、项目管理、要素流动等统一标准，强化在产业引进、土地使用、财政支持、税收优惠、投资合作、要素保障等方面的政策协同，推动重大规划和重大项目统一编制、统一管理、共同实施。在企业注册、税收征管、统计分成等方面探索建立互利共赢的利益机制。

#### 3. 共建高标准市场体系

着力推动劳动力要素有序流动，完善户籍制度改革配套保障措施，引导劳动力向大中小城市均衡落户，引导人才资源向重点发展区域加快流动。推动成渝地区户籍便捷迁移，居住证互通、信息共享。完善人力资源市场化开发和流动配置机制，实施人力资源服务提升工程，打造成德眉资人力资源协同发展示范区、川南人力资源协同创新发展试验区和川东北人力资源高质量服务供给区。加强成渝两地金融基础设施互联互通，推进支付体系一体化建设和征信金融统计数据共建共享共用。支持普惠金融发展，加快数字普惠金融体系建设，稳妥推进金融产品和服务方式创新。加快推动建立统一的产权交易市场，完善"互联网+"、人工智能、文创等新领域新业态知识产权维权和保护制度。加快推进统一的城乡建设用地市场建设，建立两地通用的交易规则和交易平台，加快完善城乡基准地价、标定地价制定与发布制度，构建与市场价格挂钩的动态调整机制。

4. 全面推进双圈通办

充分利用现代信息技术手段，运用"互联网+"模式，创新优化各项举措，规范政务服务管理，打通业务链条和数据共享堵点，提升为群众办实事的能力水平。在前期开展政务服务"跨省通办"事项清单的基础上，继续拓展办理事项范围，积极推动区域协作，加大区县点对点开展"跨省通办"力度，推动更多政务服务、公共服务事项"跨省通办"。加快制定统一的办理流程和办事指南，按照一体化政务服务平台政务服务事项基本目录，推动事项办理规范化运行。积极推进大数据产业发展，加快"数字政府""数字社会"建设，强化数据整合共享，主动对接各部门平台系统，将更多直接关系企业和群众办事、应用频次高的数据纳入共享范围。

**指数报告**

# 成渝地区双城经济圈一体化发展指数研究（2020—2021年）

成渝地区在全国区域发展战略中一直被赋予重要使命，发挥着重要作用。2020年10月，习近平总书记主持中共中央政治局会议审议《成渝地区双城经济圈建设规划纲要》（以下简称《规划纲要》），会议要求"成渝地区牢固树立一盘棋思想和一体化发展理念"，"要处理好中心和区域的关系，着力提升重庆主城和成都的发展能级和综合竞争力，推动城市发展由外延扩张向内涵提升转变，以点带面、均衡发展，同周边市县形成一体化发展的都市圈"，明确了成渝地区双城经济圈建设要以一体化均衡发展作为目标。通过构建成渝地区双城经济圈一体化发展指数，定量、动态测算一体化发展进程情况，对推动成渝地区双城经济圈建设这一国家重大发展战略具有重大现实意义。

本报告以《规划纲要》为蓝本，围绕《规划纲要》中部署的区域经济协调发展、基础设施互联互通、现代产业协同发展、科技创新共建共享、文化旅游融合联动、生态环境共保联治、改革开放协同推进、统筹城乡融合发展、公共服务便利共享等九大任务，考虑发展性、一致性和关联性三个角度，构建了包含9个一级指数、43个二级指标的指数体系，由此形成了成渝地区双城经济圈一体化发展指数。一体化发展指数以2016年为基期，测算结果表明，成渝地区双城经济圈协同发展程度有所加深，2020年一体化发展指数达到107.6，五年间年均增长1.9个点。其中，基础设施互联互通、科技创新共建共享、改革开放协同推进成效显著，2020年三项指数分别达到123.9、118.4和112.6。与此同时，受新冠肺炎疫情暴发、汽车产业转型调整等因素影响，生态环境共保联治、文化旅游融合联动、现代产业协同发展有所减缓，2020年三项指数分别为104.1、100.2、94.4。

为促进川渝两地唱好"双城记"共建"经济圈"，针对成渝地区双城经济圈一体化发展指数测算结果反映出来的若干问题，建议一方面围绕发展性指标，巩固和培育优势产业集群，加快发展文旅新业态，做大做强经济能级，深化改革开放创新，增强成渝地区双城经济圈发展合力。另一方面围绕一致性指标，优化资源要素配置，推动要素市场一体化发展，促进科技创新共建共享，推进生态环境共保联治，协同优化营商环境，激发社会发展活力。此外，围绕关联性指标，促进要素跨区域流动，做大市场容量，发挥规模递增效应。

## 一、城市群一体化发展的概念内涵

### （一）城市群的概念及特征

对城市群概念的研究起源于法国地理学家戈特曼（Jean Gottmann），1957年戈特曼首次提出"Megalopolis"的概念（Gottmann，1957），并在随后的研究中进一步将"Megalopolis"概括为大都市区沿着特定的交通轴线集聚而成的多核心城市体系，其特征主要为城市分布密度高且拥有一个以上核心功能城市，交通基础设施网络体系完善，区域一体化水平高，人口规模在2500万人以上等。戈特曼的研究带动了其他学者开始关注"Megalopolis"现象。

国内学者从20世纪80年代开始开展相关研究。1983年，于洪俊首次将"Megalopolis"的思想引入中国（于洪俊和宁越敏，1983），引起了国内学者的关注。国内学者从不同的角度分别将"Megalopolis"翻译为"（大）都市圈""（大）都市带""都市连绵带"等，其中姚士谋在《中国的城市群》一书中，将其翻译为"城市群"，对中国城市群进行了系统的研究，并提出了中国城市群界定的定量标准（姚士谋，1992）。

目前，国内关于"城市群"尚没有统一的定义。姚士谋（1992）将城市群概括为："在特定的地域范围内具有相当数量的不同性质、类型和等级规模的城市，依托一定的自然环境条件，以一个或两个特大或大城市作为地区经济的核心，借助于综合运输网的通达性，发生与发展着城市个体之间的内在联系，共同构成一个相对完整的城市'集合体'。"肖金成（2021）将城市群的概念界定为："在一个特定的区域内云集相当数量、不同规模、不同类型的城市，以一个或几个都市为核心，依托便捷的交通条件，城市之间的联系越来越密切，逐渐形成的城市集合体。"方创琳等（2018）则将城市群定义为："特定地域范围内，以1个超大或特大城市为核心，由至少3个都市圈（区）或大城市为基本构成单元，依托发达的交通通信等基础设施网络，所形成的空间组织紧凑、经济联系紧密并最终实现同城化和高度一体化的城市群体。"孙久文和蒋治（2021）认为城市群是"在空间上邻近且经济联系密切的若干城市构成的网络化统一体"，并指出"城市群成'群'的关键在于城市间要素自由流动、资源高效配置、基础设施对接、产业关联配套、公共服务均等"。张学良（2018）则关注城市群的构成形态，指出"城市群是由两个及以上规模和功能不同但联系紧密并空间上呈现连绵的都市圈构成，都市圈是城市群的核心"。

在对城市群内涵特征的把握上，马燕坤和肖金成（2020）指出城市群的内涵包括四个方面，一是存在至少一个大都市作为城市群的核心城市；二是城市群的辐射核一般至少有两个；三是城市群内存在紧密的产业链上下游联系和市场联系；四是城市群应覆盖都市圈、大中小城市和小城镇等多种形态。戴宾（2004）则从城市群的内涵中将其特征归纳为地域性、群聚性、中心性和联系性等特征。易小光等（2019）认为城市群具备两大内在特征，一是要素集聚和发展集约；二是空间网络连接性和共生特征，并从产业结构、人口空间分布、交通联通和城际关系等四个方面概括了城市群的表象特征。此外，在对城市群概念及特征的研究成果上，大量学者还开展了各个阶段的中国城市群识别研究（陈守强和黄金川，2015）。

### （二）城市群一体化发展的内涵

关于城市群一体化的内涵，目前国内外学界并没有统一的界定。丁伯根（Tinbergen，1954）认为经济一体化是通过消除经济运行中的人为阻碍，实现国际贸易完全自由的过程。巴拉萨（Balassa，1962）认为经济一体化指完全消除商品、资本和劳动力等人为限制，既是一个过程，也是一种状态。弗里德曼（Friedmann，1966）则指出区域经济一体化一般包含四个阶段，第一阶段，取消对商品流动的限制，实现贸易一体化；第二阶段，生产要素自由流动，实现要素一体化；第三阶段，区域内经济政策的协调一致，达到政策一体化；第四阶段，所有贸易、要素和政策全面统一，实现完全一体化。

相对于西方学术界，国内关于城市群一体化的研究起步较晚，主要从内生动力和特征表象等方面描述城市群一体化的内涵。孙久文等（2008）认为城市群一体化是指不同的空间经济主体之间为了生产、消费、贸易等利益的获取，产生市场一体化的过程，包括从产品市场、生产要素市场（劳动力、资本、技术、信息）到经济政策统一的逐步演化。赵勇和白永秀（2007）认为，城市群一体化是城市化和城市区域化的必然结果，其本质是区域一体化过程在城市空间形态上的表现，具备设施同城化、市场一体化、功能一体化与利益协同化的特点。冯更新（2013）认为，城市群是生产力发展、生产要素逐步优化的产物，体现为城市经济联系日益紧密、产业分工与合作、交通与社会生活、城市规划和基础设施建设相互关联，而城市群一体化则是规划、市场、基础设施、社会管理、城乡全面一体化。李琳和彭宇光（2017）基于静态视角，对城市群一体化做了更具体的内涵界定，认为"城市群一体化是指群内各城市间借助城际发达的交通通信等基础设施网络和群内政府间的协作，促使商品、劳动力、资金、技术、信息等要素在各城市间自由流动，以及通过群内产业部门结构和空间结构的演化，形成城市群市场高度融合、产业关联高度紧密、地域空间组织高度集中的一种状态"。李培鑫（2019）从城市之间的结构关系、联系关系和共享关系等角度出发，认为城市群一体化发展是指城市群内不同规模和功能的城市具有合理的空间结构和分工结构，形成密切的经济、社会、生态联系，同时共享相关资源和服务。刘修岩和梁昌一（2021）认为城市群一体化是城市群内部交通商贸互联互通、制度协作显著推进、文化融合持续强化，进而实现在基础设施、市场体系、政策措施等多方面的联通共享的过程。易小光等（2021）主要从内涵和特征角度定义区域一体化，认为区域一体化发展的基本特征包括外部相对独立与内部高度开放、设施同城化与网络交叉化、产业分工与协作合理化以及利益协同化与协调机制有效化。

  从国内城市群一体化发展的实践来看，党的十八大以来，我国相继作出了京津冀协同发展、长江经济带发展、粤港澳大湾区建设、长三角一体化发展、黄河流域生态保护和高质量发展、成渝地区双城经济圈建设等重大区域发展战略部署，极大地丰富了城市群一体化发展的理论实践成果（易小光等，2021）。其中，《长江三角洲区域一体化发展规划纲要》将长三角城市群发展目标明确为区域一体化发展，提出区域一体化发展要"深化跨区域合作，形成一体化发展市场体系，率先实现基础设施互联互通、科创产业深度融合、生态环境共保联治、公共服务普惠共享，推动区域一体化发展从项目协同走向区域一体化制度创新"。《京津冀协同发展规划纲要》则明确2030年的发展目标是"京津冀区域一体化格局基本形成，区域经济结构更加合理，生态环境质量总体良好，公共服务水平趋于均衡，成为具有较强国际竞争力和影响力的重要区域"，提出重点在交通一体化、环保一体化和产业协作一体化等方面率先突破。《粤港澳大湾区发展规划纲要》则重点关注提升大湾区市场一体化水平，提出要打造具有全球竞争力的营商环境，在投资便利化、贸易自由化、人员货物来往便利化等方面促进市场一体化发展。《规划纲要》则强调成渝地区要牢固树立一盘棋思想和一体化发展理念，"要处理好中心和区域的关系，着力提升重庆主城和成都的发展能级和综合竞争力，推动城市发展由外延扩张向内涵提升转变，以点带面、均衡发展，同周边市县形成一体化发展的都市圈"。

综上所述，我们认为，城市群一体化是在基础设施互联互通、区域分工协作的基础上，随着生产要素的自由流动带动空间结构和分工结构演化，从而形成城市群市场高度融合、产业关联高度紧密、地域空间组织高度集中的一种形态。

## 二、国内外城市群一体化发展指数研究综述

### （一）一体化测度方法

在定量测度区域一体化发展程度时，现有研究可以归纳为三类，分别从趋同、差异和关联的角度测度一体化程度：一是基于相对价格法测度趋同程度，也即根据经济学理论中的"一价定律"，其核心思想是，产品的价格是平衡了各种成本构成因素后达到的稳定值，当市场要素能够自由流动时，商品、要素价格应趋同，若同一种产品在两个市场的价格比超出合理区间，则表明两市场间的差异化比较严重。Parsley和Wei（1996）首次创新性地采用相对价格方差法来测度地区市场一体化程度。苏剑等（2021）、李朝鲜（2020）从价格收敛的角度，基于相对价格法对全国省级层面的近20年来一体化程度变化情况进行了评估，进而分析了全国一体化水平的变化趋势及空间结构差异。更多的学者则关注具体一个区域，杨丹丹等（2019）、刘昊和祝志勇（2020）、李旦（2020）、梅饶兰（2021）分别基于相对价格法对长江经济带、成渝地区

双城经济圈、东北地区以及长三角地区的一体化进行了测度研究。二是基于差异分析法评价区域间差异水平,即采用地区间的差异来反向反映一体化程度。关于区域差异测度方法的研究较为成熟,具体的计算方法包括基尼系数、泰尔指数和广义熵指数等方法。潘文卿(2010)基于统计数据进行泰尔指数计算和分解,认为中国不存在全域性的 $\sigma$-收敛,东部与中部存在收敛趋势,西部地带的收敛特征并不显著。秦彪(2012)基于泰尔指数对辽宁省辽中北地区、辽南地区、辽西地区的经济、金融发展差异以及各区域对差异的贡献度进行测算,从而给出对辽宁区域经济发展一体化程度的评估和决策提议。李林君等(2018)重点关注京津冀一体化进程中的公共服务均等性问题,基于广义熵指数对1994—2015年京津冀43个区(地级市)的公共服务一体化水平进行了测算,为正确处理京津冀一体化中的公共服务供给策略提供了政策依据。范擎宇和杨山(2021)则运用泰尔指数、空间计量模型等方法对长三角地区城镇化协调发展的空间特征及形成机理进行了研究。三是以社会网络分析法为代表的城市间关联程度评价,即以地区之间关联关系衡量一体化程度,利用空间关联模型对区域内省市或城市组成的经济网络进行分析,以此来判断各省市或地市间的市场一体化程度。该方法可以吸纳互联网大数据作为数据来源,弥补传统统计数据及时性不够的缺点,因此近年来受到越来越多研究者的关注。方大春和牛黎光(2020)基于2008—2017年长三角城市群面板数据,运用社会网络分析方法测度城市中心度,建立动态面板模型,分析城市群中心性的经济效应,认为长三角城市还处在提升其中心性地位的竞争阶段,长三角城市群一体化任重道远。唐承辉和豆建民(2020)、刘和东和杨丽萍(2020)利用统计数据以及企业联系、交通客流、科技与信息联系等多元数据,基于社会网络分析对长三角的一体化程度进行测度。

**(二)一体化评价体系构建**

不同城市群、不同经济区域存在体制机制、资源禀赋、发展阶段等各方面的差异,因此,构建一种统一、通用的一体化评价体系来描绘不同城市群的一体化程度是不现实的,研究者们在构建一体化发展指数方面做了大量工作，构建思路主要分为两大类，一是重点侧重某一个方面的一体化进度，以相关经济学理论为支撑，构建单一指数，比如赵三武和钱雪亚（2014）、赵金丽等（2017）都将劳动力市场作为区域一体化测度的重要研究点，构建劳动力市场的一体化发展指数；二是考虑一体化评估的复杂性，基于层次分析法、主成分分析法等方法，构建多级、多主题的指标评价体系。其中，该方法按照指标构建依据不同又可分为两类：第一类，以经济学理论为依据，将一体化的内容分为若干方面，作为指标体系的一级指数，通常这些一级指数涵盖了基础设施、生产要素、创新、产业、生态环境、行政（体制机制）等多个方面（张军，2011；李雪松和孙博文，2013；吕典玮和张琦，2010）。第二类，在以国家重大区域战略相关城市群为研究对象时，以国家重大发展理念、国家发布的重大区域规划纲要等重要政策性文件为指引，构建一体化发展指数的框架结构，这一方法以城市群发展规划、发展目标为导向，既有利于开展实证研究，也能更好地指导实践工作。

在实践中，京津冀、长三角和粤港澳作为我国发展较为成熟、规模较大的城市群经济区域，吸引了众多学者以之为对象开展一体化评价相关研究工作。同时，由于数据可获取性等客观原因，京津冀和长三角一体化评价研究相对更加完善。2016 年，国家统计局、北京市统计局和中国社会科学院京津冀协同发展智库联合研究建立了"京津冀区域发展指数"[①]，并每年动态发布，这也是目前国内唯一一个由官方主导研究的发展指数。该指数基于"创新、协调、绿色、开放、共享"五大发展理念构建了包括 5 个一级指数、18 个二级指标和 48 个三级指标的京津冀区域发展评价指标体系，三级指标以描述具体某一领域的发展程度为主，分为正向指标和逆向指标，通过标准化处理后，最后根据专家打分的权重计算一级指数。随后，中国社会科学院京津冀协同发展智库京津冀协同发展指数课题组（2020）也开展了类似研究工作，以五大发展理念构建了包含 25 个三级指标的"京津冀协同发展指数"体系。对长三角地区的一体化发展指数的研究则主要由高校、科研院所和民间团体发起，比如新华社中国经济信息社和中国城市规划设计研究院联合研发的

---

① 参见京津冀区域发展指数，http://www.stats.gov.cn/tjsj/zxfb/202112/t20211220_1825499.html。

"长三角一体化发展指数"①，围绕"多元人口流动、产业创新合作、设施互联互通、民生服务共享、生态环境共保"五大维度构建了评价体系；浙江大学则依据习近平总书记关于"紧扣一体化和高质量两个关键字"的重要精神，研究了"长三角高质量一体化发展指数"②，包括开放一体化、创新一体化、制度一体化、生态一体化、福利一体化五大维度；领导决策信息智库提出的"长三角区域一体化发展指数"③ 以《长江三角洲区域一体化发展规划纲要》为蓝本，以其中的七大任务——对应为指标体系的7个分指数，为一体化评价体系的研究提供了另外一种思路。以上研究成果对我们开展成渝地区双城经济圈一体化指数研究具有重要的参考借鉴意义。

### 三、成渝地区双城经济圈一体化发展指数测算思路

#### （一）总体思路

《规划纲要》是党中央为推动成渝地区双城经济圈建设成为带动全国高质量发展的重要增长极和新的动力源所作出的系统谋划和战略部署，为未来一段时期成渝地区发展提供了根本遵循和重要指引。本报告以《规划纲要》为蓝本，围绕《规划纲要》中部署的九大任务，分别构建区域经济协调发展、基础设施互联互通、现代产业协同发展、科技创新共建共享、文化旅游融合联动、生态环境共保联治、改革开放协同推进、统筹城乡融合发展、公共服务便利共享9项指数，并将此9项指数合成综合的一体化发展指数来反映成渝地区双城经济圈一体化发展情况。

2020年10月中共中央政治局会议审议《成渝地区双城经济圈建设规划纲要》指出，成渝地区要处理好中心和区域的关系，着力提升重庆主城和成都的发展能级和综合竞争力，推动城市发展由外延扩张向内涵提升转变，以点带面、

---

① 长三角一体化发展指数发布，https://www.cnfin.com/zs-lb/detail/20211122/3462374_1.html。
② 浙大团队发布长三角高质量一体化发展指数，http://www.news.zju.edu.cn/2020/1214/c775a2231165/page.htm。
③ 参见"领导决策信息智库"微信公众号。

均衡发展,同周边市县形成一体化发展的都市圈①。这意味着成渝地区双城经济圈在建设过程中,既要进行充分发展,也要注重协同合作,最终实现一体化均衡发展。因此,本研究结合成渝地区双城经济圈一体化发展的内涵和要求,将评价指标分为发展性指标、一致性指标和关联性指标三个维度,有利于从不同角度来反映成渝地区双城经济圈一体化发展程度。

其中,发展性指标主要反映与基期相比,指标的进步变化程度,体现出指标的增长性。发展性指标一般为正向指标,指标值越高,表明成渝地区双城经济圈该领域的发展能级和水平越高,对双城经济圈实现内部一体化的推动、带动能力越强。一致性指标通常用变异系数、泰尔指数等来测度区域发展的差异化程度,体现出指标发展的同步性。一致性指标一般为负向指标,指标值越低,代表双城经济圈区域发展的相向、均衡发展水平越高。一致性指标通常会在进行正向化处理之后再纳入指标合成当中。关联性指标主要是测度成渝地区双城经济圈内部经济社会联系紧密度、协同合作发展程度等。与发展性指标相比,关联性指标更加侧重于体现指标的联动性。评价方法与发展性指标类似,一般为正向指标,指标值越高,代表双城经济圈发展的互动性越强,内部联系的紧密度越高。一体化发展指标体系见图4-1。

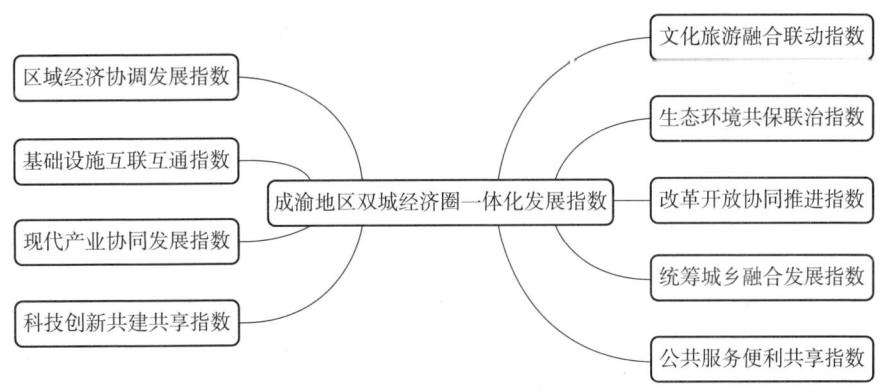

图4-1 一体化发展指标体系

---

① 中共中央政治局召开会议审议《成渝地区双城经济圈建设规划纲要》,中共中央总书记习近平主持会议,新华社,http://www.xinhuanet.com/politics/leaders/2020-10/16/c_1126620405.htm。

## （二）基本原则

为了有效反映成渝地区双城经济圈一体化发展水平及变化情况，在一体化指数构建过程中，指标体系的建立和指标的筛选应遵循以下原则：

1. 科学性与有效性原则

指标的选取紧密结合《规划纲要》中提出的主要任务，要符合成渝地区双城经济圈一体化发展内涵，能够充分发挥指标对双城经济圈一体化发展的跟踪监测作用，有效反映一体化发展程度，指数结果可以为双城经济圈一体化推动工作提供有效的决策支持。

2. 系统性与层次性原则

指标体系要能够从不同维度反映双城经济圈一体化发展的主要特征和变化情况，各指标的层次结构应清晰明确。同时，指标体系还要反映出各层次之间的内在联系，构建形成系统、完整、统一的指标评价体系，提高一体化指数的综合评价能力。

3. 针对性和可操作性原则

指标体系在设计过程中，应围绕成渝地区双城经济圈一体化发展过程中存在的主要矛盾，选择适当的靶向性指标，确保评价结果能够对双城经济圈一体化发展提出具有针对性的反馈和建议。同时，指标选取时还要考虑指标数据的可得性和可量化性，评估方法切实可行。

## （三）评价体系

成渝地区双城经济圈一体化发展指数评价指标体系围绕《规划纲要》中的九大重点任务，分别设立了9项指数作为评价体系的一级指数。同时，每项一级指数下设若干项二级指标，每个二级指标对应1~3项三级指标，最终形成了包含9项一级指数、39项二级指标和43项三级指标的成渝地区双城经济圈一体化指数评价指标体系。

1. 区域经济协调发展指数

全面提升双城发展能级和综合竞争力、优化双城经济圈协同发展格局是成渝地区双城经济圈建设的重点内容，也是推动双城经济圈一体化发展的主要支撑。围绕《规划纲要》构建双城经济圈发展新格局要求，区域经济协调发展指数下设双城发展能级、人口吸引力、物流吸引力3项发展性指标和经济发展强度差异、城市首位度差异两项一致性指标，以及川渝间人口流动、川渝合作共建重大项目总投资两项关联性指标。其中，双城发展能级、人口吸引力、物流吸引力指标主要从GDP、人流、物流等方面来反映双城经济圈的发展能级和要素集聚水平。经济发展强度差异和城市首位度差异指标主要通过人均GDP的差异性系数、城市人口首位度差异性系数来衡量双城经济圈区域发展差异。川渝间人口流动、川渝合作共建重大项目总投资指标主要从川渝间百度迁徙指数、川渝合作共建重大项目总投资额来反映双圈区域间的协同共建情况。

2. 基础设施互联互通指数

围绕《规划纲要》中"加快完善传统和新型基础设施，构建互联互通、管理协同、安全高效的基础设施网络"等相关任务要求，结合指标的可操作性原则，基础设施互联互通指数下设公路设施建设、铁路设施建设、新基建建设3项发展性指标和铁路互联互通、成渝间开行动车对开数两项关联性指标。其中，公路设施建设、铁路设施建设、新基建指标分别通过高速公路密度、铁路密度、光缆线路长度来反映双城经济圈传统和新型基础设施建设情况。铁路互联互通、成渝间开行动车对开数指标分别以川渝间铁路货运量、成渝间开行动车对开数来衡量两地间基础设施联通水平。

3. 现代产业协同发展指数

现代产业协同发展指数根据《规划纲要》"加快构建高效分工、错位发展、有序竞争、相互融合的现代产业体系"等任务要求的主旨要义，设置优势产业集群化发展1项发展性指标和产业结构差异、劳动生产效率差异两项一致性指标，以及川渝间贸易量1项关联性指标。其中，优势产业集群化发展指标主要是通过优势产业集群区位熵来反映双城经济圈具有竞争力的产业集群培育情况。产业结构差异、劳动生产效率差异指标主要分别通过非农业增加值比重差异、全员劳动生产率差异反映双城经济圈产业投入产出效率差异情况。川渝间贸易量指标主要基于投入产出表测算川渝间贸易量来反映双城经济圈产业融合发展问题。

### 4. 科技创新共建共享指数

科技创新共建共享指数围绕《规划纲要》"共建具有全国影响力的科技创新中心"任务内容，设立科技创新发展活力、科技创新经费投入、发明专利产出3项发展性指标，科技创新人力差异1项一致性指标，联合发表科技成果、川渝间科技资源共建共享两项关联性指标。其中，科技创新发展活力、科技创新经费投入、发明专利产出指标分别通过高新技术企业数量、R&D经费支出占GDP比重、万人发明专利授权量衡量双城经济圈总体科技创新发展环境，以及创新投入和产出水平。科技创新人力差异指标主要通过科研人员数量差异反映川渝两地科技创新人才支撑水平。联合发表科技成果、川渝间科技资源共享指标主要是对双城经济圈科技创新协同合作情况进行评估。

### 5. 文化旅游融合联动指数

文化旅游融合联动指数围绕"共建巴蜀文化旅游走廊""打造富有巴蜀特色的国际消费目的地"等目标任务，下设消费市场活力1项发展性指标和教育文化娱乐消费差异1项一致性指标，以及国庆假期川渝间人流、精品旅游线路数量两项关联性指标。其中，消费市场活力指标主要通过消费占GDP比重来反映双城经济圈消费活力；教育文化娱乐消费差异指标主要以人均教育文化娱乐类消费支出差异来衡量川渝两地文旅消费水平差异；国庆假期川渝间人流、精品旅游线路数量指标分别通过国庆期间川渝的百度迁徙指数、互联网上川渝精品旅游线路数量来说明川渝两地文旅融合发展进程。

### 6. 生态环境共保联治指数

生态环境共保联治指数围绕《规划纲要》"推动生态共建共保""加强污染跨界协同治理"等任务，下设生态环保投入和生态环保成效两项二级指标。其中，生态环保投入通过地方财政环境保护支出占一般公共预算支出比重地区差异和工业污染治理投资差异2项一致性指标来反映川渝两地在生态环保方面的投入力度差异。川渝两地山水相连，生态环境休戚相关，共筑长江上游生态屏障需要两地共同努力，因此，生态环保成效均设置为发展性指标，主要考量川渝两地生态环保所共同取得的成效，从数据有效性和可得性考虑，下设中断面水质优良率和单位GDP能耗值2项三级指标。

### 7. 改革开放协同推进指数

改革开放协同推进指数围绕《规划纲要》"联手打造内陆改革开放高地"相关任务要求，下设贸易开放水平、资本开放水平两项发展性指标和要素价格差异以及民营经济发展活力差异两项一致性指标。其中，贸易开放水平、资本开放水平指标分别通过进出口总额占全国比重、实际利用外资来计算。要素价格差异指标主要从推动要素市场一体化出发，结合要素重要性和数据可得性，最终选择从成渝两地房价水平差异、工资水平差异、运价差异3个维度来衡量双城经济圈要素价格差异情况。民营经济发展活力是衡量区域改革开放水平的重要量尺，这里通过用民间投资增长率差异情况来反映双城经济圈民营经济发展活力差异。

### 8. 统筹城乡融合发展指数

围绕《规划纲要》"共同推动城乡融合发展"任务和"缩小成渝区域发展差距"等目标，统筹城乡融合发展指数通过城乡居民收入水平差异、城乡居民生活水平差异、城乡经济发展质量差异3项一致性指标来衡量成渝地区双城经济圈城乡融合发展情况。其中，城乡居民收入水平差异主要通过地区城乡居民收入比值的差异来衡量；城乡居民生活水平差异以城乡恩格尔系数比来反映；城乡经济发展质量差异则通过农业和非农业劳动生产率比值差异情况来进行评价。

### 9. 公共服务便利共享指数

围绕《规划纲要》"强化公共服务共建共享"任务要求，公共服务便利共享指数下设公共服务投入差异、医疗卫生服务差异、教育资源配置3项一致性二级指标和双城基本公共服务标准化便利化进展1项关联性二级指标。其中，公共服务投入差异指标通过川渝两地人均一般公共预算财政支出差异来衡量两地的公共服务共建投入情况；医疗卫生服务差异通过人均预期寿命差异情况来反映；教育资源配置差异以义务教育阶段师生比差异来刻画；双城基本公共服务标准化便利化进展则是围绕《规划纲要》中提出的主要的公共服务标准化便利化项目，通过目标达成度来评价双城基本公共服务标准化便利化发展程度。

经过多轮数据测算和专家评议，最终确定形成了以下成渝地区双城经济圈一体化发展指数评价指标体系（如表4-1所示）。

表 4-1 成渝地区双城经济圈一体化发展指数评价指标体系

| 一级指数 | 二级指标 | 三级指标 | 指标类型 |
|---|---|---|---|
| 区域经济协调发展 | 双城发展能级 | GDP占全国比重 | 发展性指标 |
| | 人口吸引力 | 常住人口数与户籍人口之比 | 发展性指标 |
| | 物流吸引力 | 货运总量 | 发展性指标 |
| | 经济发展强度差异 | 人均GDP的差异性系数 | 一致性指标 |
| | 城市首位度①差异 | 城市人口首位度差异性系数 | 一致性指标 |
| | *川渝间人口流动 | 川渝间百度迁徙指数 | 关联性指标 |
| | *川渝合作共建重大项目总投资 | 川渝合作共建重大项目总投资额 | 关联性指标 |
| 基础设施互联互通 | 公路设施建设 | 高速公路密度 | 发展性指标 |
| | 铁路设施建设 | 铁路密度 | 发展性指标 |
| | 铁路互联互通 | 川渝间铁路货运量 | 关联性指标 |
| | 新基建建设 | 光缆线路长度 | 发展性指标 |
| | *成渝间开行动车对开数 | 成渝间开行动车对开数 | 关联性指标 |
| 现代产业协同发展 | 优势产业集群化发展 | 优势产业集群区位熵 | 发展性指标 |
| | 产业结构差异 | 非农和农业增加值比重差异 | 一致性指标 |
| | 劳动生产效率差异 | 全员劳动生产率差异 | 一致性指标 |
| | *川渝间贸易量 | 基于投入产出表测算川渝间贸易量 | 关联性指标 |
| 科技创新共建共享 | 科技创新发展活力 | 高新技术企业数量 | 发展性指标 |
| | 科技创新经费投入 | R&D经费支出占GDP比重 | 发展性指标 |
| | 科技创新人力差异 | 科研人员数量差异 | 一致性指标 |
| | 发明专利产出 | 万人发明专利授权量 | 发展性指标 |
| | 联合发表科技成果 | 川渝联合发表科技成果数量 | 关联性指标 |
| | *川渝间科技资源共建共享 | 川渝科技资源共享平台——共享大型仪器数量（价值） | 关联性指标 |
| 文化旅游融合联动 | 消费市场活力 | 消费占GDP比重 | 发展性指标 |
| | 教育文化娱乐消费差异 | 人均教育文化娱乐类消费支出差异 | 一致性指标 |
| | *国庆假期川渝间人流 | 国庆期间川渝的百度迁徙指数 | 关联性指标 |
| | *精品旅游线路数量 | 互联网上川渝精品旅游线路数量 | 关联性指标 |

---

① 区域最大城市与第二大城市人口规模之比。

续表

| 一级指数 | 二级指标 | 三级指标 | 指标类型 |
|---|---|---|---|
| 生态环境共保联治 | 生态环保投入 | 地方财政环境保护支出占一般公共预算支出比重地区差异 | 一致性指标 |
| | | 工业污染治理投资差异 | 一致性指标 |
| | 生态环保成效 | 断面水质优良率 | 发展性指标 |
| | | 单位 GDP 能耗值 | 发展性指标 |
| 改革开放协同推进 | 贸易开放水平 | 进出口总额占全国比重 | 发展性指标 |
| | 资本开放水平 | 实际利用外资 | 发展性指标 |
| | 要素价格差异 | 房价水平差异 | 发展性指标 |
| | | 工资水平差异 | 发展性指标 |
| | | 运价差异 | 一致性指标 |
| | 民营经济发展活力差异 | 民间投资增长率地区差异 | 一致性指标 |
| 统筹城乡融合发展 | 城乡居民收入水平差异 | 地区城乡居民收入比值的差异 | 一致性指标 |
| | 城乡居民生活水平差异 | 城乡恩格尔系数比 | 一致性指标 |
| | 城乡经济发展质量差异 | 农业和非农业劳动生产率比值差异 | 一致性指标 |
| 公共服务便利共享 | 公共服务投入差异 | 人均一般公共预算财政支出差异 | 一致性指标 |
| | 医疗卫生服务差异 | 人均预期寿命差异 | 一致性指标 |
| | 教育资源配置差异 | 义务教育阶段师生比差异 | 一致性指标 |
| | *双城基本公共服务标准化便利化进展 | 公共服务标准化便利化项目目标达成度 | 关联性指标 |

注：部分指标（加 * 号标注）因缺少历史数据暂不纳入 2020 年成渝地区双城经济圈一体化发展指数指标计算范围，待后期数据完善后再适时纳入。

## （四）测算方法

1. 指标测算方法

指标测算时，参考《京津冀协同发展指数报告》等已有研究中的标准化处理方法，以《成渝城市群发展规划》发布时间 2016 年的数值为基期进行标准化去量纲处理。

（1）发展性指标计算

设 $y_t$ 为历年指标的测算值，$y_{2016}$ 为指标 2016 年的测算值，$p_t$ 为标准化后的指标值。则计算得到该指标的最终值为：

$$p_t = \frac{y_t}{y_{2016}}$$

(2) 一致性指标计算

一致性指标主要考察成渝两地在某方面发展的差异情况，在计算过程中，首先是计算两地测算值间的差异系数 $v_t$，设 $y_{t1}$ 和 $y_{t2}$ 分别为 $t$ 年度两地的测算值，$\bar{y}_t$ 为两地测算值的平均值，则差异系数 $v_t$ 为：

$$v_t = \frac{\sqrt{((y_{t1}-\bar{y}_t)^2 + (y_{t2}-\bar{y}_t)^2)/2}}{\bar{y}_t}$$

由于差异化指标为逆向指标，所以还需要再对其进行正向标准化处理：

$$p_t = \frac{1}{v_t/v_{2016}}$$

(3) 关联性指标计算

关联性指标主要评估区域间各类合作往来的密切程度，为正向指标，计算方法与发展性指标相同：

$$p_t = \frac{y_t}{y_{2016}}$$

2. 指数合成方法

(1) 权重确定

本研究对围绕《规划纲要》中的九大任务设置的 9 项指数赋予均等的权重，同时，每项指数下设的各三级指标权重也都具有相同的权重。

(2) 指数合成

根据权重对标准化处理后得到的指标值进行加权平均：

$$S = \sum p_i \times w_i$$

其中，$p_i$ 为第 $i$ 个指标的指标值，$w_i$ 为第 $i$ 个指标的权重，分别计算各项指标的加权得分值后再进行加总，最终得到各级综合指数值。

(五) 数据说明

本报告各指标计算中所用数据主要来源于国家和川渝地区统计局或相关职能部门公开发布的权威数据，涵盖 2016—2020 年数据，主要包括《中国统计年鉴》《重庆统计年鉴》《四川统计年鉴》《成都统计年鉴》等出版物,以及国家统计局、中国交通运输部、国家卫生健康委员会、四川省统计局、重庆市统计局、四川省卫生健康委员会、重庆市卫生健康委员会等官方发布的统计公报及其他相关数据,另有部分数据来源于Wind。本报告中GDP及第一二三产业产值数据以2016年为基期,计算不变价。

本报告受数据可得性影响,市场发展能级、人口吸引力、经济发展强度差异、城市首位度差异、公路设施建设、铁路设施建设、产业结构差异、消费市场活力、贸易开放水平等二级指标采用成渝地区双城经济圈范围数据,包含重庆市29个区(县)(含开州、云阳全域)和四川15个市(含绵阳、达州、雅安全域);物流吸引力、新基建建设、优势产业集群化发展、劳动生产效率差异、科技创新发展活力、科技创新经费投入、发明专利产出、科技创新人力差异、联合发表科技成果、教育文化娱乐消费差异、生态环保投入、生态环保成效、资本开放水平、民营经济发展活力差异、城乡经济发展质量差异、城乡居民收入水平差异、城乡居民生活水平差异、公共服务投入差异、医疗卫生服务差异、教育资源配置差异等二级指标采用川渝全域范围数据;铁路互联互通、要素价格差异等二级指标采用成渝范围数据。

## 四、2020年成渝地区双城经济圈一体化发展指数结果分析

### (一)一体化发展指数总体情况

成渝地区双城经济圈一体化发展指数自2016年以来总体呈现上升趋势,以2016年为基期(即2016年为100,下同),计算得到2020年双城经济圈一体化发展指数为107.6,年均增长1.9个点。其中,基础设施互联互通指数、科技创新共建共享指数以及改革开放协同推进指数3项指数是推动2020年成渝地区双城经济圈一体化发展指数增长最主要的3项指标,指标得分分别达到123.9、118.4和112.6,年平均分别增长6.0个点、4.6个点、3.2个点。除此之外,公共服务便利共享指数、区域经济协调发展指数、统筹城乡融合发展指数3项指数对2020年成渝地区双城经济圈一体化发展指数也有明显的促进作用,指标值分别为107.6、106.3、100.6,年均约分别提高1.9个点、

1.6个点、0.2个点。与此同时,生态环境共保联治指数、文化旅游融合联动指数、现代产业协同发展指数3项指数出现不同程度的下降,指标值分别为104.1、100.2、94.4,分别较2019年下降7.4个点、3.3个点、0.2个点(见表4-2、图4-2、图4-3)。

表4-2 成渝地区双城经济圈一体化发展指数测算结果

| 一级指数 | 2020年指数值 | 二级指标 | 三级指标 | 2017年指标值 | 2018年指标值 | 2019年指标值 | 2020年指标值 |
|---|---|---|---|---|---|---|---|
| 区域经济协调发展 | 106.3 | 双城发展能级 | GDP占全国比重 | 101.3 | 101.9 | 103.3 | 104.9 |
| | | 人口吸引力 | 常住人口数与户籍人口之比 | 101.1 | 101.5 | 102.3 | 102.9 |
| | | 物流吸引力 | 货运总量 | 107.2 | 117.3 | 107.7 | 108.9 |
| | | 经济发展强度差异 | 人均GDP的差异性系数 | 100.7 | 105.9 | 108.7 | 110.0 |
| | | 城市首位度差异 | 城市人口首位度差异性系数 | 100.5 | 101.8 | 103.2 | 105.0 |
| 基础设施联互通 | 123.9 | 公路设施建设 | 高速公路密度 | 106.4 | 109.2 | 115.1 | 124.5 |
| | | 铁路设施建设 | 铁路密度 | 104.1 | 108.2 | 113.0 | 114.0 |
| | | 铁路互联互通 | 川渝间铁路货运量 | 123.3 | 126.2 | 122.4 | 133.2 |
| | | 新基建建设 | 光缆线路长度 | 114.6 | 118.7 | 121.9 | 123.6 |
| 现代产业协同发展 | 94.4 | 优势产业集群化发展 | 优势产业集群区位熵 | 97.0 | 88.2 | 82.9 | 86.8 |
| | | 产业结构差异 | 非农和农业增加值比重差异 | 94.8 | 102.6 | 100.0 | 95.6 |
| | | 劳动生产效率差异 | 全员劳动生产率差异 | 98.9 | 100.3 | 101.1 | 100.9 |
| 科技创新共建共享 | 118.4 | 科技创新发展活力 | 高新技术企业数量 | 102.4 | 104.5 | 107.8 | 111.8 |
| | | 科技创新经费投入 | R&D经费支出占GDP比重 | 103.3 | 109.3 | 111.1 | 125.0 |
| | | 科技创新人力差异 | 科研人员数量差异 | 99.8 | 95.3 | 96.1 | 97.8 |
| | | 发明专利产出 | 万人发明专利授权量 | 113.0 | 117.4 | 121.8 | 139.1 |
| | | 联合发表科技成果 | 川渝联合发表科技成果数量 | 108.1 | 124.9 | 128.4 | 118.4 |

续表

| 一级指数 | 2020年指数值 | 二级指标 | 三级指标 | 2017年指标值 | 2018年指标值 | 2019年指标值 | 2020年指标值 |
|---|---|---|---|---|---|---|---|
| 文化旅游融合联动 | 100.2 | 消费市场活力 | 消费占GDP比重 | 97.6 | 101.0 | 98.0 | 92.6 |
| | | 教育文化娱乐消费差异 | 人均教育文化娱乐类消费支出差异 | 100.1 | 105.4 | 109.0 | 107.8 |
| 生态环境共保联治 | 104.1 | 生态环保投入 | 地方财政环境保护支出占一般公共预算支出比重地区差异 | 102.7 | 106.8 | 117.1 | 104.0 |
| | | | 工业污染治理投资差异 | 193.3 | 99.2 | 100.5 | 79.3 |
| | | 生态环保成效 | 断面水质优良率 | 104.6 | 110.3 | 121.9 | 129.4 |
| | | | 单位GDP能耗值 | 97.8 | 105.2 | 106.3 | 103.8 |
| 改革开放协同推进 | 112.6 | 贸易开放水平 | 进出口总额占全国比重 | 107.7 | 120.3 | 130.7 | 148.9 |
| | | 资本开放水平 | 实际利用外资 | 94.9 | 107.2 | 114.6 | 102.2 |
| | | 要素价格差异 | 房价水平 | 112.1 | 131.1 | 106.1 | 96.5 |
| | | | 工资水平 | 97.7 | 107.1 | 139.8 | 181.8 |
| | | | 运价差异 | 118.5 | 80.3 | 65.4 | 61.4 |
| | | 民营经济发展活力差异 | 民间投资增长率地区差异 | 114.8 | 163.2 | 94.8 | 84.9 |
| 统筹城乡融合发展 | 100.6 | 城乡居民收入水平差异 | 地区城乡居民收入比值的差异 | 100.1 | 94.4 | 92.1 | 90.5 |
| | | 城乡居民生活水平差异 | 城乡恩格尔系数比 | 100.4 | 101.7 | 104.5 | 104.9 |
| | | 城乡经济发展质量差异 | 农业和非农业劳动生产率比值差异 | 100.0 | 100.9 | 100.9 | 106.3 |
| 公共服务便利共享 | 107.6 | 公共服务投入差异 | 人均一般公共预算财政支出差异 | 100.9 | 112.3 | 112.9 | 135.0 |
| | | 医疗卫生服务差异 | 人均预期寿命差异 | 97.0 | 84.7 | 86.4 | 82.6 |
| | | 教育资源配置差异 | 义务教育阶段师生比 | 101.7 | 101.9 | 103.1 | 105.2 |

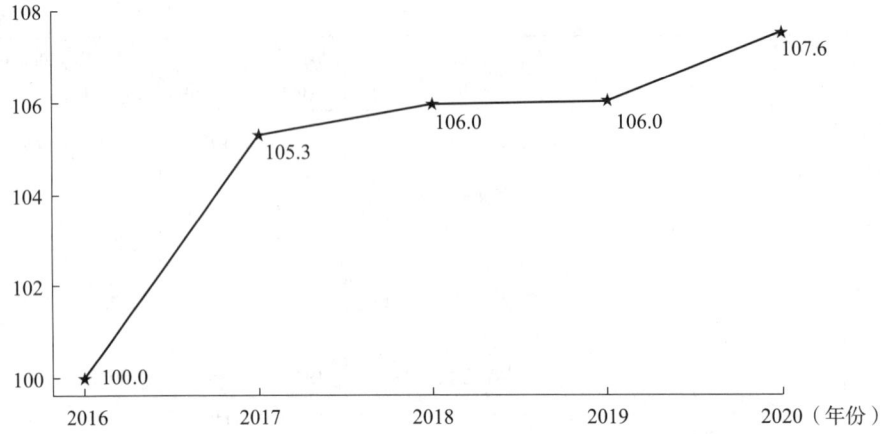

图 4-2 2016—2020 年成渝地区双城经济圈一体化发展指数变化情况

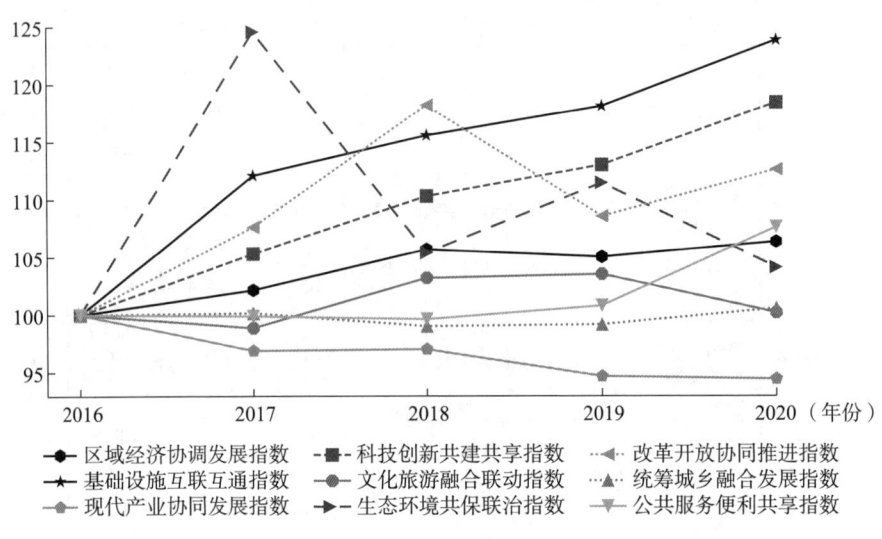

图 4-3 2016—2020 年一体化发展指数 9 项一级指数变化情况

## (二) 2020 年一级指数情况

### 1. 区域经济协同发展指数

2016—2020 年，在经济发展实力、人口吸引力等 5 项分指标的共同带动下，成渝地区双城经济圈区域经济协调发展指数稳步上升，2020 年指数达到 106.3，高上年 1.3 个点，较 2016 年增加 6.3 个点。其中，受道路货物运输量专项调查后统计口径调整影响，2019 年区域经济协调发展指数有所降低（见图 4-4）。

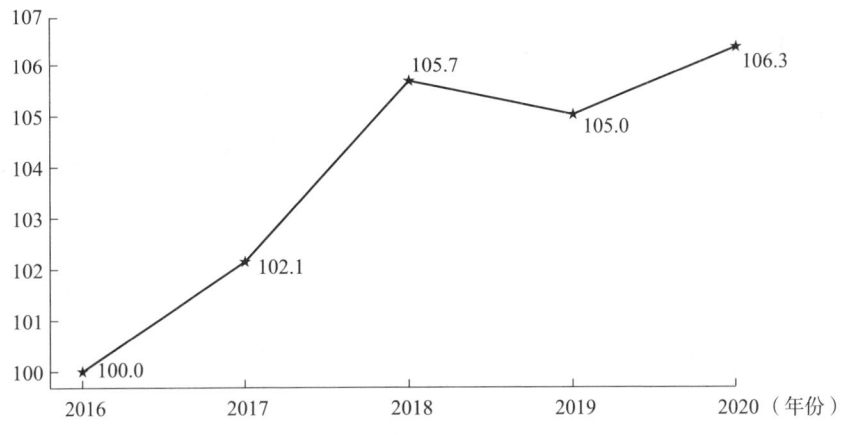

图4-4 2016—2020年区域经济协同发展指数变化情况

(1) 经济发展实力明显提升

"十三五"以来,成渝地区双城平均经济圈经济发展实力不断增强,地区生产总值年均增速超过8%,高出全国平均水平1.2个百分点以上,GDP占全国比重持续提升,2020年双城经济圈GDP占全国比重达到6.47%,较2016年提升0.3个百分点,在全国范围内的经济影响力有所增强。测算表明,2020年双城发展能级指标值为104.9,较2016年提高4.9个点,平均每年约提高1.2个点。特别是2020年以来,国家部署推动成渝地区双城经济圈建设,川渝两地克服新冠肺炎疫情影响,经济社会发展取得明显成效,2020年指标值较上年提升1.6个点(见图4-5)。

(2) 人口吸引力稳步提高

第七次全国人口普查显示,10年来重庆、成都跨省流入人口分别增加115.16万人、581.89万人,已经成为我国人口吸引力最强的地区之一。2020年,双城经济圈常住人口数量约为9860万人,较2016年增加257万人,增幅超过2.3%;常住人口占户籍人口比例达到94.5%,较2016年提升了2.7个百分点。经测算,2020年成渝地区双城经济圈人口吸引力指标值为102.9,比2016年高出2.9个点,年均提高约0.7个点(见图4-6)。在社会经济发展和战略定位变化等因素带动下,成渝地区双城经济圈人口吸引力和集聚度正在不断提升。

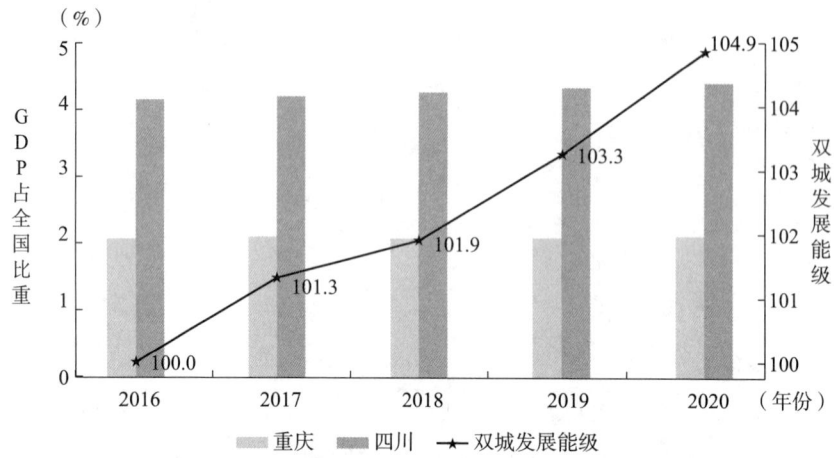

图 4-5　2016—2020 年经济发展能级指标变化情况

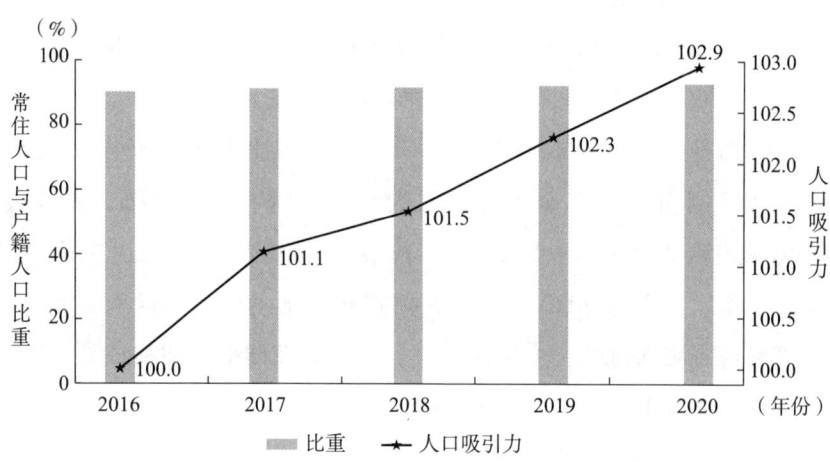

图 4-6　2016—2020 年人口吸引力指标变化情况

（3）物流集聚能力逐步增强

当前，成渝地区依托中欧班列（成渝）、西部陆海新通道、长江黄金水道等干线通道，已基本构建形成"四向齐发、四式联运、四流融合"的国内国际物流通道体系和"通道+枢纽+网络"的高效运行体系，对国内外物流资源的集聚能力明显提升。2020 年，川渝两地货运总量超过 29 亿吨，占全国货运量比重为 6.3%，较 2016 年提高 0.12 个百分点。经测算，2020 年物流吸引力指标值达到108.9,比2016年高出8.9个点①,且在疫情导致物流运输严重受阻的背景下,开行全国首趟"中国邮政号"专列并实现稳定运行,2020年邮件集疏运量超过2000万件,居全国之首,有效促进了国际抗疫合作和物流复苏(见图4-7)。

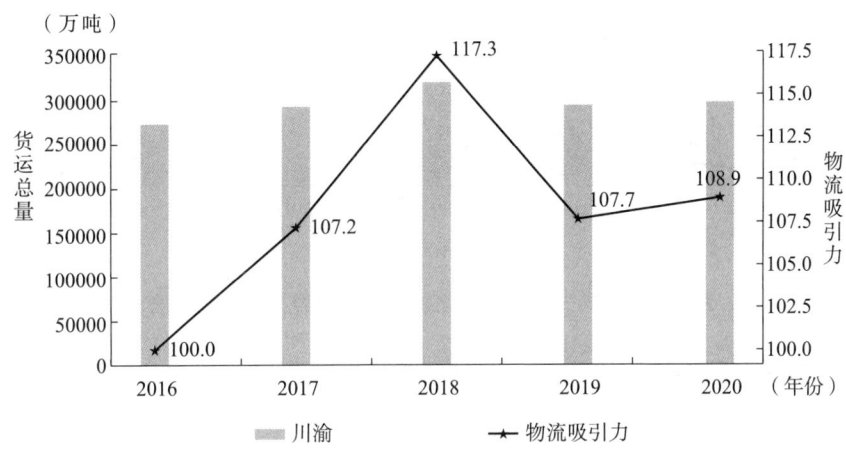

图4-7　2016—2020年物流吸引力指标变化情况

（4）区域发展差异不断缩小

近年来,成渝地区双城经济圈经济发展强度稳步提高,人均GDP水平与京津冀、长三角、粤港澳三大城市群差距不断缩小。2020年,成渝地区双城经济圈人均GDP达到6.75万元,是2016年的1.4倍,其中,重庆范围、四川范围人均GDP分别约6.96万元、5.70万元,较2016年分别提高21.1%和28.3%。从测算结果来看,成渝地区双城经济圈重庆范围、四川范围间的人均GDP差距呈现出逐步缩小态势。2020年,双城经济圈的经济发展强度差异指标值为109.97,较2016年提高近10个点,年均提高2.5个点,可见成渝地区双城经济圈发展更加均衡(见图4-8)。

（5）城市人口首位度差异稳步减少

以中心城区作为双城经济圈重庆范围人口高度集聚的首位城市,万州为第二大人口城市;成都为四川范围的首位城市,南充为次人口城市,分别计

---

① 实际上2020年的物流吸引力指标值增幅可能更大,主要原因是2019年根据道路货物运输量专项调查情况,对公路货运量统计口径进行了调整,导致2019年货运总量较2018年出现明显下降。

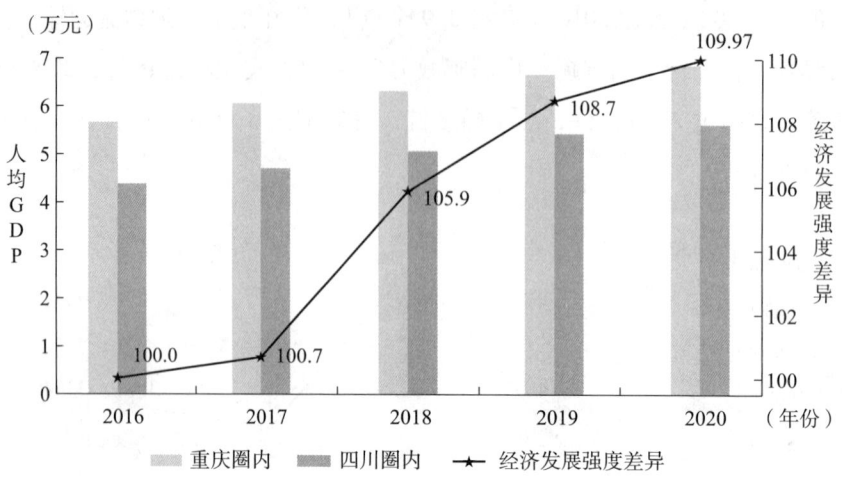

图 4-8 2016—2020 年经济发展强度差异指标变化情况

算成渝地区双城经济圈中重庆、四川城市人口首位度。计算结果显示，2016年以来，重庆范围、四川范围城市人口首位度均呈上升趋势，其中，2020年重庆范围、四川范围城市人口首位度分别为6.61和3.73，分别较2016年提高9.4%和19.1%。在四川范围城市人口首位度加快提升的带动下，川渝两地城市人口首位度差异逐步缩小，2020年，川渝城市人口首位度差异指标值为105.0，较2016年增长5.0个点，平均每年提高1.3个点（见图4-9）。

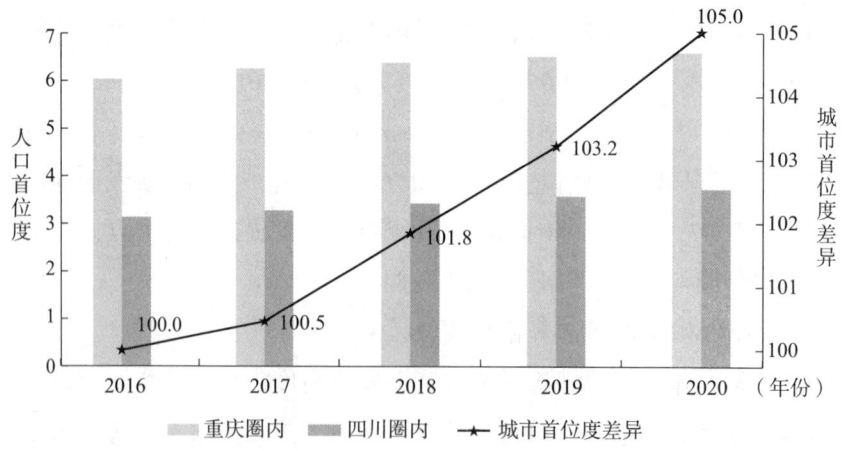

图 4-9 2016—2020 年城市人口首位度差异指标变化情况

(6) 小结

分指标类型来看，2016年以来成渝地区双城经济圈经济发展实力、人口吸引力、物流吸引力3项发展性指标均实现了不同程度的增长，表明成渝地区双城经济圈经济辐射和带动能力正在逐步提高。与此同时，两地经济发展强度差异、城市人口首位度差异也均在稳步缩小，也反映了双城经济圈正在朝着更加均衡的方向发展（见图4-10）。

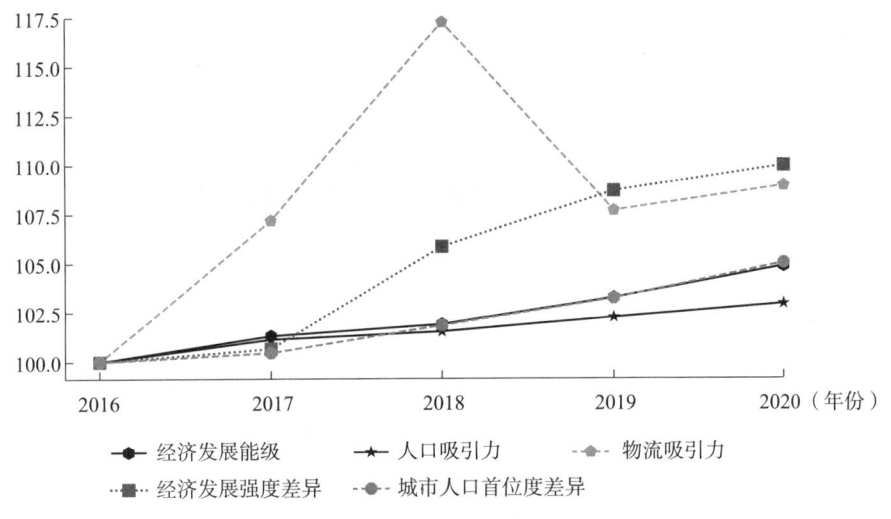

图4-10　2016—2020年区域经济协同发展指数5项指标变化情况

2. 基础设施互联互通指数

2016—2020年，在公路设施建设、铁路设施建设、铁路互联互通、新基建建设等指标的带动下，双城经济圈基础设施互联互通指数稳步上升，2020年指数值达到123.8，高出2019年5.7个点，较2016年增加23.8个点，年均增长约6个点（见图4-11）。

(1) 公路设施建设加快完善

2016年以来，川渝地区抢抓新时代西部大开发、交通强国建设等战略机遇，成渝地区双城经济圈范围内高速公路密度显著提高，交通条件加速改善。2016年，双城经济圈范围内已建成高速公路里程数为7623.8千米，2019年增加至8778.0千米，2020年进一步提升至9494.2千米。经测算，双城经济圈公路设施建设指标值五年间逐年上升到124.5，年均上升6个点以上（见图4-12）。

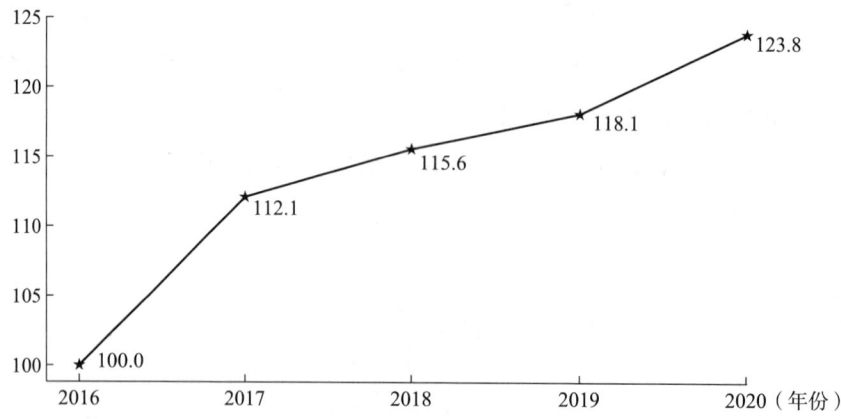

图4-11　2016—2020年基础设施互联互通指数变化情况

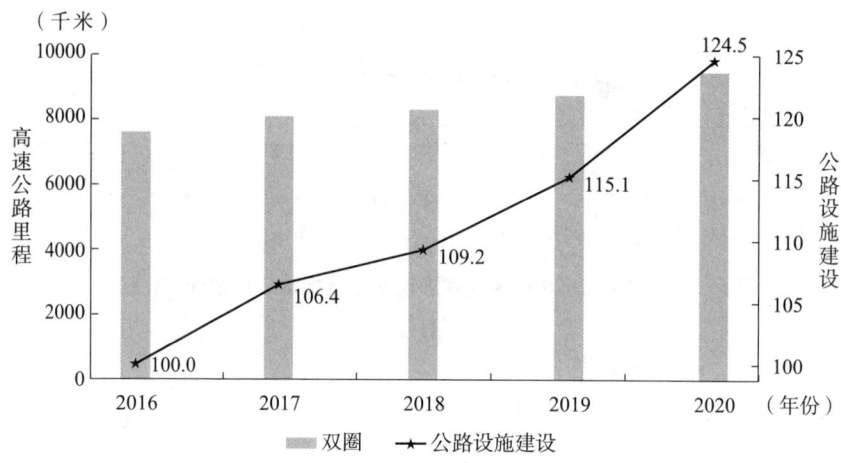

图4-12　2016—2020年公路设施建设指标变化情况

（2）铁路运营里程稳步增长

成渝地区双城经济圈着力构建对外运输"一张网"，以"轨道上的双城经济圈"为重点，优化完善基础设施网络。2020年，成达万高铁、渝昆高铁川渝段进入全面施工阶段，成渝高铁提质改造完成。在此带动下，2016—2020年川渝全域铁路运营里程数由6725千米上升至7668千米，年均增长3.5个百分点，带动2020年成渝地区双城经济圈铁路设施建设指标值提升至114.0（见图4-13）。

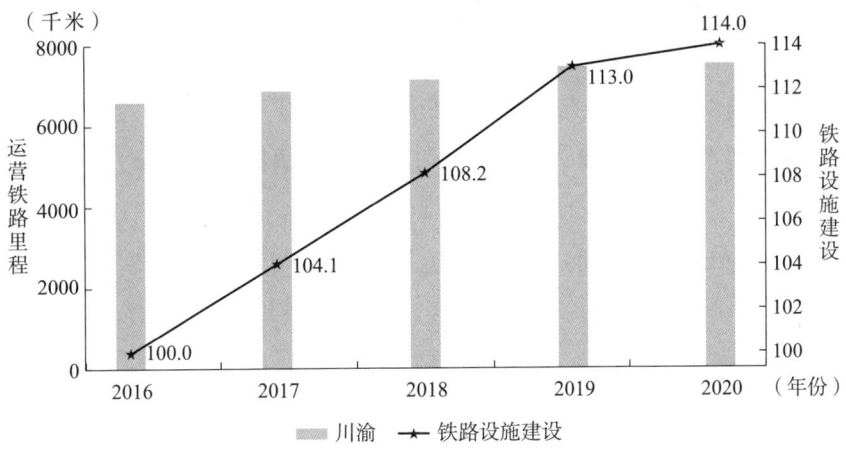

图 4-13　2016—2020 年铁路设施建设指标变化情况

（3）铁路互联互通服务能力有效加强

自 2015 年底成渝高铁开通运营以来，川渝之间高速高容载客能力显著提升，渝遂等普铁货运能力进一步释放，2016 年成渝动车对开数为 67 对，2020 年提升至 87.5 对，增加近 20 对；2016 年川渝之间铁路货运量为 1312.6 万吨，2020 年增加至 1748.3 万吨，提升 33.2%。在此带动下，2020 年双城经济圈铁路互联互通指标值为 133.2，相比 2016 年提升 33.2 个点，年均增长 8.3 个点（见图 4-14）。

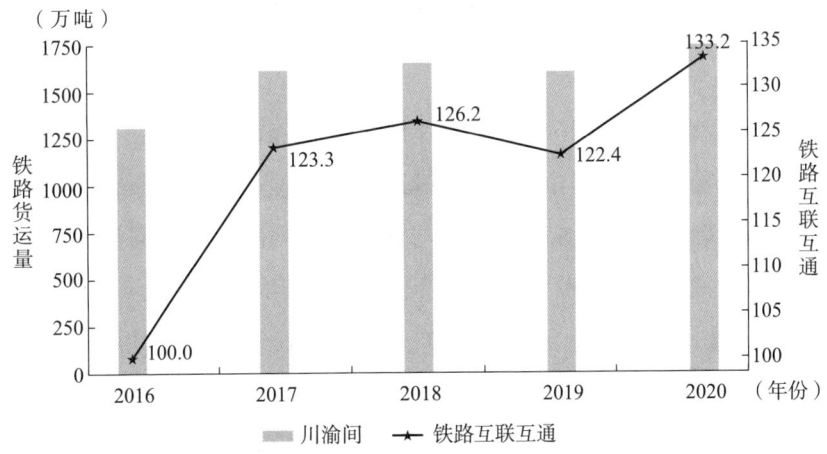

图 4-14　2016—2020 年铁路互联互通指标变化情况

**(4) 新型基础设施建设成效明显**

川渝两地推动共建国家数字经济创新发展试验区，加快5G网络、数据中心等新型基础设施建设，支撑能力不断增强。2020年，四川、重庆移动基站数量分别达到47.8万个和24.2万个，比2017年增长49.3%和63.2%；年末移动电话用户数分别为9124.6万户和3640.1万户，比2016年增长18.6%和11.2%；光缆线路长度分别达到366万千米和129万千米，分别是2016年的5.2倍和1.6倍。经测算，双城经济圈新基建建设指标值五年间逐年上升到123.6，年均提升近6个点（见图4-15）。

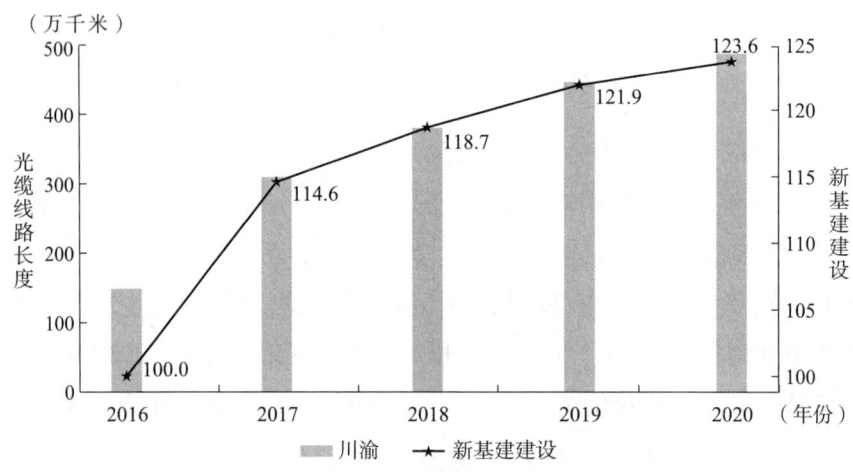

图4-15　2016—2020年新基建建设指标变化情况

**(5) 小结**

分指标类型来看，2016年以来成渝地区双城经济圈公路设施建设、铁路设施建设、新基建建设3项发展性指标均实现快速稳定增长，表明成渝地区双城经济圈基础设施建设成效显著。与此同时，铁路互联互通指标也稳步提升，反映出双城经济圈基础设施共建共享水平不断提高（见图4-16）。

**3. 现代产业协同发展指数**

"十三五"时期，受汽车、电子信息等主导行业景气度下滑及汽车产品结构调整滞后等因素影响，川渝两地主导产业在转型升级过程中出现一定波动，全国市场份额有所下降，带动现代产业协同发展指数整体呈现下降的态势，

2020 年指数达到 94.4，较 2016 年下降 5.6（见图 4-17）。

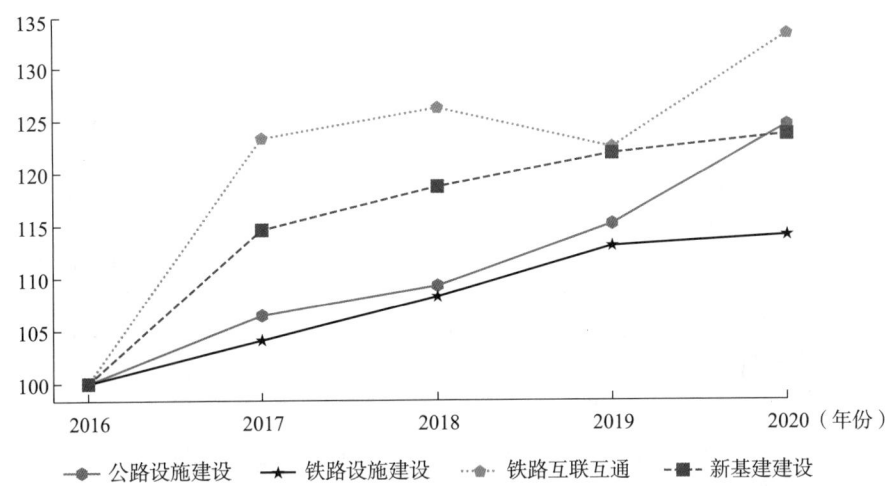

图 4-16　2016—2020 年基础设施互联互通指数四项指标变化情况

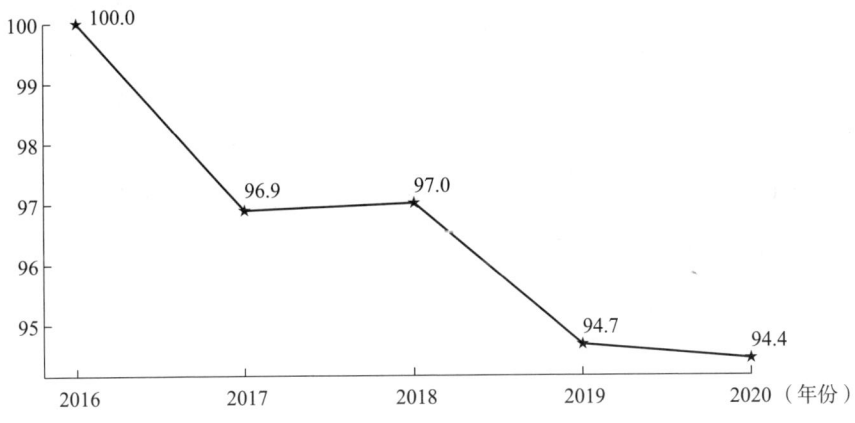

图 4-17　2016—2020 年现代产业协同发展指数变化情况

（1）劳动生产效率一致性增加

近年来，川渝两地持续推进大数据智能化创新，围绕汽车、电子信息加快建设世界级制造业集群，产业能级不断提升，两地劳动生产效率差异逐渐缩小。2020 年，重庆、四川劳动生产率分别达到 13.41 万元/(人·年)、8.97 万元/(人·年)，分别比 2016 年的 10.59 万元/(人·年)、7.01 万元/(人·年) 水平明显提高，劳动生产效率差异指标值增加到 100.9，增加 0.9 个点（见图 4-18）。

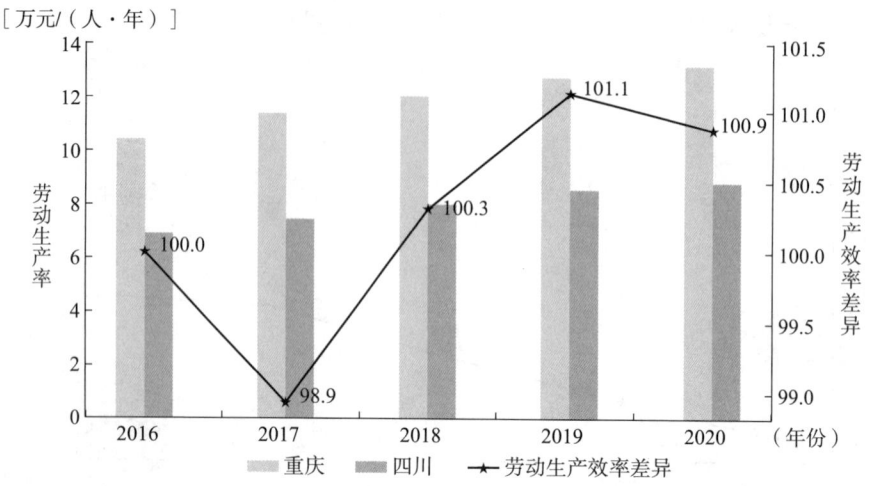

图 4-18 2016—2020 年劳动生产效率差异指标变化情况

(2) 三次产业结构差异缩小

2016—2020 年,川渝两地三次产业结构差异指数增加,三次产业结构差异减小。五年间,重庆二三产业产值占比由 2016 年的 92.9% 上升到 2019 年的 94.1%,四川二三产业产值占比由 2016 年的 89.3% 上升到 2019 年的 90.5%,两地产业结构差异整体呈现缩小态势,产业结构差异指标值最高上升至 102.6。2020 年受到新冠肺炎疫情的影响,川渝旅游、餐饮、酒店等服务业增长出现明显下滑,指标值回落至 95.6(见图 4-19)。

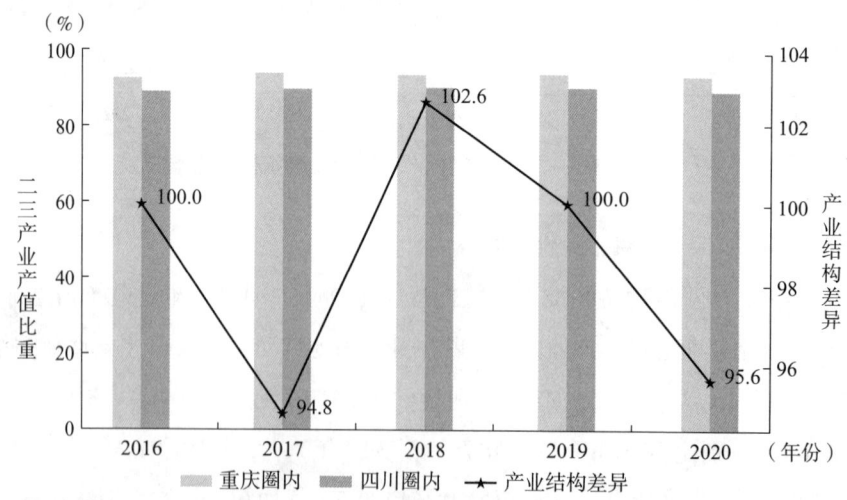

图 4-19 2016—2020 年产业结构差异指标变化情况

(3)优势产业集中度较高

汽车、电子信息是川渝地区两个万亿元级支柱产业。2020年川渝电子信息产业营业收入由2016年的8040亿元上升到12406亿元,在全国的区位熵由2016年的1.44上升至1.56。"十三五"时期,由于川渝汽车产业结构调整,产品开发和竞争力不足,营业收入由2016年的8110亿元下降到2020年的6470亿元,区位熵由2016年的1.78下降至1.23。受此影响,集群化发展指标值总体呈现下降趋势,2019年下降为82.9,2020年在全球新冠肺炎疫情背景下,电子信息产品需求有所增大,指标值回调至86.8(见图4-20)。

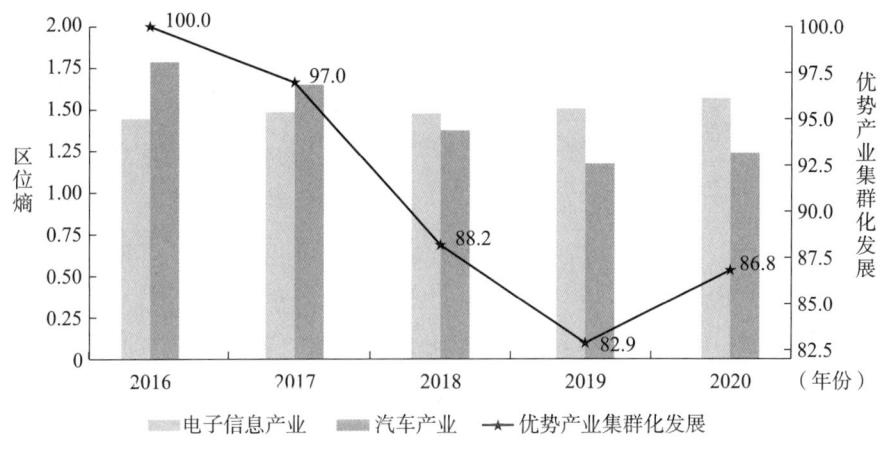

图4-20 2016—2020年优势产业指标变化情况

(4)小结

总的来说,现代产业协同发展指数相关指标存在明显分化,产业结构差异、劳动生产效率差异等一致性指标出现一定幅度波动,总体呈现稳中有升的态势,代表成渝地区双城经济圈产业协同发展程度出现提升。但区域支柱产业集中度较高,优势产业集群化发展指标由于受到汽车产业调整的影响,出现一定幅度的下降,未来在培育具有国际竞争力的先进制造业集群,推动制造业高质量发展方面仍需进一步加大力度(见图4-21)。

### 4. 科技创新共建共享指数

"十三五"时期,重庆重点推动以大数据智能化为引领的创新驱动发展战略,四川则着力实施科技创新"四大工程",两地科技实力不断增强,区域创新能力加快提升,2020年科技创新共建共享指数达到118.4,年均增长4.6%(见图4-22)。

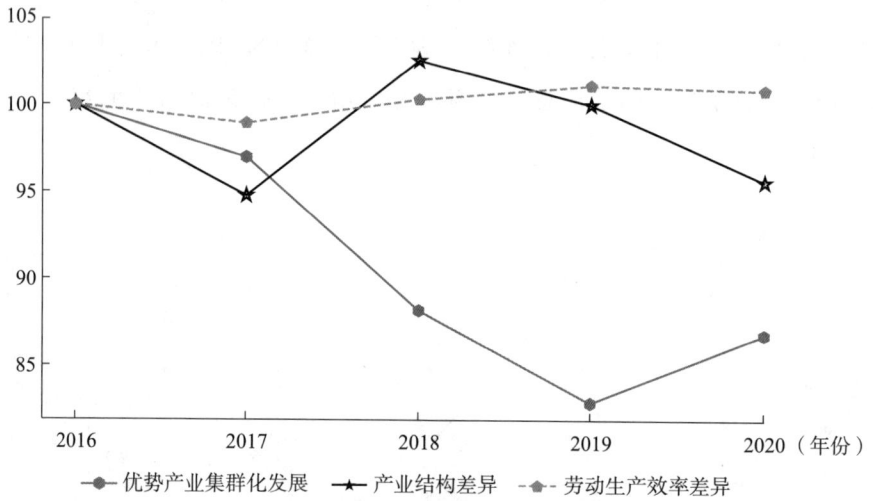

图4-21　2016—2020年现代产业协同发展指数3项指标变化情况

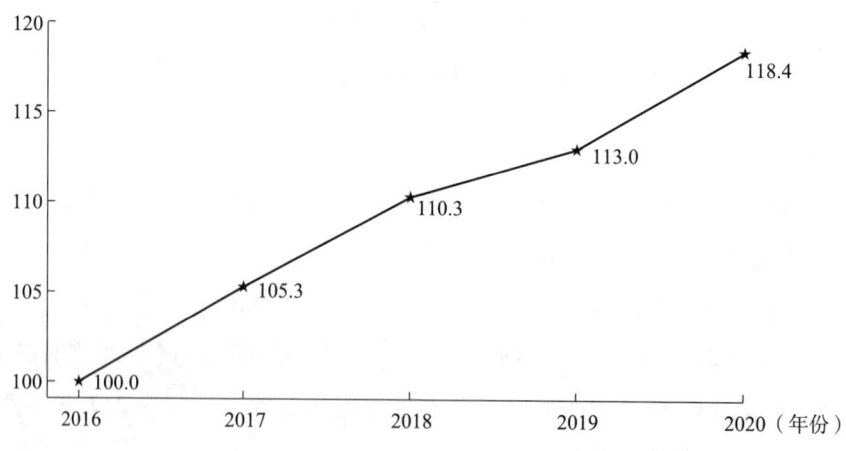

图4-22　2016—2020年科技创新共建共享指数变化情况

(1) 创新活力竞相迸发

2016—2020 年,川渝着力培育引进一批科技型企业、高成长科技企业,5 年累计新增高新技术企业 7799 家,带动两地科技创新发展活力指标值从 2016 年的 100.0 基点上升到 2020 年的 111.8,总共提升 11.8 个点,年均增长接近 3%(见图 4-23)。

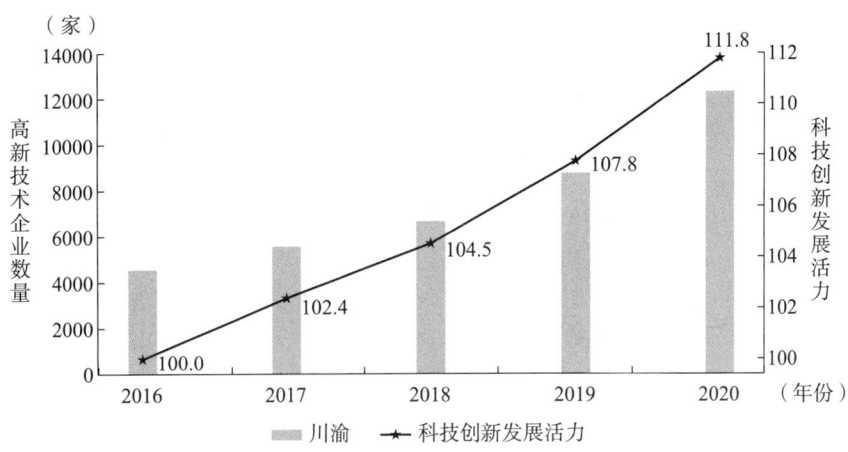

图 4-23　2016—2020 年科技创新发展活力指标变化情况

(2) 经费投入大幅增加

"十三五"时期,川渝科技创新投入力度持续加大,两省(市)R&D 经费投入由 2016 年的 860 亿元上涨到 2020 年的 1581 亿元,重庆、四川 R&D 经费支出占 GDP 比重持续提升,2020 年分别达到 2.11% 和 2.17%。在此带动之下,科技创新经费投入指标值连续多年上升,2020 年达到 125.0,年均增长 6.3 个点(见图 4-24)。

(3) 科研人才集聚相继发力

"十三五"时期,川渝两地加快实施创新人才战略,人才队伍建设提质增效,2020 年重庆、四川每万人拥有科研人员数量分别从 2016 年的 41 人、27 人增加到 63 人、40 人。2016—2018 年重庆科研人员数量增长速度快于四川,科技创新人力差异指标值下降至 95.3,2018 年后四川增长速度加快,指标值反弹至 97.8(见图 4-25)。

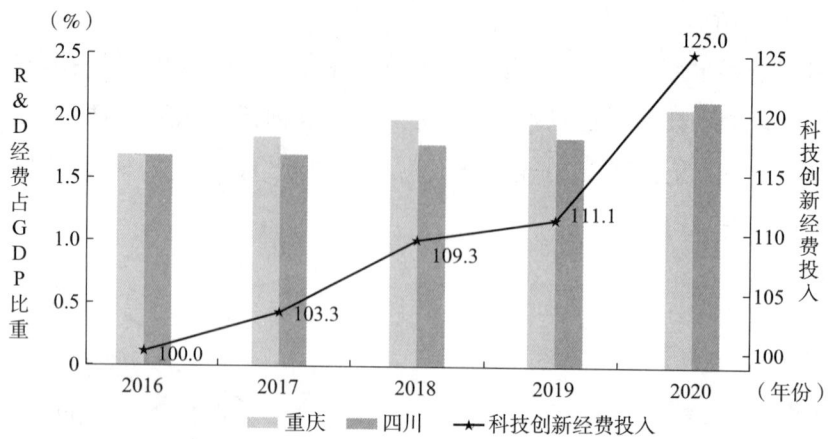

图4-24　2016—2020年科技创新经费投入指标变化情况

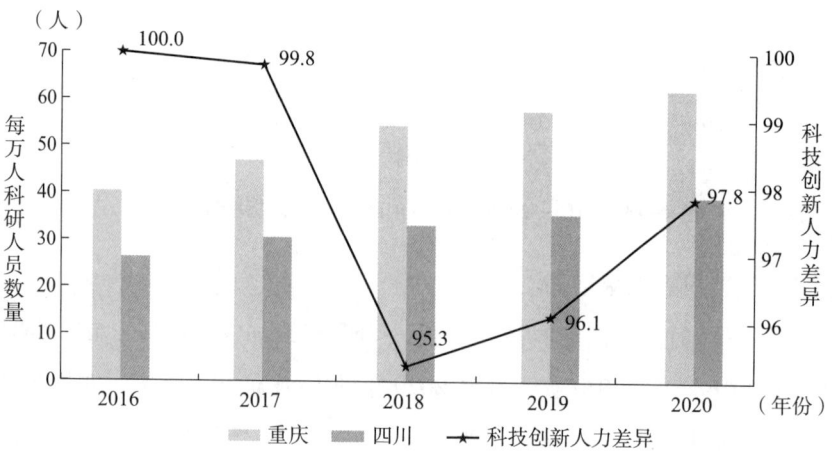

图4-25　2016—2020年科技创新人力差异指标变化情况

（4）专利数量不断上升

"十三五"时期，川渝两省（市）加大知识产权保护力度，积极推动科技企业专利申请授权，专利数量逐年上升。2020年川渝每万人发明授权专利达到1.88件，较2016年的1.35件增加0.53件，发明专利产出指标值上升至2020年的139.1，5年涨幅39.1个点（见图4-26）。

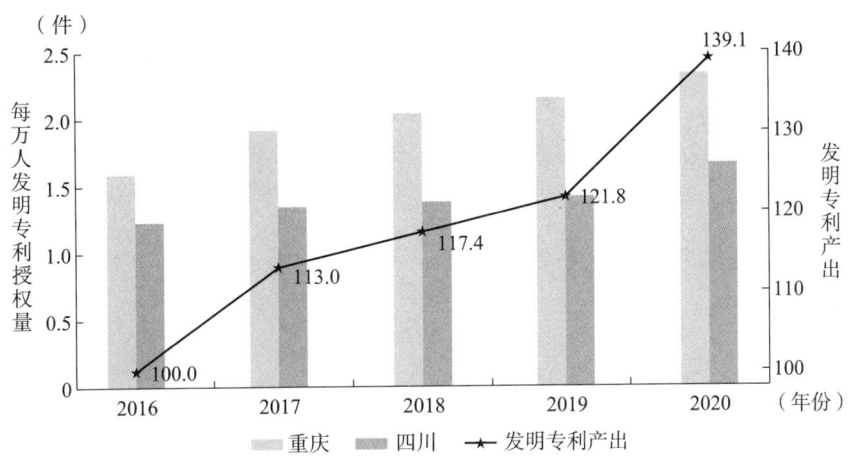

图 4-26  2016—2020 年发明专利产出指标变化情况

（5）创新合作成果数量增加

"十三五"时期，川渝两地科技创新合作不断取得成果，联合发表科技成果数量连续多年增加。2019 年川渝联合发表成果达到 1797 项，比 2016 年增加 397 项，2020 年受到疫情下学术会议减少的影响，合作成果数量为 1657 项。川渝联合发表科技成果指标值在 2019 年增加至 128.4 后，2020 年回落至 118.4（见图 4-27）。

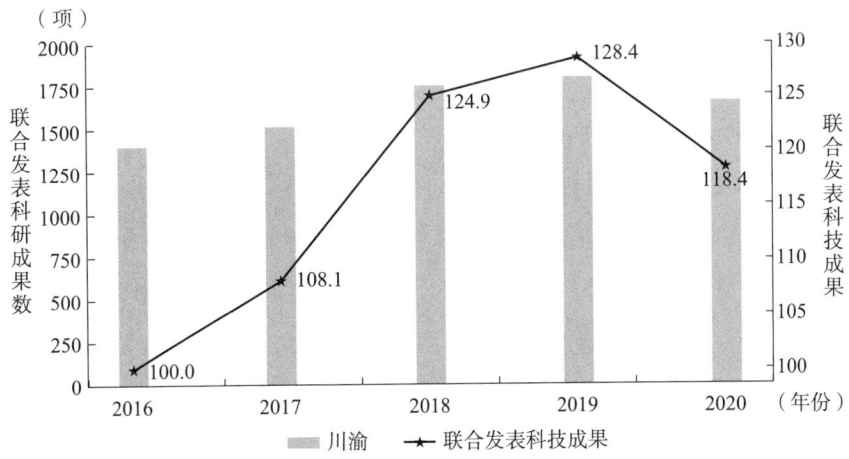

图 4-27  2016—2020 年川渝联合发表科技成果指标变化情况

(6) 小结

具体来看,科技创新共建共享指数相关科技创新发展活力指标、科技创新经费投入指标、发明专利产出指标、联合发表科技成果等发展性指标实现较快增长,科技创新人员差异性指标出现一定波动,说明川渝在创新活力、创新投入不断增加的同时,人才集聚更加趋于协同一致,两地科技创新共建共享水平不断提高(见图4-28)。

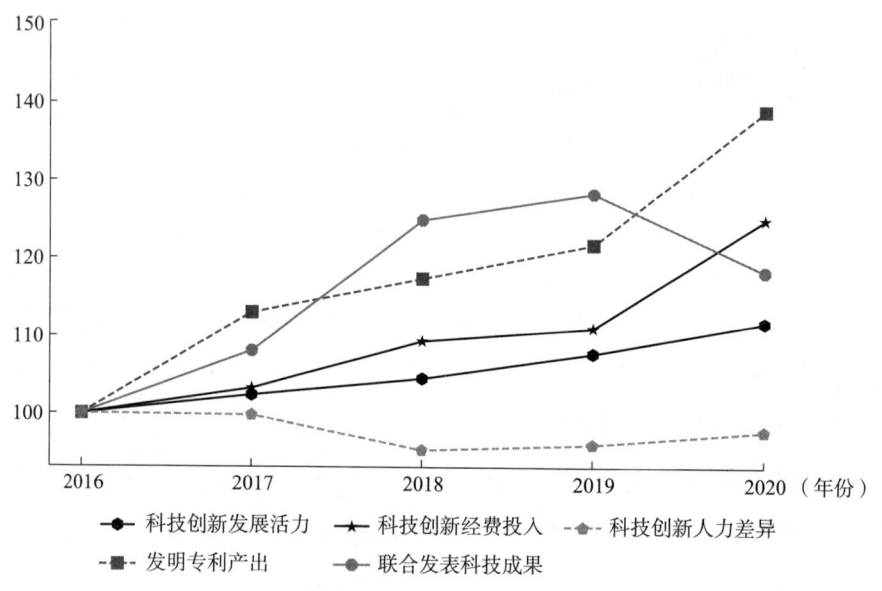

图4-28　2016—2020年科技创新共建共享指数5项指标变化情况

5. 文化旅游融合联动指数

2016—2020年,在消费活力、居民教育文化娱乐消费差异指标的带动下,双城经济圈区域文化旅游融合联动指数出现波动上升,2020年指数上升为100.2,其中2017—2019年联动发展势头良好,上升4.6点,2020年受新冠肺炎疫情持续扩散的影响,出现较大幅度下降,基本与2016年持平(见图4-29)。

(1) 消费活力震荡回落

2016—2019年,社会消费品零售总额呈现稳定增长趋势,增长了33.78%,增速维持在10%左右,2020年受疫情影响,餐饮、旅游等领域服务消费受影响较大,社会消费品零售总额出现小幅回落,降低0.9%,基本与上年持平。

同期,消费活力指标值也出现明显回落,由2016年基期降低到92.6,回落7.4个点(见图4-30)。

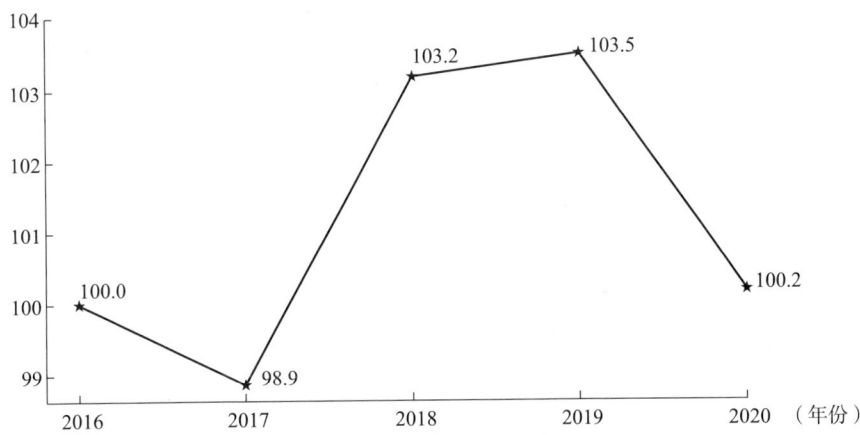

图4-29　2016—2020年文化旅游融合联动指数变化情况

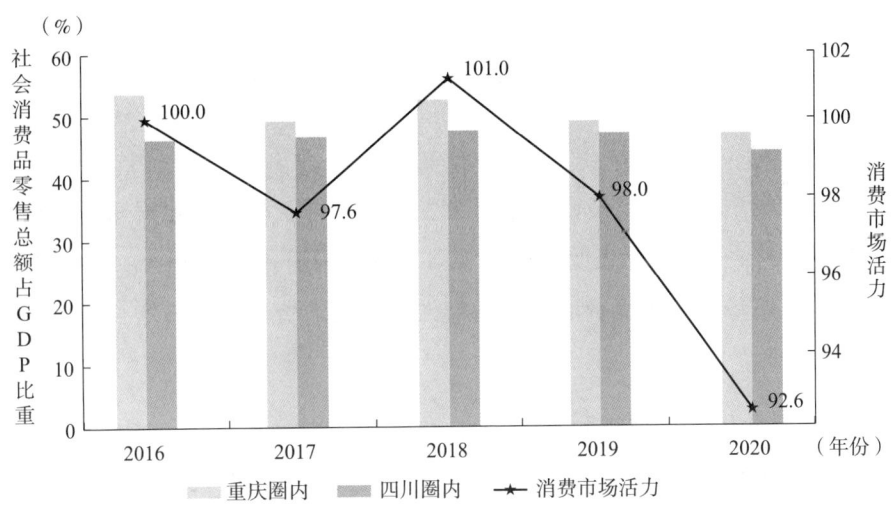

图4-30　2016—2020年消费活力指标变化情况

(2)教育文化旅游消费波动增长

随着城乡居民生活水平持续快速提升,教育文化旅游。供给端和消费端实现有效对接,居民教育文化旅游消费差异有所缩小。2016—2019年,川渝人均家庭文化类消费支出实现连续上涨,重庆从1746元/人增加到2312元/

人,年均增长率为10.81%,四川从1285元/人增加到1813元/人,年均增长率达到13.70%。2020年受疫情影响,两地人均家庭文化旅游消费支出减少,降幅均超过8%。测算表明,2020年教育文化娱乐消费差异指标值由2016年基期上升到107.8,差异有所缩小(见图4-31)。

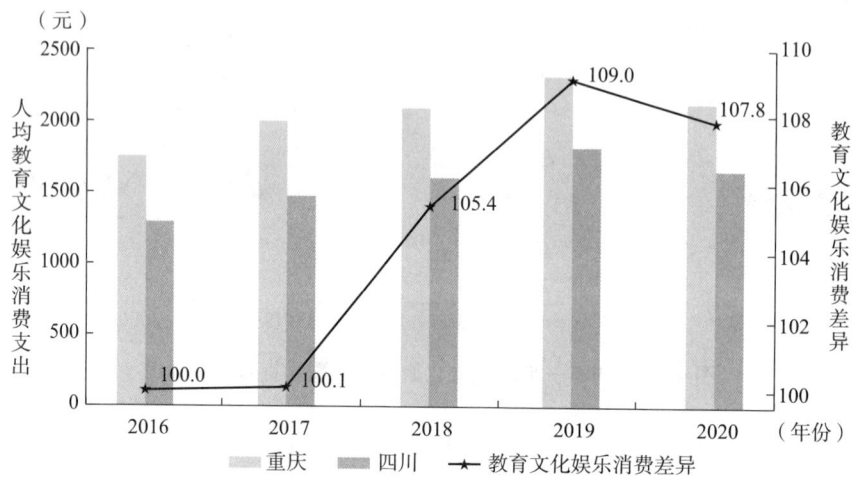

图4-31 2016—2020年教育文化娱乐消费差异指标变化情况

(3) 小结

分指标类型来看,消费活力指标为发展性指标,教育文化娱乐消费指标为一致性指标,2个指标表明双城经济圈文化娱乐消费在2020年疫情之前保持高速增长态势,区域消费活力不断增强,两地消费呈现同步增长发展趋势(见图4-32)。

6. 生态环境共保联治指数

2016—2020年,双城经济圈地方生态环保投入持续增长,断面水质优良率和单位GDP能耗等生态环保成效较为明显,生态环境共保联治指数总体上升,2020年达到104.1。其中,由于2017年双城经济圈工业污染治理投资差异指标出现高度趋同,使当年生态环境共保联治指数达到五年间最高值,导致数据出现较大波动(见图4-33)。

(1) 生态环保投入持续增长

"十三五"以来,双城经济圈持续加强生态保护修复,不断推动生态共

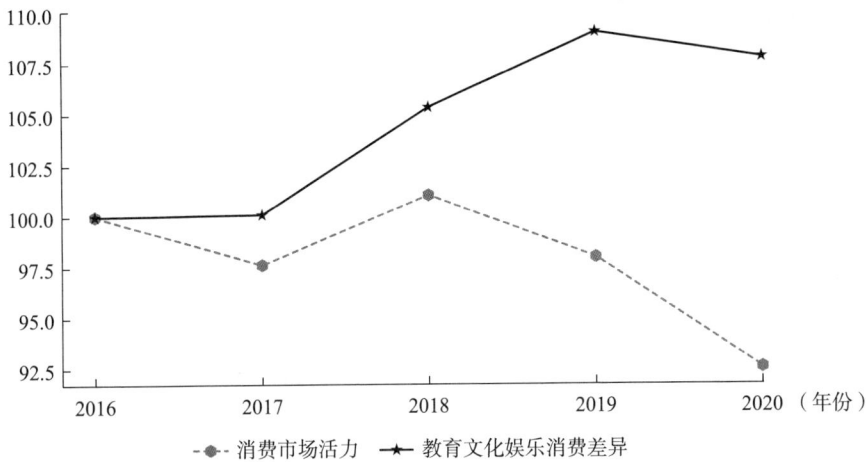

图 4-32  2016—2020 年文化旅游融合联动指数二项指标变化情况

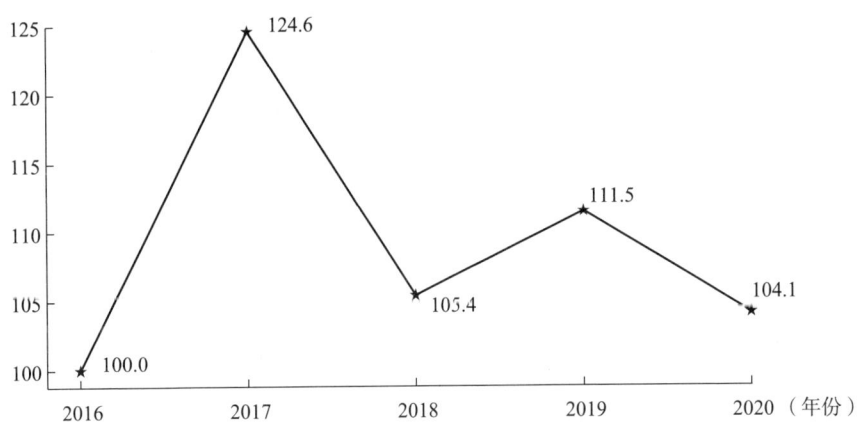

图 4-33  2016—2020 年生态环境共保联治指数变化情况

建、污染防治等领域协同合作，2016—2020 年川渝两地环境保护支出占比总体保持增长，重庆从 3.40% 上涨到 3.67%，四川从 2.08% 上涨到 2.36%。测算表明，2016—2019 年，两地投入保持同步增长，差异不断缩小，以财政支出计算的生态环保投入差异指标值由 100.0 上升到 2019 年 117.1 高位后，受 2020 年四川生态环保投入有所回落的影响，两地投入差异有所扩大，2020 年生态环保投入差异指标值降至 104.0（见图 4-34）。

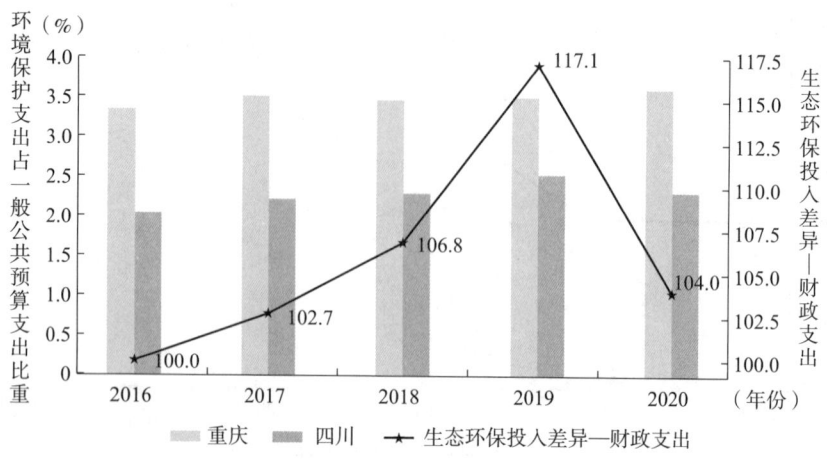

图 4-34 2016—2020 年财政支出差异指标变化情况

(2) 工业污染治理力度不断加强

"十三五"期间,两地工业污染治理投入水平不断增加,2020 年川渝工业污染治理投资达到 28.46 亿元,较 2016 年年均增长 16.75%。2016 年四川、重庆工业污染治理投资额占 GDP 比重分别为 0.355‰、0.212‰,2020 年重庆投入比例小幅增加,而四川投入比例大幅增加,两地投入比例差异拉大。测算表明,2020 年,以治理投资计算的生态环保投入差异指标值由 2016 年基期降低到 79.3(见图 4-35)。

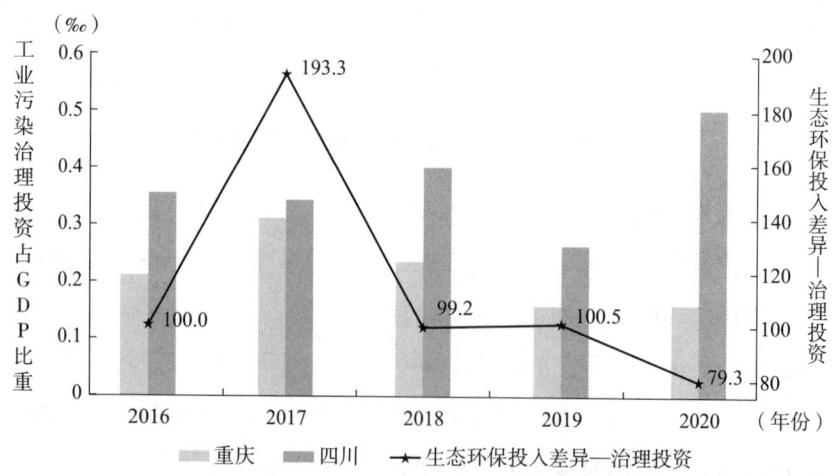

图 4-35 2016—2020 年治理投资差异指标变化情况

（3）水环境治理成效凸显

川渝切实把长江生态保护修复摆在压倒性位置，持续加大水污染治理和水生态修复，大力推进嘉陵江、乌江、岷江、涪江、沱江等水环境治理力度，流域生态保护成效显著，两地断面水质优良率实现持续稳步提升，2016—2020年，重庆从80.6%上升到94.8%，四川从63.2%上升到95.4%。测算表明，以断面水质优良率指标计算的生态环保成效指标值持续稳步上升，2020年达到129.4，年均增长7.3个点（见图4-36）。

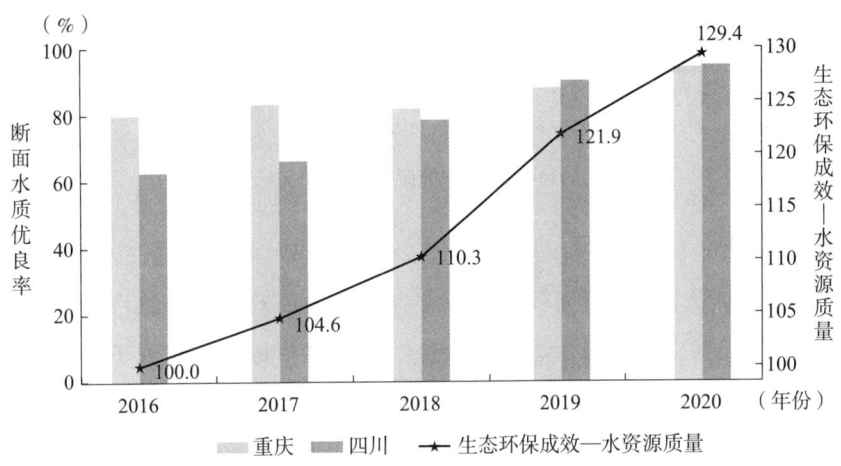

图4-36　2016—2020年水资源质量指标变化情况

（4）单位GDP能耗持续下降

川渝两地不断推动能源结构调整，增加清洁能源利用率，促进工业智能化改造力度，推动单位GDP能耗持续降低。从两地能源消费总量来看，2016—2020年重庆增长7.35%，四川增长7.89%，基本实现同步增长。从单位GDP能耗值来看，2016—2020年重庆从40.4吨/万元降低到33.9吨/万元，四川从46.38吨/万元降低到38.42吨/万元，两地单位GDP能耗值显著下降，低碳生态生产模式转型成效显著。测算表明，以能源消费计算的生态环保成效差异值整体呈上升趋势，表明两地差异有所缩小，2020年为103.8，比2016年上升3.8个点（见图4-37）。

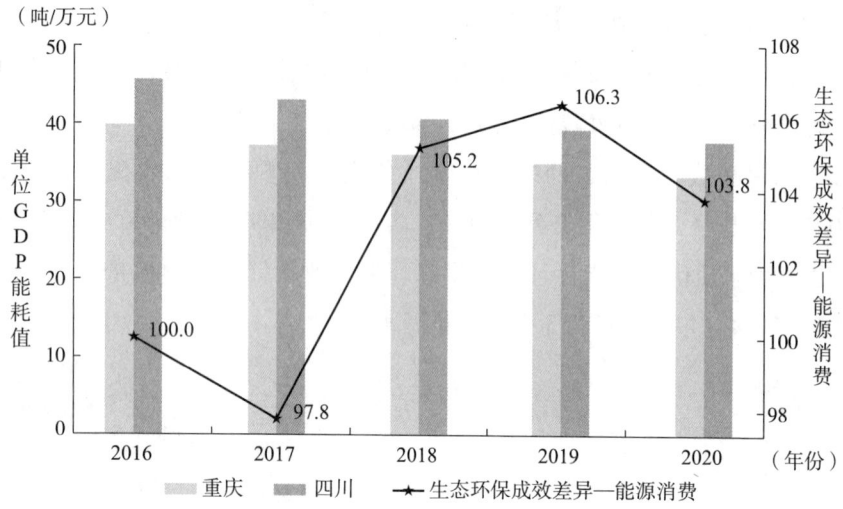

图 4-37　2016—2020 年能源消费差异指标变化情况

（5）小结

分指标类型来看，生态环保投入、生态环保成效两个一致性指标，以及以断面水质优良率计算的生态环保成效的关联性指标，均实现了不同程度的增长，表明两地生态环保投入力度和协同程度都不断提高。两地工业污染治理投入及其占 GDP 的比重，因不同年度重大项目布局和落地存在差异性，导致需要投入金额波动较大，进而致使一致性指标波动幅度较大（见图 4-38）。

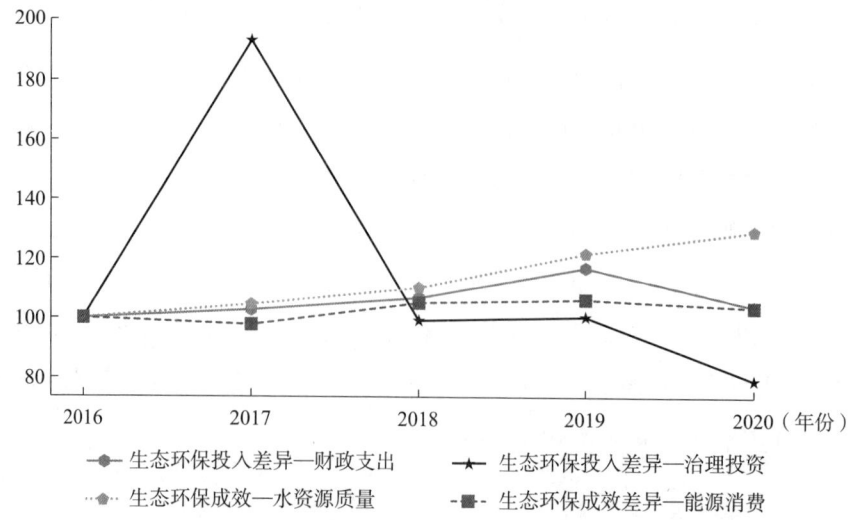

图 4-38　2016—2020 年生态环境共保联治指数 4 项指标变化情况

### 7. 改革开放协同推进指数

2016—2020年,在进出口总额、实际利用外资、工资水平等带动下,双城经济圈改革开放协同推进指数呈波动上升趋势。2020年改革开放协同推进指数为112.6,较2016年提高12.6个点,年均提高3.15个点。其中,受中美贸易摩擦、新冠肺炎疫情等不确定性因素影响,2019—2020年改革开放协同推进指数较2018年分别下降9.6个点、5.6个点(见图4-39)。

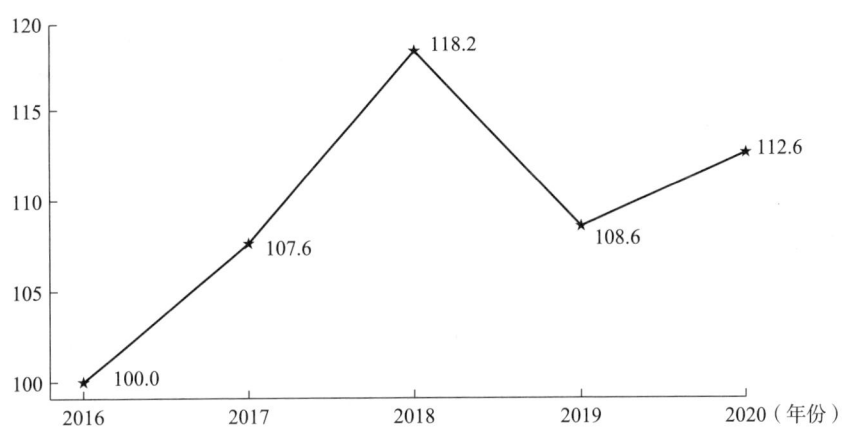

图4-39 2016—2020年改革开放协同推进指数变化情况

(1)对外贸易保持快速增长

"十三五"以来,在两江新区、天府新区、高新区等国家级开发开放平台带动作用下,双城经济圈贸易结构持续优化,进出口规模不断扩大,对外贸易发展迈上新台阶。2016—2020年,双城经济圈进出口总额由1114.1万美元增长至2098.1万美元,年均增长22.1%,占全国比重由3%提升至4.5%。经测算,2020年贸易开放水平指标值为148.9,年均提高12.2个点。特别是2020年,川渝两地努力克服新冠肺炎疫情的不利影响,全力帮助企业保订单、保市场、渡难关,对外贸易实现逆市大幅增长。2020年指标值较上年提升了18.2个点(见图4-40)。

(2)实际利用外资保持平稳增长

随着营商环境持续改善,双城经济圈外资吸引力不断增强,已成为中西部地区吸引外资的强力"磁场"。2016—2020年,双城经济圈实际利用外资累计突破1000亿美元。其中，自贸区、中新示范项目、综合保税区、主战场等开放平台，成为吸引外资的主战场。经测算，2020年，双城经济圈资本开放水平指标值为102.2，比2016年高出2.2个点，年均增长0.55个点（见图4-41）。

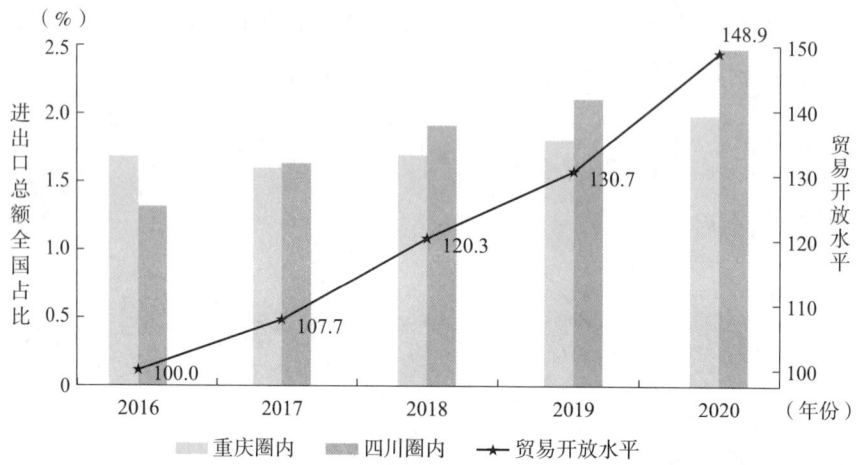

图4-40　2016—2020年贸易开放水平指标变化情况

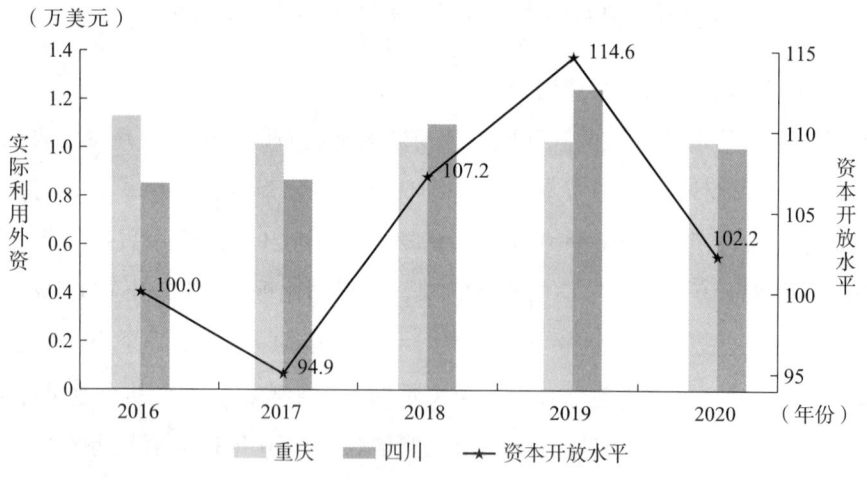

图4-41　2016—2020年资本开放水平指标变化情况

（3）房价差异先缩小后扩大

重庆出台唯一住房返还个税等税收优惠政策，2016—2018年购房需求和房价有所上升，2018年之后呈平稳增长态势。成都作为四川省省会城市，在城市扩容背景下购房需求和房价均较快增长，成渝两地房价差异有所增大。2018—2020年，重庆房价年均增长4%，较成都低13.2个百分点。经测算，2016—2020年，成渝两地房价差异指标值由100.0上升至131.1再下降至96.5（见图4-42）。

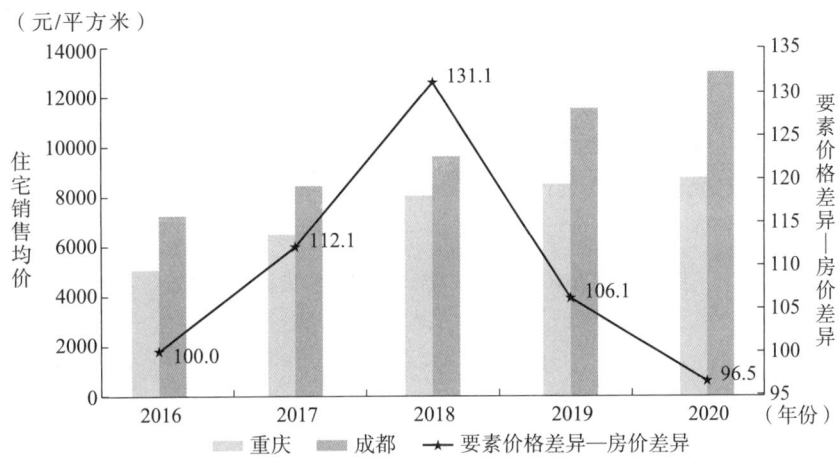

图4-42　2016—2020年房价差异指标变化情况

（4）工资水平差异不断缩小

2016—2020年，重庆城镇私营单位平均工资平稳增长，而成都在新经济带动下，城镇私营单位平均工资保持两位数增长，年均涨幅达到10.2%，较重庆高6.1个百分点，与重庆的工资收入差异大幅缩小。2020年，重庆、成都城镇私营单位平均工资分别达到55678元/年、58023元/年。经测算，2016—2020年，成渝两地城镇私营单位年均工资差异指标值由100.0上升至181.8（见图4-43）。

（5）公路运价差异逐步扩大

近年来，重庆大力推进内陆国际物流枢纽建设，铁公水空综合立体交通体系逐步完善，物流降本增效明显，与此同时，成都公路运价仍呈上升态势。2016—2020年重庆公路运价指数由117.78下降至100.04，而成都公路运价指数由118.39增至142.08，导致成渝两地公路运价差异逐步扩大。经测算，2016—2020年，双城经济圈公路运价差异指标值由100.0下降至61.4（见图4-44）。

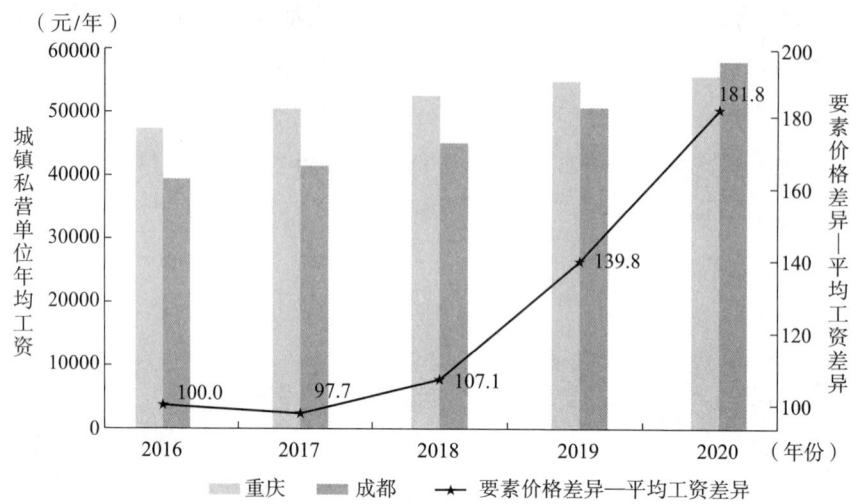

图 4-43 2016—2020 年平均工资差异指标变化情况

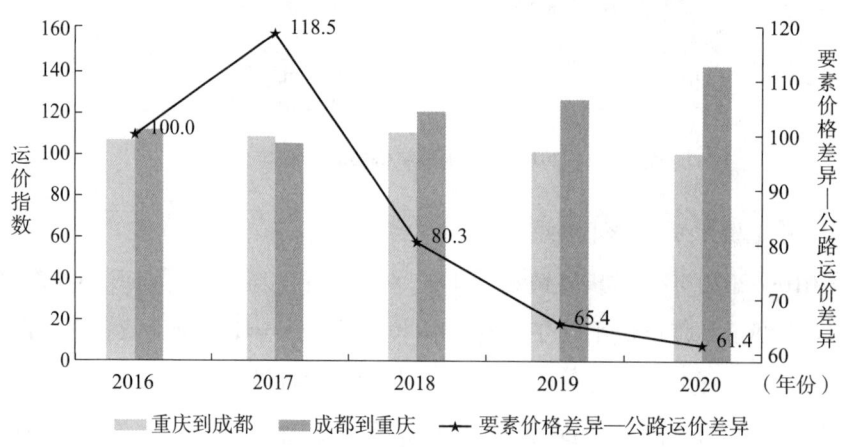

图 4-44 2016—2020 年公路运价差异指标变化情况

（6）民营经济发展活力差异先缩小再扩大

2016—2018 年，在投融资改革、新兴经济业态蓬勃发展等多重利好因素作用下，川渝两地民间投资持续快速增长，民营经济发展活力指标由 100.0 上升至 163.2。2018—2020 年，受中美贸易摩擦、新冠肺炎疫情蔓延等不确定因素增多影响，川渝两地民间投资增速明显放缓。其中，受汽摩、房地产等支柱产业投资大幅下滑影响，重庆与成都民间投资增速差异逐步拉大，川渝两地民营经济发展活力差异指标值由2018年的163.2下降至2020年的84.9（见图4-45）。

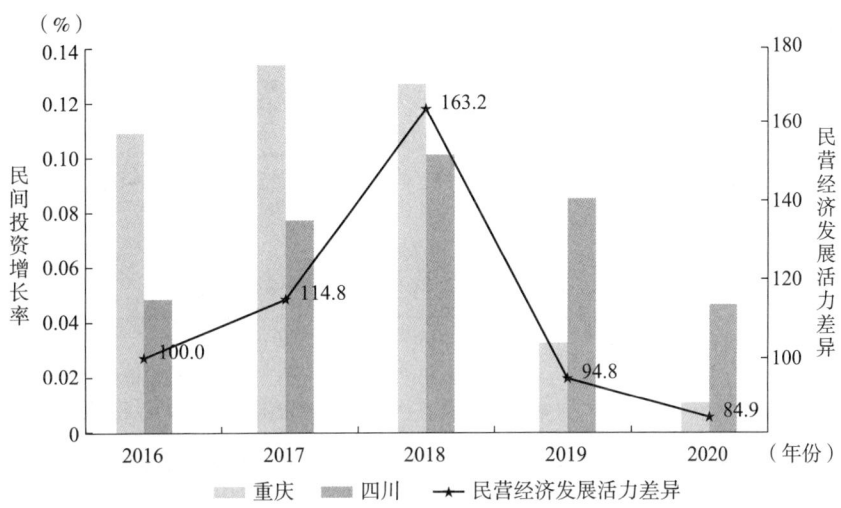

图4-45　2016—2020年民营经济发展活力差异指标变化情况

（7）小结

2016年以来，双城经济圈加快推进内陆开放高地建设，开放型经济蓬勃发展，对外贸易保持较快增长，利用外资总体稳定，贸易开放、资本开放2项发展性指标总体保持上升趋势。工资水平一致性指标正在逐步缩小，表明双城经济圈正在朝着共同富裕方向稳步前进。房价水平、公路运价、民营经济发展等一致性指标波动较大，下降趋势较为明显，亟须保持房地产市场平稳运行，推动物流继续降本增效，持续改善营商环境，激发民营经济发展活力（见图4-46）。

8. 统筹城乡融合发展指数

2016—2020年，双城经济圈城乡居民收入、生活水平以及农业与非农业劳动生产率等差异逐步缩小，城乡融合发展成效显著，助推统筹城乡融合发展指数呈上升态势，由100.0上升到100.6。特别是，2020年全面小康社会如期建成，脱贫攻坚战取得全面胜利，乡村振兴战略深入实施，有效提高了城乡融合发展水平（见图4-47）。

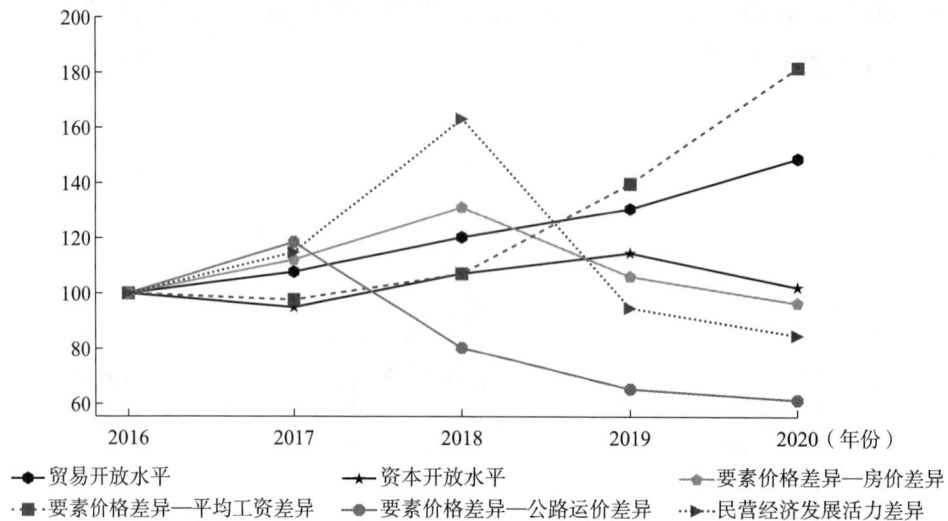

图 4-46 2016—2020 年改革开放协同推进指数 6 项指标变化情况

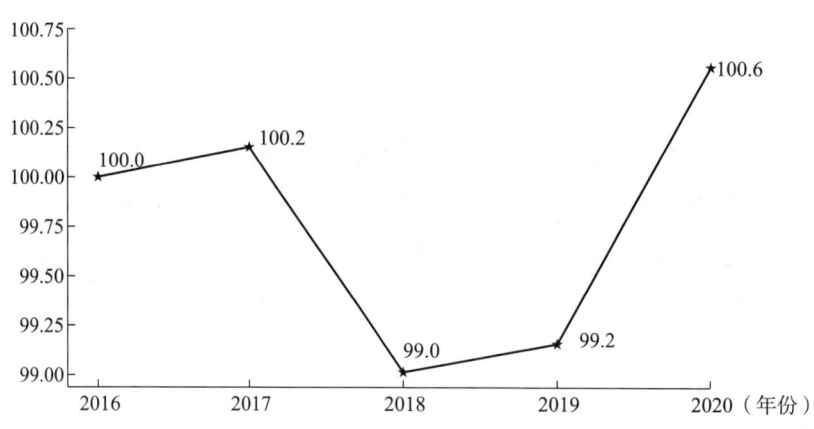

图 4-47 2016—2020 年统筹城乡融合发展指数变化情况

(1) 城乡居民收入差异不断扩大

近年来,双城经济圈大力实施产业增收、技能培训增收、创新促创业增收、帮扶增收、转移促就业增收等富民工程,农村居民收入大幅增长,城乡居民收入差异不断缩小。2016—2020 年,双城经济圈城镇、农村居民人均可支配收入分别由 28747 元、11278 元增加至 38813 元、16021 元,城乡居民收入比由 2.55 下降至 2.42。重庆和四川城乡收入比分别由 2016 年 2.56、2.53

缩小至2.44、2.40，但是重庆城乡收入比缩小的幅度相对较小，导致两地城乡居民收入比地区差异指标值逐年下降，由100下降为90.5（见图4-48）。

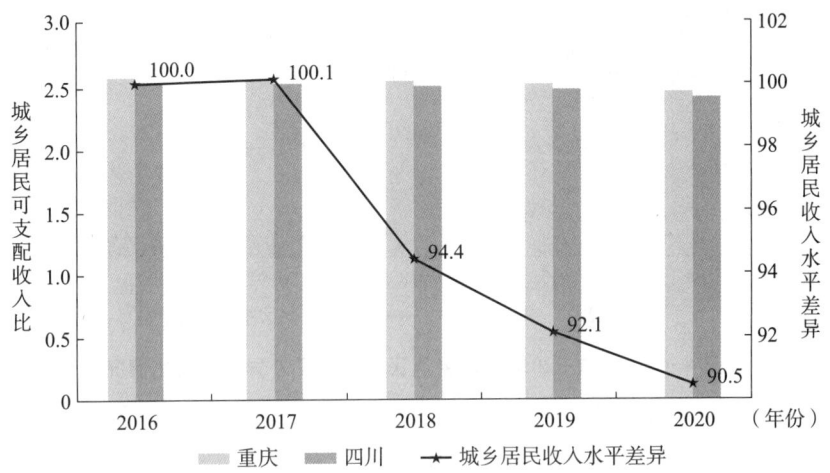

图4-48 2016—2020年城乡居民收入水平差异指标变化情况

（2）城乡居民生活水平差异稳步缩小

近年来，川渝两地城乡居民收入稳定增加，带动交通和通信、文教娱乐、医疗保健等发展型和享受型消费支出持续快速增长，促进城乡恩格尔系数整体呈下降趋势。2020年，受疫情影响，食品烟酒等物价上涨较快，推动城镇恩格尔系数上升至34%，较2016年提高0.1个百分点；农村居民收入保持高速增长态势，激发农村消费潜力持续释放，促使农村恩格尔系数下降至36.6%，较2016年降低1.6个百分点，进而促使城乡恩格尔系数比由2016年的0.89上升至2020年的0.93。经测算，2016—2020年，川渝地区城乡居民生活水平差异指标值由100.0上升为104.9（见图4-49）。

（3）农业和非农业劳动生产率差异逐步缩小

近年来，川渝两地大力推进农业现代化，积极培育新型农业经营主体，着力建设田园综合体、特色小镇、现代农业园区等农业现代化发展平台，农业质量效益和竞争力明显提高，促使农业与非农业劳动生产率差异逐步缩小。2016—2020年，川渝地区农业与非农业劳动生产率分别由2.46、10.75上升至3.18、13.08。经测算，城乡经济发展质量差异指标值由100.0上升为106.3，协同度进一步提升（见图4-50）。

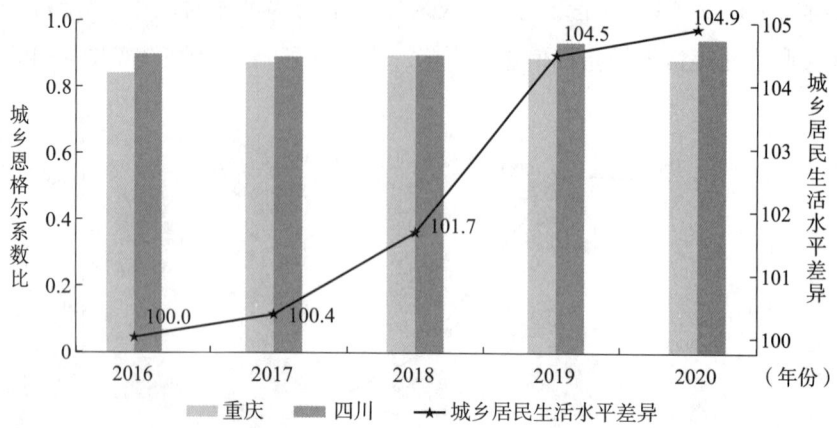

图 4-49  2016—2020 年城乡居民生活水平差异指标变化情况

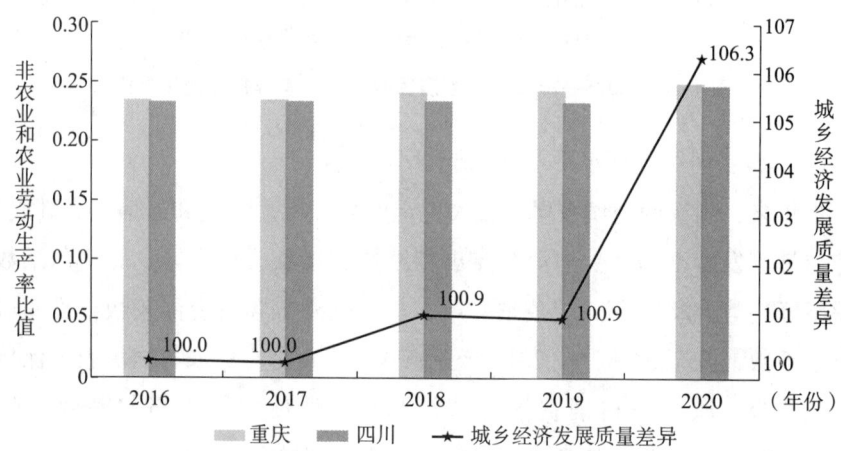

图 4-50  2016—2020 年城乡经济发展质量差异指标变化情况

(4) 小结

分指标类型来看,川渝两地城乡居民生活水平、城乡经济发展质量等差异逐步缩小,表明川渝两地城乡融合发展水平正在逐步提高。同时城乡居民收入水平差异逐步扩大,反映川渝两地城乡发展不协调问题仍然较为突出(见图 4-51)。

9. 公共服务便利共享指数

2016—2020 年,在公共服务投入、医疗卫生服务、教育资源配置等带动

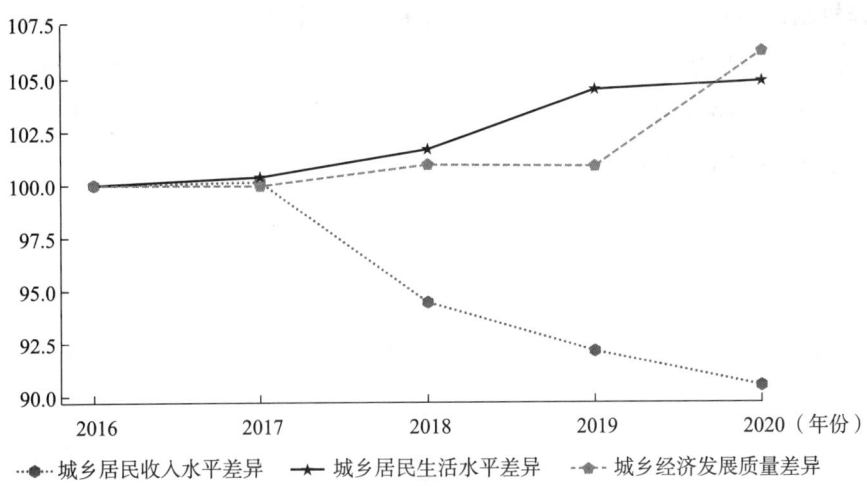

……城乡居民收入水平差异 —★—城乡居民生活水平差异 --●--城乡经济发展质量差异

图 4-51 2016—2020 年统筹城乡融合发展指数 3 项指标变化情况

下,成渝地区双城经济圈公共服务便利共享指数稳步上升,2020 年公共服务便利共享指数达到 107.6,较 2016 年提高 7.6 个点,年均提升 1.9 个点。其中,受川渝两地人均预期寿命均稳步提升但差异拉大的影响,医疗卫生服务差异指标值呈下降态势,但从总体看,双城经济圈公共服务便利共享趋势在逐步加强(见图 4-52)。

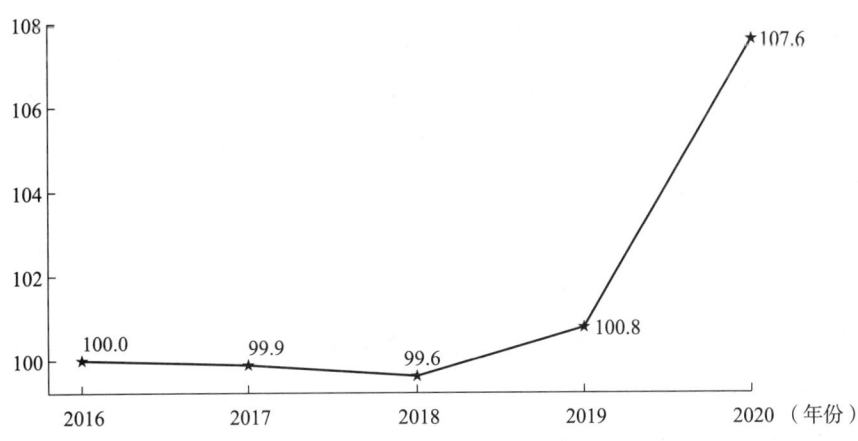

图 4-52 2016—2020 年公共服务便利共享指数变化情况

(1) 公共服务投入差异不断缩小

目前,川渝两地已在教育、医疗卫生、体育、交通、政务等各领域构建合作机制,不断推动公共服务一体化。2020年,重庆、四川人均一般公共预算财政支出分别达到1.53万元、1.34万元,两地差异从2016年的0.32万元缩小至2020年的0.19万元。测算表明,2020年公共服务投入差异指标值达到135.0,较2016年提高35.0个点,年均提升7.9个点,两地公共服务人均一般公共预算财政支出稳步增长,公共服务投入水平不断提升,差异不断缩小(见图4-53)。

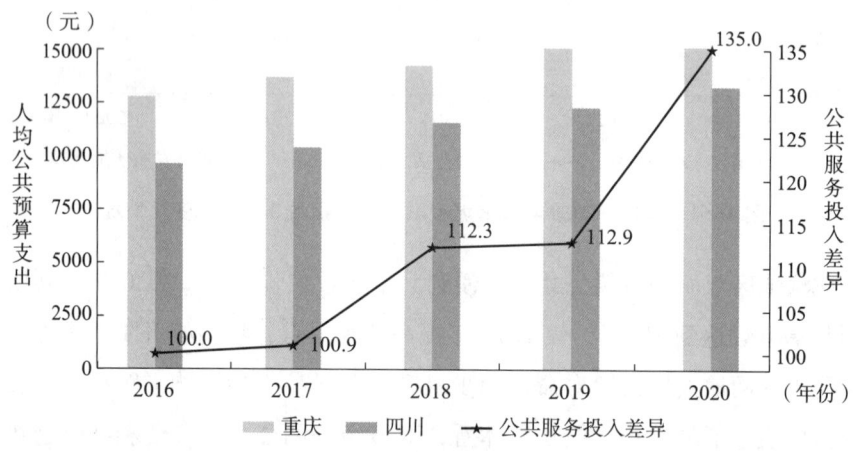

图4-53　2016—2020年公共服务投入差异指标变化情况

(2)医疗卫生服务一体化提升空间较大

川渝两地在推动医疗服务区域合作、推进公共卫生一体化、加强基层卫生交流合作、加强远程医疗协作等领域构建起多种合作共建机制,医疗服务合作不断深化。2020年,重庆、四川人均预期寿命分别达到78.2岁、77.6岁,较2016年分别提升1.2岁、0.9岁,两地居民生活质量同步大幅提升,但两地之间人均预期寿命差异有所扩大,从2016年的0.3岁扩大至2020年的0.6岁。测算表明,2020年医疗卫生服务差异指标值为82.6,较2016年降低17.4个点(见图4-54)。

(3)教育资源配置水平稳步提升

两地协同优化教育资源供给,推动教育资源共建共享。2020年重庆、四川义务教育阶段师生比分别达到0.067、0.068,较2016年分别提升4.2%、5.5%。经测算,2020年双城经济圈教育资源配置差异指标值达到105.2,较

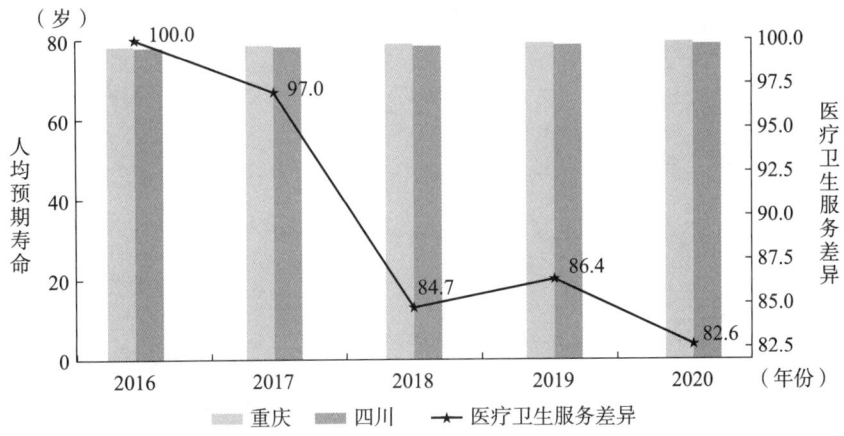

图 4-54　2016—2020 年医疗卫生服务差异指标变化情况

2016 年提升 5.2 个点，年均增长 1.3 个点，表明两地教育配置水平稳步提升，教育资源配置均衡状况逐步改善（见图 4-55）。

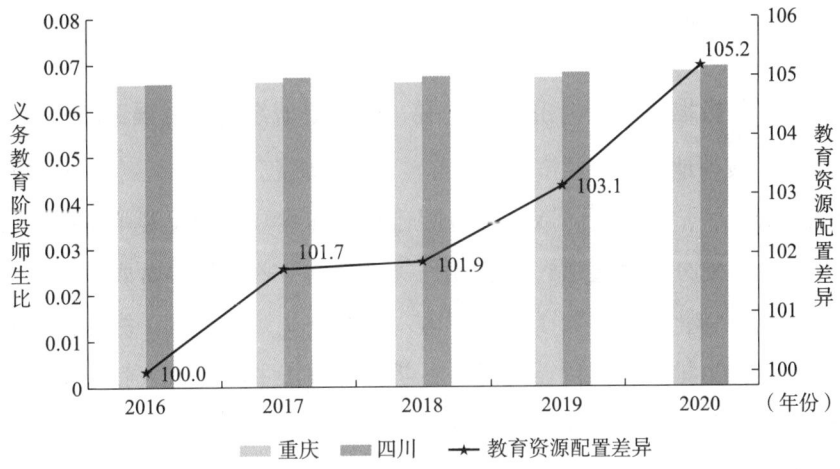

图 4-55　2016—2020 年教育资源配置差异指标变化情况

（4）小结

分指标类型来看，两地公共服务投入差异显著降低，教育资源配置稳步提升，人均预期寿命均稳步提升但差异有所提高，从总体来看，双城经济圈公共服务共建共享能力和水平稳步提升，基本公共服务标准化便利化取得较大进展，但医疗卫生服务领域有待进一步缩小差异，一体化提升空间较大

（见图4-56）。

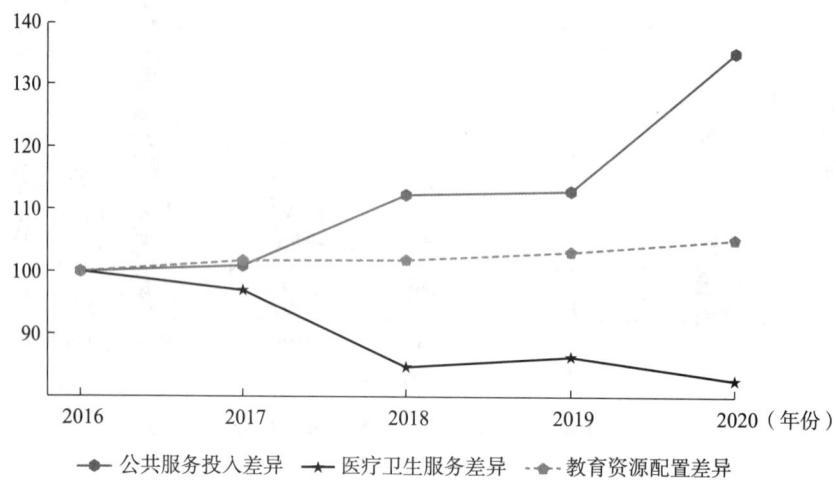

图4-56　2016—2020年公共服务便利共享指数3项指标变化情况

## 五、对策建议

### （一）积极推动区域经济协同发展，构建双城经济圈发展新格局

当前，成渝地区双城经济圈区域经济协同发展已经取得了一些积极成效，但是从指数分析情况来看，双城经济圈目前仍存在着区域发展不均衡、人口优势需增强、对外运输通道还不够通畅等方面的一些问题，对成渝地区双城经济圈经济一体化发展造成了不利影响。针对这些掣肘因素，提出以下几点建议：一是全力推动区域协调发展。不断提升重庆主城都市区和成都市发展能级，协同增强"双核"引领作用和综合竞争力，带动成渝地区统筹协调发展；结合城市区位特点和资源优势，加快推动形成优势互补、高质量发展的区域经济布局，促进双城经济圈内各城市间专业化分工，逐步缩小中心和区域之间的差距；强化两地政策协同支撑，加快推动双城经济圈经济区与行政区适度分离改革，打破行政性垄断，促进各类生产要素充分流动和高效集聚。二是不断提升人口吸引力。加快推动川渝两地人才协同发展，共同搭建高端人才引进、发展平台，分级分类推动人才一体化评价制度，共同建立人才公共服务共享机制，协力推进双城经济圈人才竞争力不断提升；深入推进新型

城镇化建设,增强城市综合承载能力,引导更多农村及周边省市人口向双城经济圈集聚;加快支持现代服务业、数字经济、平台经济等新兴产业新商业模式发展,增强新兴产业发展活力,扩大社会就业容量吸引更多人口流入。三是进一步强化物流集聚辐射能力。推动共建长江上游航运中心,研究布局成渝地区无水港;密切关注欧洲局部冲突,推进中欧班列一体化发展,深化和扩大陆海新通道协同运营,形成具有国际竞争力的对外物流运输体系;继续补齐双城经济圈内外交通运输短板,强化重庆和成都国际性综合交通枢纽功能,优化多式联运服务,完善多式联运货物集聚功能;深入推进物流业与制造业融合联动发展,完善产业集聚区物流功能区建设,鼓励制造企业分离外包物流业务,共同搭建物流信息平台,促进更多物流需求向双城经济圈释放和集聚。

**(二)合力打造综合立体交通网络,推进现代基础设施共建共享**

以提升内联外通水平为导向,以补短板、强弱项为重点,着力构建多种运输方式无缝衔接的综合立体交通网络,加快完善新型基础设施,构建互联互通、管理协同、安全高效的基础设施网络。针对当前存在的对外通道还不够畅通、内联水平还需提升等问题,提出建议:一是进一步增强对外畅通水平。加强与国家综合立体交通网衔接,发挥成渝双城经济圈交通枢纽地位,从四个方向拓展运输大通道,东向强化与长三角、粤港澳大湾区联通,西向融入亚欧通道,南向畅通西部陆海新通道,北向衔接京津冀地区。二是进一步提升内联服务能力。推进干线铁路、城际铁路、市域(郊)铁路融合建设,做好与城市轨道交通衔接协调,打造"轨道上的都市圈",加快城际公交线路对接,实现重庆、成都都市圈内享受1小时公交化通勤客运服务。三是进一步发挥长江黄金水道功能。健全以长江干线为主通道、重要支流为骨架的航道网络,加强港口分工协作,形成以果园港、万州港、珞璜港等为龙头,泸州港、宜宾港等为骨干,其他港口共同发展的港口体系,完善集疏运功能,共建长江上游航运中心。四是进一步完善新型基础设施。加大通信网络新基础设施布局力度,大力推动5G网络全覆盖,推动5G技术与工业、制造业融合,促进数字化、网络化、智能化转型升级;加快推进"算力、算法、算量"

基础设施建设，统筹共建共享面向双城经济圈的各类科学计算、工程计算领域的超算中心。

**（三）加快构建现代优势产业体系，培育经济高质量发展新动力**

当前，成渝地区双城经济圈产业链仍处于价值链中低端，支柱产业较为单一，川渝两地产业协同发展能力较弱，围绕加快构建特色鲜明、相对完整、安全可靠的区域产业链、供应链体系，做大做强优势传统产业，加快发展战略性新兴产业，信息化赋能制造业转型升级，提出建议：一是大力推动优势产业链供应链协同。聚焦构建相互融合、相互支撑的现代制造业体系，进一步优化两地产业发展选择，围绕产业链链主企业，构建产业生态圈、畅通产业链，大力促进汽车、电子信息产业高质量协同发展，重点提升供应链本地化、就近化配套水平，积极推动装备制造、消费品、新材料等优势产业补链筑群、提质增效。精准识别和对接东部沿海地区，打造国际产业分工和承接产业转移示范区。强化圈翼、毗邻地区产业分工协作，延伸产业链供应链。二是促进新一代信息技术与制造业深度融合。发挥区域集成电路、新型显示、智能终端、软件与信息服务等产业优势，培育"芯屏器核网"全产业链，构建"云联数算用"全要素群，打造"住业游乐购"全场景集，加快建设国家级成渝地区工业互联网一体化发展示范区。三是促进现代服务业高质量发展。聚焦提升二三产占比，优化三次产业结构，大力发展物流、金融等现代服务业。共建内陆国际物流枢纽，完善"通道+枢纽+网络"的现代物流运行体系，共育西部陆海新通道，推动共建西部金融中心，协力打造国际消费中心城市。

**（四）汇聚高端科技创新资源要素，着力积蓄科技创新强大势能**

针对目前川渝科技创新主体不足、创新链产业链协同能力不强、科技创新水平不高的问题，围绕深化新一轮全面创新改革试验，加强科技研发投入和人才队伍建设，增强协调创新发展能力，合力打造具备全国影响力的科技创新中心，全面增强现代产业体系科技支撑能力，提出建议：一是提升科技企业协同创新能力。依托成渝综合性科学中心、西部科学城建设，大力加强创新主体培育，以产业链链主企业为中心，强化创新链产业链协同，健全产学研用深度融合的科技创新体系。大力引进国字号大院大所，争取世界知名高校设立专业学院，支持川渝企业与高校、科研机构共建联合实验室或新型研发机构，提升产业链和创新链对接互联。二是协调开展科技人才队伍建设。构建优良的创新人才政策，打造开放包容、高效协同、近悦远来的创新环境基础，积极引进院士、首席科学家等高层次专家团队，完善揭榜挂帅等政策，全面提升区域引才、聚才、留才、用才水平。加强人才协同，增强区域人才政策一致性，提高人才管理和市场一体化程度，开展产才融合链的规范化和标准化运作。三是持续优化创新环境。深化科技创新与强化制度创新相协同，注重破除制约创新发展的体制机制障碍，推动川渝专利授权制度一体化，强化财税、信贷等政策工具运用，引导多方加大研发投入和技术创新力度。

**（五）培育发展文旅新业态新模式，促进文旅消费深度融合发展**

深挖两地文化旅游资源潜力，在更大范围内促进川渝文化旅游资源的高效配置，以巴蜀文化旅游走廊建设为核心引领，增强文化旅游业的辐射带动作用，促使成渝消费市场复苏繁荣。针对当前存在的文旅消费不振、有效消费需求等问题，提出以下建议：一是补短板强弱项夯实文旅发展根基。为满足疫情防控常态化现状及促进区域旅游产业长远发展需求，补齐以交通、通信为核心的基础设施及旅游服务设施短板，打通旅游交通、配套设施、线上服务"最后一公里"。完善特色化配套设施建设和服务，在川渝建设一批高质量自驾营地、露营基地等旅游目的地。着力推动智能停车场、智能酒店、智能餐厅、无人商店等景区公共服务配套设施建设。二是共同打造旅游消费新业态新场景。大力发挥热门核心区域、热门景区的辐射和带动效应，突出川渝平原—山地的立体自然风光特色，增强主题公园、文化博览场馆、拓展类等消费培育，丰富文化和旅游数字化、智能化产品形态，加大文化旅游在大健康需求、夜经济开发、体育新拓展、美食全体验、高科技赋能多方面融合，以创新开发和精准营销推动文旅市场重振和持续繁荣。三是围绕"旅游+"促进旅游跨界融合发展。以两地文化旅游资源深度融合为支撑，推动"文旅+康养""文旅+研学""文旅+工业""文旅+农业""文旅+林业""文旅+水利""文旅+交通"等融合发展模式，不断丰富旅游内涵，不断开发体验性、参与性的融合旅游产品，持续增强旅游有效供给。

### （六）深入推进生态环保领域合作，稳步提升生态绿色发展水平

充分发挥成渝地区双城经济圈清洁能源资源优势和产业发展基础优势，协同培育支撑高质量发展的绿色低碳新动能，以实现碳达峰碳中和目标为引领，推动经济社会绿色低碳发展。针对当前存在的生态环保共建共享水平不高，用能结构有待优化，产业能耗较高等问题，提出以下建议：一是努力推进区域环保合作。持续优化川渝生态安全格局，协同加强生态系统保护，携手推动落实河（湖）长制、林长制，加强推进川渝联合巡河，完善跨省市水体监测网络，加强毗邻地区林业资源联防联治，不断加强在流域保护、污染防治、环境治理、节能减排等方面的协同合作，打好污染防治攻坚战。二是共同加强清洁能源开发。立足区域资源优势，共同推进成渝水电、风电、生物质能、氢能、天然气等清洁能源开发，不断提高清洁能源发电装机量。强化水电主力军作用，培育风光发电新增长点，构建沿江清洁能源走廊，建设世界级优质清洁能源基地。统筹推进常规气与非常规气开发，推进涪陵、南川、达州、遂宁等重点气田建设，加快建成川渝千亿立方米级产能基地。积极推动川渝特高压交流工程建设，努力推进三峡电、藏电、疆电入渝入川。三是协同推动生态产业化、产业生态化。不断提高技术在产业中的比重，优化产业结构，加快推动优质生态资源价值转化，积极发展低碳工业、生态农业、生态旅游业。积极推动两地协同加大对传统产业尤其是高耗能产业的升级改造，鼓励氢能、储能、智能电网、零碳炼钢、零碳化工、CCS 和 BECCS、CDR 等深度脱碳技术研发和产业化发展。加快完善碳排放交易制度，共同探索建设碳排放权交易市场，协同开展碳达峰试点园区建设。

### （七）以体制机制改革创新为突破，激发高水平对外开放新动能

聚力建设大通道、大枢纽、大平台，改革开放新高地建设初见成效。同时也存在重大开放平台协同不够，体制机制改革创新活力不强，区域发展合力释放不足等问题。为此，提出以下建议：一是加快推动由商品和要素流动型开放向规则等制度型开放跃升。全面对标对表 RCEP、CPTPP、CAI 规则，以重庆扩大服务业开放试点为契机，加快打造 RCEP 区域服务业扩大开放示

范区,力争在贸易便利化、数字经济、知识产权保护等领域开展先行先试。支持两江新区、天府新区优先承接国家重大战略项目、试点示范项目,进一步强化全球资源配置功能、科技创新策源功能、高端产业引领功能、开放枢纽门户功能。加快推进川渝自贸试验区协同开放示范区建设,争取国家在投资贸易政策创新赋权,开展首创性改革试验。高水平建设中新互联互通示范项目、中日(成都)城市建设和现代服务业开放合作示范项目,着力推动金融科技、航空物流、跨境交易、多式联运等领域深化合作。二是推动要素市场一体化发展。深化城乡土地制度改革,积极推动城乡建设用地市场一体化建设,盘活农村宅基地和城市低效存量建设用地,探索建立成渝地区统一入市增值收益分配制度,促进土地要素在成渝地区自由流动和高效集聚。建立人力资源服务许可互认和从业人员职业资格证互认制度,健全标准互认的技能评价制度,加快形成统一规范的人力资源市场体系,完善涉外人才相关配套政策,打造一批国际社区、国际学校、国际医院,吸引更多国际化、高层次人才向成渝地区聚集。围绕成渝地区共建西部金融中心,设立西部大宗商品期货交易所,加快促进金融资产类、大宗商品类、权益类等资本要素市场一体化发展。依托西部科学城建设,积极开展重大科技基础设施和科技项目布局、重大产业技术联合攻关。协同推进、推动科技成果转化市场化改革,共同打造区域性技术转移平台,开展知识产权联合执法,共同打击知识产权侵权行为。加快制定统一数据开放共享标准,探索建立成渝地区双城经济圈大数据交易所,促进数据高效有序流动以及资源价值提升。

**(八)深化城乡融合发展机制改革,不断提升城乡融合发展活力**

统筹推进新型城镇化与乡村振兴战略,城乡融合发展取得积极进展。同时也面临人才、土地、资金等要素在城乡之间流动不畅,乡村振兴内生动力不足等问题。为此,提出以下建议:一是高质量推动农业转移人口市民化。以取消落户限制和简化落户程序为主要内容,继续深化户籍制度改革,推动户口迁移更加自由便利。探索建立以居住证为主要依据的教育、医疗、住房、社会保险等基本公共服务供给机制,推动城镇基本公共服务覆盖常住人口。以城中村、城边村为重点,大力支持农村集体建设用地建设租赁住房试点探索，有效增加保障性住房供给，吸引农业转移人口、跨省流入人口、返乡农民工向城镇集聚。二是持续推动乡村振兴。依托现代农业示范区、农业科技园区、农业产业化示范基地，孵化培育、做精做强、集聚发展特色产业，推动一二三产深度融合，提升农产品深加工全产业链水平。用好用活乡村自然生态资源、农业生产资源、传统文化资源等，因地制宜建设一批集乡村生态保护、农业生产、文化传承、休闲旅游等功能于一体的特色小镇、田园综合体，集中连片打造一批兼具巴蜀特色、田园农耕和现代文明的美丽乡村示范点。三是完善城乡融合发展机制。健全工商资本下乡、城市人才入乡、本土人才回乡激励机制，在产业用地、财政补贴、税收减免、项目审批等方面给予充分支持。着力完善工商资本下乡融资贷款政策，扩大农业保险试点品种和试点范围，探索推广银保合作产品。鼓励城市科技、教育、卫生、文化、体育等领域的工作人员定期服务农业农村发展，支持科技特派员将资本、科技、信息、管理等现代生产要素带到农村，为农业农村提供科技服务或与农民结成利益共同体。实施返乡创业带头人计划，加强返乡创业园区和孵化基地建设，打造创业平台、完善服务功能，为返乡人才提供场地和政策支撑。

**（九）持续推进公共服务便捷共享，增强人民群众幸福感、获得感**

持续提升公共服务领域投入，重点推进医疗卫生、教育资源及服务均等共享，公共服务事项办理标准化、便捷化，不断增强人民群众幸福感、获得感。从指数分析情况来看，川渝两地仍存在着公共服务投入水平较低、两地医疗卫生服务一体化程度不高，基本公共教育服务优质均衡化有待提升等方面的问题，提出以下建议：一是持续提升公共服务领域投入水平。以医疗卫生、文化教育、社保就业等领域为重点，不断提高一般公共预算财政支出，提升公共服务财政投入水平，积极引导社会资本投入两地民生事业及公共服务领域，着力保障成渝地区双城经济圈公共服务共建共享，加强优质公共产品和服务供给。二是持续推进医疗卫生服务便捷共享。深入推动医疗服务区域合作，统筹优质医疗卫生资源均衡布局，通过组建医联体或专科联盟等方式，推动优质医疗资源共建共享，支持两地有条件医院联合创建国家区域医疗中心和国家医学中心。加强基本公共卫生服务合作，健全"互联网+医疗健康"服务体系,完善全民健康信息平台和异地就医直接结算体系,稳步提升两地医疗服务水平。三是持续推进教育资源和服务共建共享。逐步完善基本公共教育服务体系,协同扩大优质基础教育资源供给,促进区域内教育优质均衡发展,持续推动成渝地区教育联盟等平台建设,稳步提升教育资源配置水平。协同推动职业教育、高等教育快速发展,合力打造西部教育高地。四是持续推进公共服务标准化、便利化。强化"川渝通办"、全程网办,逐步健全公共服务标准体系,全面实施公共服务标准化管理,积极构建公共服务一体化平台,推动两地社保等公共服务事项无差别受理、同标准办理。针对群众办事、企业开办、交通出行、医疗卫生等重点领域继续推出公共服务便捷化事项,探索自主增设更多特色事项,强化跨省通办,进一步提升公共服务便捷化水平。

## 大事记

# 成渝地区双城经济圈大事记
# （2020—2021年）

## 2020 年

### 1 月

1月3日,习近平总书记主持召开中央财经委员会第六次会议作出推动成渝地区双城经济圈建设的重大战略决策。

1月6日,重庆市委常委会、四川省委常委会分别召开扩大会议,传达学习中央财经委员会第六次会议精神,研究贯彻落实意见。

1月17日,深化川渝合作推动成渝地区双城经济圈建设两省(市)发展改革委主任2020年第一次调度会在重庆召开。

### 2 月

2月21日,深化川渝合作推动成渝地区双城经济圈建设两省(市)发展改革委主任2020年第二次调度会在成都召开。

### 3 月

3月12日,推动成渝地区双城经济圈建设重庆四川常务副省(市)长协调会议第一次会议在成都召开。

3月17日,推动成渝地区双城经济圈建设重庆四川党政联席会议第一次会议以视频会议形式召开,审议两省(市)推动成渝地区双城经济圈建设工作方案及2020年重点任务等文件。

3月23日,重庆市推动成渝地区双城经济圈建设动员大会召开。

3月31日,两省(市)党委联合印发《深化四川重庆合作推动成渝地区双城经济圈建设工作方案》,两省(市)党委办公厅联合印发《推动成渝地区双城经济圈建设工作机制》,两省(市)政府办公厅联合印发《深化四川重庆合作推动成渝地区双城经济圈建设2020年重点任务》。

## 4月

4月1日，重庆市生态环境局、四川省生态环境厅签署《深化川渝两地大气污染联合防治协议》《关于建立联合执法工作机制的协议》《危险废物跨省市转移"白名单"合作机制》。

4月7日，重庆市委理论学习中心组（扩大）专题学习会暨推动成渝地区双城经济圈建设市领导集中调研成果交流会召开。

4月10日，重庆市民政局、四川省民政厅签订《川渝民政合作框架协议》，提出养老服务、救助工作等9个方面合作内容，基本涵盖了民政主要业务。

4月14日，重庆市科技局、四川省科技厅签订《进一步深化川渝科技创新合作增强协同创新发展能力共建具有全国影响力的科技创新中心框架协议》，以"一城多园"模式合作共建西部科学城，建立成渝地区创业孵化"双城联动"合作机制，协同推进科技成果转化。

4月15日，中共重庆市第五届委员会第八次全体会议召开，审议通过《中共重庆市委关于立足"四个优势"发挥"三个作用"加快推动成渝地区双城经济圈建设的决定》。

4月15日，重庆市医疗保障局、四川省医疗保障局签署川渝医保战略合作备忘录、医药价格和招标采购合作协议。

4月17日，重庆市委编委批复同意在市发展改革委合作处加挂推动成渝地区双城经济圈建设统筹处，新设推动成渝地区双城经济圈建设政策协同处、项目推进处。

4月23日，四川省委编委批复同意在省发展改革委地区处加挂推动成渝地区双城经济圈建设统筹处，新设推动成渝地区双城经济圈建设政策协同处、项目推进处。

4月23日，成渝地区双城经济圈毗邻区县（重庆潼南城区至四川遂宁磨溪）开通首条跨省城际公交，首次实现川渝两地毗邻地区公交互通。

4月27日，重庆市教委、四川省教育厅签署推动成渝地区双城经济圈建设教育协同发展框架协议。

4月28日，深化川渝合作推动成渝地区双城经济圈建设两省（市）发展改革委主任2020年第三次调度会在重庆召开。

4月28日，重庆市体育局与四川省体育局签署推动川渝两地体育公共服务融合发展框架协议，共建国家体育旅游示范区。

4月28日，川渝两地公安机关共同签署《四川省公安厅重庆市公安局服务成渝地区双城经济圈建设22条》和《四川省公安厅重庆市公安局服务成渝地区双城经济圈建设警务合作运行机制》。

## 5月

5月1日，推动成渝地区双城经济圈建设联合办公室（重庆）启动实体运行，川渝互派第一批干部。

5月7日，重庆市气象局、四川省气象局签署了共同推动成渝地区双城经济圈建设气象合作协议，双方在共同建设交通气象服务体系等10个方面进行合作。

5月21日，重庆市水利局、四川省水利厅签署《成渝地区双城经济圈水利合作备忘录》，共同建立两省（市）水利工作机制共商、项目共谋、生态共治、资源共享、文化共兴长效机制。

5月21日，重庆市农业农村委、四川省农业农村厅签署《建设成渝现代高效特色农业带战略合作框架协议》《共同推进成渝地区双城经济圈农业会展高质量发展战略合作框架协议》《共建动植物疫情及农作物重大病虫害联防联控战略合作框架协议》3项协议。

5月21日，重庆市卫生健康委（重庆市中医药管理局）、四川省中医药管理局签署川渝中医药一体化发展合作协议，共同申报国家中医药综合改革示范区。

5月24日，四川省扶贫开发局、重庆市扶贫开发办公室签署《川渝扶贫领域合作框架协议》。

5月27日，成渝地区双城经济圈就业创业协同发展联盟成立。

5月27日，川渝两地联合开通线上求职招聘信息系统，实现了川渝两地求职招聘数据实时共享。

5月30日，川渝两省（市）经信部门联合印发《关于加快推进成渝地区双城经济圈产业合作园区建设的通知》，支持两地将产业合作园区建设成为制造业协同发展的重要载体。

## 6月

6月1日，重庆市高级人民法院、四川省高级人民法院签署《成渝地区双城经济圈环境资源审判协作框架协议》，围绕建立环境资源审判信息共享平台等七个方面开展协作。

6月3日，重庆市商务委和四川省商务厅签署工作方案，启动共建自贸试验区协同开放示范区。

6月5日，两江新区政务大厅设立"两江天府合作示范窗口"，这是川渝第一个异地互认办事窗口。

6月10日，成渝两地高新区市场监管部门联合颁发首张异地营业执照。

6月10日，重庆海关与成都海关签署《共同支持成渝地区双城经济圈建设合作备忘录》。

6月12日，重庆市委编办批复重庆市综合经济研究院增设重庆市推动成渝地区双城经济圈建设研究中心。

6月15日，永川区公安局联合泸州市合江县公安局成立川渝两地首个联合治安联调室、交通武装检查站。

## 7月

7月2日，重庆市交通局、四川省交通运输厅共同签署了《成渝地区双城经济圈交通发展三年行动方案（2020—2022年）》《普通公路发展合作备忘录》《共建长江上游航运中心合作备忘录》《智慧交通发展合作备忘录》《交通执法管理协同发展合作备忘录》等合作协议。

7月3日，川渝两地住房公积金互认互贷，异地贷款缴存证明实现无纸化，职工在两地间申请公积金异地贷款由原来"两地跑"变为"一地办"。

7月9日，重庆市政府口岸物流办、四川省政府口岸物流办签署《成渝地区双城经济圈口岸和物流合作备忘录》《川渝国际贸易"单一窗口"合作协议》，共同推进区域口岸和物流业高质量发展。

7月14日，川渝两省（市）发展改革委、能源局在重庆签署《共同推动成渝地区双城经济圈能源一体化高质量发展合作协议》，携手打造具有全国影响力的能源绿色高效利用示范区和重要清洁低碳能源生产基地，筹划重大项目20个总投资约9900亿元。

7月18日，推动成渝地区双城经济圈建设联合办公室2020年第四次主任调度会在成都召开。

7月27日，川渝两省（市）政府办公厅联合印发《川渝毗邻地区合作共建区域发展功能平台推进方案》。

7月27日，推动成渝地区双城经济圈建设联合办公室印发《关于做好2020年川渝共同实施的重大项目有关工作的通知》。

## 8月

8月13日，渝北区与广安市签订《缔结协同发展友好城市共同推动成渝地区双城经济圈建设合作协议》和纪检监察、警务、司法、农业农村、生态环境等5个专项合作协议。

## 9月

9月2日，重庆市审计局与四川省审计厅共同签署《服务保障成渝地区双城经济圈建设川渝审计合作协议》，携手构建区域"经济体检"审计合作机制。

9月8日，推动成渝地区双城经济圈建设联合办公室2020年第五次主任调度会在重庆召开。

9月16日，川渝两地各选派51名、50名优秀年轻干部互派挂职（顶岗）工作。

9月16日，全国首个跨省市设立的联合河长办——川渝河长制联合推进办公室正式完成组建。

9月21日，川渝社保卡业务"就近办"上线，首批推出社保卡信息查询、激活、挂失与解挂等服务。

9月30日，重庆市全域和四川省全域实施养老保险待遇资格"就地认"。

## 10月

10月12日，川渝两省（市）经信部门印发《成渝地区双城经济圈产业合作示范园区创建管理办法》，启动首批产业合作示范园区创建工作。

10月16日，中共中央政治局召开会议审议《成渝地区双城经济圈建设规划纲要》。

10月18日，中共重庆市委常委会召开会议，传达学习贯彻中央政治局会议精神，研究部署成渝地区双城经济圈建设工作。

10月19日，中共四川省委召开省委常委会会议，传达学习贯彻中央政治局会议精神，研究部署成渝地区双城经济圈建设工作。

10月26日，"川渝两地房地产展示平台"上线，在全国率先实现跨省域房地产项目和房源信息共享。

10月30日，川渝两省（市）政府办公厅联合印发川渝通办事项清单（第一批），要求95个高频政府服务事项年底前实现线上"全网通办"、线下"异地可办"。

## 11月

11月3日，重庆市住房和城乡建设委员会、四川省住房和城乡建设厅签署《加快推动成渝地区双城经济圈建设住建领域协同发展合作框架协议》等"1+3"合作协议，携手探索公租房跨区域异地申请。

11月3日，重庆市城市管理局、四川省住房和城乡建设厅在渝共同签署《川渝城市管理领域合作框架协议》，推进城市管理一体化建设。

11月4日，国家发展改革委正式批复成达万高铁可研报告。

11月13日，川渝两地签订了生态环境监测合作协议和生态环境标准协同合作协议，携手打造经济高质量发展和生态环境高水平保护的区域协作示范。

11月13日，川渝签订《成渝地区双城经济圈"无废城市"共建合作协议》，标志"无废城市"试点由重庆主城中心城区延伸拓展到重庆全市域和成渝地区双城经济圈。

11月13日，川渝两地户口网上迁移一站式办理在两地全域开启。

11月14日，成渝地区双城经济圈联合办公室2020年第六次主任调度会在成都召开。

11月20日，国家税务总局重庆市税务局、国家税务总局四川省税务局、中国人民银行重庆营业管理部、中国人民银行成都分行等四部门联合印发《关于在成渝地区推行税收跨省电子缴库的通知》，在川渝两地实行税款跨省电子缴库。这意味着川渝两地纳税人跨省缴库可以"一键直达"。

11月25日，推动成渝地区双城经济圈建设重庆四川常务副省（市）长协调会议第二次会议在重庆召开。

11月27日，重庆市气象局、四川省气象局签署《共同推动川渝气候经济发展合作协议》，共同推动气候资源向产业资源转化，推进川渝地区气候经济发展。

## 12月

12月1日，重庆市公共资源交易中心、四川省政府服务和公共资源交易服务中心签署《川渝远程异地评标合作框架协议》，川渝公共资源交易平台一体化进入实质性推进阶段。

12月14日，推动成渝地区双城经济圈建设重庆四川党政联席会议第二次会议以视频会议形式召开。

12月21日，重庆市人社局、四川省人社厅签署《推进川渝失业保险协同发展的合作协议》，共同建立川渝失业保险政策协同和服务共享机制。

12月24日，成都至达州至万州高速铁路在川渝同步开工。

12月24日，重庆市财政局、四川省财政厅签订多个协议，就长江流域川渝横向生态保护补偿等事宜达成共识。

12月31日，川渝高竹新区、遂潼川渝毗邻地区一体化发展先行区获批设立。

# 2021 年

## 1 月

1月1日，重庆、成都两地同时发出首列中欧班列（成渝号）列车，在全国首次实现跨省市班列合作。

1月4日，川渝两省（市）政府办公厅印发《推动成渝地区双城经济圈建设重点规划编制工作方案》和《成渝地区双城经济圈便捷生活行动方案》。

1月9日，川渝两省（市）人民政府办公厅联合印发《协同推进成渝地区双城经济圈"放管服"改革的指导意见》，将共同打造一流市场环境、推动事中事后协同监管等。

1月12日，推进成渝地区双城经济圈建设川渝交通深化合作座谈会暨川渝交通合作第7次联席会举行，成渝交通主管部门对接商议并签署了《推进成渝地区双城经济圈交通一体化发展2021年重点任务》《成渝地区双城经济圈"四好农村路"示范区建设战略合作框架协议》。

1月13日，最高人民法院出台《关于为成渝地区双城经济圈提供司法服务和保障的意见》，提出增强提供司法服务和保障的责任感和使命感、营造良好法治环境、建立健全司法工作机制三方面14条意见。

## 2 月

2月7日，川渝联合开展濑溪河流域一体化综合治理筹备工作会在荣昌区召开，标志着川渝联合开展濑溪河流域一体化综合治理工程正式启动。

2月19日，四川省体育局、重庆市体育局共同签署了《川渝体育深化融合发展施工图》《成渝地区双城经济圈体育产业协作协议》，并成立"推进重庆四川体育事业融合发展领导小组"，并在四川、重庆设立办公室负责推进工作。

2月24日，中共中央、国务院印发《国家综合立体交通网规划纲要》，明确将京津冀、长三角、粤港澳大湾区和成渝地区双城经济圈四"极"列为国际性综合交通枢纽集群。

2月26日，川渝两地高级法院和知识产权局联合签署《建立成渝双城经济圈知识产权保护合作机制备忘录》，将建立成渝地区知识产权保护会商研讨、保护协作、资源共建共享等六大机制。

## 3月

3月2日，川渝两省（市）政府办公厅联合印发《成渝地区双城经济圈"放管服"改革2021年重点任务清单》《川渝通办事项清单（第二批）》。

3月3日，重庆燃气集团股份有限公司与成都燃气集团股份有限公司在渝签订《成渝双城能源协同发展全面战略合作协议》。

3月3日，四川省经信厅、重庆市经信委联合印发《2021年成渝地区工业互联网一体化发展示范区建设工作要点》。

3月5日，推动成渝地区双城经济圈建设联合办公室在永川召开2021年第一次主任调度会。

3月5日，重庆市发展改革委（重庆市粮食局）与四川省粮食和物资储备局、国家粮食和物资储备局四川局、中储粮成都分公司签订了《川渝粮食安全战略合作协议》。

3月5日，四川省商务厅和重庆市商务委在成都共同召开四川重庆商务联席会议第二次会议。会议审议通过《推动成渝地区双城经济圈建设2021年商务部门十大重点合作事项》《推进川渝商务领域政务服务合作行动方案（2021—2022年）》等文件方案。

3月10日，川南渝西融合发展试验区总体方案和发展规划编制工作推进会在自贡召开，自贡、泸州、宜宾、内江以及重庆市江津区、永川区、綦江区、大足区、铜梁区等川南渝西十城市发改部门负责人、相关专家参加会议。

3月18日，川渝毗邻地区120联动座谈会在荣昌举行，川渝两地卫生健康委将统筹推进毗邻地区跨界120应急救援服务，携手打造"2小时应急救援圈"。

3月24—26日，重庆市人力社会保障局、四川省人力社保厅主办的"成渝地区双城经济圈就业创业活动周"在重庆举行，双方签署《"十四五"就业重点项目合作协议》。

3月30日，国家发展改革委组织召开城镇化工作暨城乡融合发展工作部际联席会议第二次会议，审议推动成渝地区双城经济圈建设2021年工作要点。

3月31日，川渝两地首个协同立法项目《重庆市优化营商环境条例》经重庆市五届人大常委会第二十五次会议通过，将于7月1日实施。

## 4月

4月1日，成渝地区双城经济圈信息通信业联席会议2021年第一次会议召开，川渝两省（市）通信管理局共同公布了《双向合力推动成渝地区双城经济圈信息通信业发展2021年工作计划》，明确提出要打造成渝地区"千兆城市群"，统筹布局大型云计算和边缘计算数据中心。

4月7日，四川省卫生健康委、重庆市卫生健康委正式启动川渝卫生专业技术人才"双百"培养项目。

4月9日，重庆两江新区重光小学与四川天府新区元音小学签署合作备忘录，双方结对成为成渝地区双城经济圈"协同发展共同体实验学校"，这也是成渝地区双城经济圈首个"协同发展共同体实验学校"结对。

4月13日，四川省自贡市、泸州市、内江市和重庆市永川区、荣昌区五地交通部门签署框架协议，将合作共建永川—荣昌—自贡高速公路。

4月15日，中国贸促会与四川、重庆政府签署三方合作协议《关于促进成渝地区双城经济圈建设合作协议》。

4月16日，重庆市发展改革委召开川渝毗邻地区合作共建区域发展功能平台推进会。

4月19日，重庆市卫生健康委、四川省卫生健康委在渝联合举办川渝妇幼健康事业高质量发展论坛，双方签订《推动成渝地区双城经济圈建设卫生健康一体化发展川渝妇幼健康交流合作协议（2021—2025年）》。

4月21日，重庆市荣昌区、璧山区与四川省荣县、泸县、隆昌市联合启动村干部信用体系建设试点项目。

4月21日，商务部印发《重庆市服务业扩大开放综合试点总体方案》，要求重庆经过三年试点，通过放宽市场准入、改革监管模式、优化市场环境，努力形成服务业扩大开放新格局，探索积累可复制可推广经验，打造内陆现代服务业发展先行区，为国家全方位开放和服务业创新发展发挥示范带动作用。

4月23日，重庆市科技局和四川省科技厅举行川渝科技资源共享服务平台启动仪式，标志着川渝科技资源共享服务平台正式开通并上线试运行。

4月24日，成渝地区双城经济圈人才协同发展联席会议第二次会议召开，四川省人才办与重庆市委人才办签署《"天府英才卡"A卡与"重庆英才服务卡"A卡服务互认共享协议》，双方持卡人将在科技咨询、知识产权、金融支持、外籍高层次人才跨区域兼职创新创业、参观旅游、学术交流、研修疗养等7个方面实现服务互认共享。

4月25日，《成渝地区双城经济圈建设2021年川渝合作共建重大项目名单》印发，项目共67个，总投资1.57万亿元，年度计划投资1016亿元。

4月26日，重庆两江新区（自贸区）法院与天府新区法院（四川自贸区法院）签订《川渝自贸区知识产权司法保护合作备忘录》。

4月27日，成渝地区双城经济圈住房公积金一体化发展第二次联席会暨川渝两地便捷服务专项行动启动仪式在重庆成功举办，并对深入推进川渝住房公积金一体化发展合作事项作出新的部署。

4月29日，推动成渝地区双城经济圈建设联合办公室2021年第二次主任调度会在成都召开。

4月30日，成渝之间第四条高速大通道——合安高速双江枢纽至崇凫川渝界段通车。

## 5月

5月8日，成渝地区双城经济圈产业合作示范园区授牌仪式在重庆举行，两地共有20个园区入选。

5月15日，推动成渝地区双城经济圈建设重庆四川常务副省（市）长协调会议第三次会议在成都召开。

5月19日，"川渝共建"和谐劳动关系综合配套改革试点研讨会在重庆举行，全国首个探索劳动纠纷提前介入、在线实时调解的智能平台——"九龙坡区和谐劳动关系公共服务智能平台"正式上线。

5月19日，川渝首个司法协作生态保护基地在重庆市江津区石蟆镇中坝岛正式揭牌。

5月21日，重庆市水利局、四川省水利厅签署《成渝地区双城经济圈水旱灾害防御信息共享和通报制度备忘录》。

5月23日，国家发展改革委、中央网信办、工业和信息化部、国家能源局联合印发《全国一体化大数据中心协同创新体系算力枢纽实施方案》，提出将成渝布局建设全国一体化算力网络国家枢纽节点。

5月24日，川渝科普基地创新发展战略联盟正式成立。

5月27日，推动成渝地区双城经济圈建设重庆四川党政联席会议第三次会议在重庆市永川区召开，审议《汽车产业高质量协同发展实施方案》《电子信息产业协同发展实施方案》《加强重庆成都双核联动引领带动成渝地区双城经济圈建设行动方案》等文件。

5月27日，重庆市、四川省共建具有全国影响力的科技创新中心2021年重大项目集中开工。40个项目总投资1054.5亿元，川渝共建具有全国影响力的科技创新中心扬帆远航。

## 6月

6月3日，川南渝西大数据产业联盟在永川成立，来自重庆市永川区、江津区、荣昌区和四川省泸州市、宜宾市、自贡市、内江市的大数据产业园区、行业企业、高等院校、科研院所等247家单位成为首批入盟成员。

6月4日，成渝地区八方协同建设世界级先进装备制造产业集群暨地方产品推介会在德阳举行，重庆市渝北区、江北区、江津区、永川区及四川省成都市、德阳市、眉山市、资阳市将共建两地装备制造产业集群。

6月7日，国家发展改革委、交通运输部联合印发《成渝地区双城经济圈综合交通运输发展规划》。

6月7—8日，纪念中国—东盟建立对话关系30周年特别外长会和澜湄合作第六次外长会在重庆举行。

6月8日，首届川渝高竹新区党建论坛在广安举行，会上发布了《渝北广安人才一体化发展先行区政策互认暂行办法》。

6月11日，川渝两地首次携手开展网络安全应急演练。

6月16日，《成渝地区双城经济圈建设年鉴》编纂工作正式启动。

6月17日，川渝两省（市）人民政府联合在上海举办成渝地区双城经济圈全球投资推介会，大会以"共建双城经济圈·共享发展新机遇"为主题，面向长三角地区中外知名企业、商协会和领事机构，推介成渝地区双城经济圈投资新机遇。

6月18日，川渝两省（市）经信部门签订《消费品产业合作协议》，明确两地将在食品等消费品产业抱团发展，共同挖掘两地美食文化底蕴、共享科研资源、共同拓展市场、组建美食工业化产业联盟。

6月20日，重庆市规划和自然资源局、四川省自然资源厅联合印发《推进成渝地区双城经济圈建设共同开展国土空间生态修复工作的实施意见》。

## 7月

7月1日，川渝首个协同立法《四川省优化营商环境条例》与《重庆市优化营商环境条例》同步施行。

7月1日，川渝两地通信行业在川渝全境正式推出异地补卡、销户、投申诉等8项跨区通信服务。

7月6日，重庆永川综合保税区获国务院正式批复，是成渝地区双城经济圈主轴中部的首个综保区。

7月6日，重庆市人防办和四川省人防办签署了深化川渝地区人防工程防护设备市场改革合作意向、川渝人防机动指挥通信系统跨区支援保障、成渝地区双城经济圈建设人民防空疏散（地域）基地共建共享合作3个协议。

7月7日，四川省人力社保厅、重庆市人力社会保障局联合印发《关于建立川渝事业单位专业技术二级岗位聘用绿色通道的通知》，川渝两地事业单位中聘用在专业技术二级岗位且在管理期限内的在编在职人员，按规定跨区域流（调）动后，符合一定条件的，可在流入地直接申报聘用专业技术二级岗位。

7月15日，推动成渝地区双城经济圈建设联合办公室召开2021年第三次主任调度会，研究重庆四川党政联席会议第三次会议筹备工作，调度成渝地区双城经济圈重点项目建设、重点规划编制以及交通互联专项工作推进情况等。

7月15日，重庆市发展改革委印发实施《万开云同城化发展实施方案》，明确万开云同城化发展的总体要求、基本原则、目标定位及空间布局，包括六大方面24项具体举措。

7月19日，重庆入选首批国际消费中心城市培育建设名单。

7月22日，川渝电子健康卡互联互通启动仪式在成都举行，标志着川渝两地电子健康卡"一码通用"开启。

7月22日，川渝两地公共就业服务机构共同出台了《关于做好川渝两地失业保险关系无障碍转移接续有关工作的通知》，标志着两地失业保险参保关系无障碍转移接续正式实现。

7月30日，北碚区印发《北碚区科技创新券实施管理办法》，在创新券券种中新增绵碚科技创新券（科技人才服务券），支持绵阳北碚创新主体互相购买科技人才技术咨询和技术服务。

## 8月

8月2日，中国农业发展银行出台《关于支持成渝地区双城经济圈建设的实施意见》，将发挥农业政策性银行职能作用，创新机制，精准发力，助推成渝地区双城经济圈建设。

8月5日，重庆市规划和自然资源局、四川省自然资源厅联合印发《"川渝通办"矿业权登记服务指南》，矿业权登记服务实现"川渝通办"。

8月9日，重庆、泸州、南充、广安四地实现公共资源交易CA数字证书互认通用。

8月17日，国家发展改革委正式批复成渝中线铁路（含十陵南站）可行性研究报告。

8月20日，川渝滇黔藏西南五省区市联袂打造的"跨省通办"服务专区正式上线。

8月23日，四川省召开推动成渝地区双城经济圈建设暨推进区域协同发展领导小组第三次会议。会议指出，要更加突出提升中心城市和城市群发展能级、要更加聚力创新驱动引领高质量发展、要更加强化支撑性引领性重大项目建设、要更加重视未纳入成渝地区双城经济圈规划范围区域的协同联动。

8月23日，成渝地区工业互联网一体化发展示范区正式启动建设。

8月24日，中国信息通信研究院联合南岸区政府、重庆经开区管委会、成都市双流区政府共同发起设立成渝地区双城经济圈工业互联网产业投资基金。

8月30日，川渝跨省通办11个交通运输高频事项入驻川渝政务服务平台"川渝通办专区"，以"全程网办"形式实现川渝跨省通办。

## 9月

9月2日，推动成渝地区双城经济圈建设暨重庆港务物流集团和四川省港航投资集团合资公司签约活动正式举行，双方将共同组建合资公司。

9月8日，中国电子口岸数据中心重庆分中心、成都分中心、建设银行四川省分行、重庆市分行四方共同签署《"关银—KEY通"川渝一体化合作备忘录》，举行项目启动仪式并向首批2家项目试点企业制授"电子口岸卡"。

9月9日，川渝省际公交02线路开始试运行。

9月17日，川渝产业园区发展联盟成立。

9月24日，川渝两地医疗保障局签署《川渝医保基金监管合作事项备忘录》，将从建立医疗保障基金联合检查机制、共享医疗保障基金监管智力资源等6个方面开展深度合作。

9月25日，重庆市市长国际经济顾问团会议第十六届年会在悦来会议中心举行，本届年会以"唱好'双城记'、共建经济圈：机遇与挑战"为主题。

9月26日，推动成渝地区双城经济圈建设联合办公室召开2021年第四次主任调度会，研究重庆四川党政联席会议第四次会议筹备工作，调度成渝地区双城经济圈重点规划编制、产业协作、生态环境共建以及民营经济协同发展等工作推进情况等。

9月26日,成渝中线高铁建设全面启动,建成后将成为我国建设标准最高、运行速度最快的高等级高速铁路。

9月27日,四川省人力社保厅、重庆市人力社保局联合印发《2021年成渝地区双城经济圈急需紧缺人才目录编制工作方案》,四川和重庆将首次共同编制发布成渝地区双城经济圈急需紧缺人才目录。

## 10月

10月12日,川渝民营企业家联盟成立。

10月14日,重庆市市场监管局联合四川省市场监督管理局打造的"成渝地区双城经济圈食品安全检验检测机构联盟"正式成立。

10月17日,2021年度川渝河长制工作联席会议召开,川渝将携手组织制定81条跨界河流水系图,以及通过共享川渝河长制信息基础数据、加强跨界河流联合执法等措施,携手共护长江母亲河。

10月20日,中共中央、国务院印发的《成渝地区双城经济圈建设规划纲要》正式对外发布。

10月28日,四川省生态环境厅与重庆市生态环境局签订了关于建立区域环境准入协商机制等多项合作协议,共同探索建立跨区域环评协商机制、推动共建区域性碳排放权交易市场,促进成渝两地生态环境保护合作走深走实。

10月29日,重庆市大数据发展局、四川省大数据中心联合印发《川渝政务数据共享责任清单(第一批)》,共涉及双方622类政务数据。

10月31日,重庆纳入全国营商环境创新试点首批名单。

## 11月

11月1日,四川、重庆、贵州三地的居民在3个行政区域内异地居住,首次申领居民身份证不用再回户籍地,直接在居住地即可申办。

11月1日,重庆市最低生活保障中心赴四川省召开第二次川渝跨省核查现场工作推进会,协商解决跨省核查工作关键问题,确定将川渝跨省核查时间缩短至5个工作日内。

11月7日,重庆市教育委员会、四川省教育厅联合印发《成渝地区双城经济圈教育协同发展行动计划》，提出突出教育双核引领发展、促进毗邻地区教育协同发展、推进优质教育资源共建共享等十大行动计划。

11月8日，推动成渝地区双城经济圈建设联合办公室召开2021年第五次主任调度会，研究重庆成都双核联动等有关事项，调度体制创新、公共服务专项工作推进情况，安排部署下阶段重点工作。

11月9日，四川省发展改革委、重庆市发展改革委联合印发《泸永江融合发展示范区总体方案》。

11月10日，重庆市发展改革委、四川省发展改革委联合印发《明月山绿色发展示范带总体方案》。

11月10日，川渝两地社保局签署城镇职工基本养老保险关系转移资金定期结算合作协议，在全国先行先试推进转移资金定期结算。

11月15日，成渝地区双城经济圈首批重大项目——涪江干流梯级渠化双江航电枢纽工程一期围堰顺利实现截流，标志着双江航电枢纽将全面进入主体工程施工阶段，预计在2024年底可以实现发电、通航。

11月18日，重庆市政府第167次常务会议召开，审议《重庆都市圈发展规划》。按照规划，重庆都市圈由重庆中心城区和紧密联系的周边城市共同组成，总面积3.5万平方千米。

11月19日，海关总署出台支持成渝地区双城经济圈建设12条举措，包括提升通道效能、推动开放平台建设、促进外贸新业态发展、提升监管执法水平、加强海关国际合作等方面。

11月23日，重庆市人民政府与中国农业银行股份有限公司签署《"十四五"时期暨成渝地区双城经济圈建设全面战略合作协议》。根据协议，中国农业银行将为重庆市推动成渝地区双城经济圈建设和"十四五"时期经济社会发展提供意向性融资投放。

11月24日，重庆市五届人大常委会第二十九次会议审议了《重庆市铁路安全管理条例（草案）》，该条例是川渝协同立法的第3个项目。

11月29日，四川省政府正式印发《成都都市圈发展规划》，极核和主干从成都拓展至成都都市圈。

11月29日，重庆空港型国家物流枢纽、达州商贸服务型国家物流枢纽入选"十四五"首批国家物流枢纽建设名单。

11月30日,四川省住房和城乡建设厅与重庆市住房和城乡建设委员会联合印发《川渝两地工程建设地方标准互认管理办法》,标志着川渝两地工程建设地方标准实现互认。

11月30日,四川省和重庆市同时在成都、九龙坡区、内江三地举行"成渝氢走廊"启动暨氢燃料电池物流车首发仪式,成渝跨区域"氢走廊"贯通运行。

## 12月

12月1日,重庆市、四川省市场监管局联合召开川渝区域地方标准发布会,发布《智慧高速公路》系列川渝区域地方标准。

12月1日,成渝两地公安出入境管理部门同步推出中国公民因私出入境证件申请材料、办理时限同城化,成渝两地赴港澳商务企业机构登记资质互认、成渝两地外籍高层次人才可跨区域兼职创新创业等便民新举措。

12月1日,四川省通信管理局和重庆市通信管理局协调两地基础电信企业,正式取消川渝两地间座机通话长途费,实现全国首例跨省级行政区域固定电话通信资费一体化。

12月2日,重庆市市场监管局和四川省市场监管局签订《联合打假保护双城经济圈企业高质量发展合作协议》,强化两地知识产权联合执法,合力构建川渝知识产权保护格局。

12月4日,中老铁路(成渝—万象)国际货运班列开通运行,西部陆海新通道覆盖范围更广。

12月7日,四川省、重庆市两地生态环境部门、公安机关、检察机关联合印发《四川省、重庆市危险废物案件跨省联合执法机制》,即日起实施。

12月8日,重庆两江新区与四川省宜宾市举办深化合作座谈会,签订新能源汽车产业协同发展合作协议。

12月10日,国家发展改革委印发《成渝地区双城经济圈多层次轨道交通规划》,提出到2025年,初步建成轨道上的成渝地区双城经济圈,进出川渝四向通道基本形成。

12月10日，推动成渝地区双城经济圈建设卫生健康一体化工作联席会议在永川召开，双方签署《川渝卫生健康监督执法合作协议》《推动成渝地区双城经济圈建设川渝医疗管理协同发展合作协议（2021—2025年）》。

12月10日，重庆市财政局、四川省财政厅召开成渝地区双城经济圈建设财政协作推进机制第三次联席会议。双方签订《支持高竹新区发展财政政策框架协议》《设立成渝协同发展投资基金合作协议》《财政支持成渝地区双城经济圈生态共建环境共保合作协议》《加强政府采购监督管理合作框架协议》《会计管理合作协议》5个协议。

12月14日，推动成渝地区双城经济圈建设重庆四川党政联席会议第四次会议召开。

12月20日，重庆市推动成渝地区双城经济圈建设智库联盟正式成立。

12月21日，川渝两省（市）发展改革委、农业农村部门联合印发《内江荣昌现代农业高新技术产业示范区总体方案》。

12月23日，四川省人大常委、重庆市人大常委同步召开《四川省嘉陵江流域生态环境保护条例》和《重庆市人民代表大会常务委员会关于加强嘉陵江流域水生态环境协同保护的决定》实施座谈会。这是川渝两地推进生态环境保护的首次协同立法成果，将于2022年1月1日起同步实施。

12月23日，四川省人民政府办公厅、重庆市人民政府办公厅联合印发《成渝现代高效特色农业带建设规划》，明确了推动农业高质量发展、强化农业科技支撑、大力拓展农产品市场、推动城乡产业协同发展、推进长江上游农村生态文明建设、推动城乡融合发展、提升资源要素保障水平等七个方面的35项重点任务。

12月24日，中国人民银行官网发布《成渝共建西部金融中心规划》，提出到2025年，西部金融中心初步建成；到2035年，西部金融中心地位更加稳固。

12月24日，成渝"双城协同·赋能智造"专场活动举行。两地签订《共建"成渝地区双城经济圈科技创新成果转移转化服务平台"合作协议》《共同推进"成渝地区双城经济圈智能制造协同创新"战略合作协议》等多项协议。

12月24日,重庆大足至四川内江高速重庆段、合川至四川安岳高速重庆段两条高速公路同日通车,成渝两地加速迈入"1小时交通圈"。

12月27日,川渝高竹新区管理机构正式揭牌,全国唯一实体化运行的跨省域共建新区步入快车道。

12月31日,中共重庆市委、中共四川省委、重庆市人民政府、四川省人民政府联合印发了《重庆四川两省市贯彻落实〈成渝地区双城经济圈建设规划纲要〉联合实施方案》,细化提出了加快构建双城经济圈发展新格局等10个方面47项具体任务。

12月31日,川渝两地税务部门联合发布《川渝地区税务行政处罚裁量权实施办法》《川渝地区税务行政处罚裁量基准》,统一两地62项税收违法违章行为处罚标准。

# 参 考 文 献

[1] JEAN G. Megalopolis or the urbanization of the northeastern seaboard [J]. Economic Geography, 1957, 33 (3): 189-200.

[2] PARSLEY D. C., WEI S-J. Convergence to the law of one price without trade barriers or currency fluctuations [J]. The Quarterly Journal of Economics, 1996, 111 (4): 1211-36.

[3] TINBERGEN J. International economic integration [J]. International Affairs, 1954, 31 (4): 498-9.

[4] BALASSA B. The theory of economic integration [M]. London: Alien and Unwin, 1962.

[5] FRIEDMANN J. Regional Development Policy: A Case Study of Venezuela [M]. Cambridge M. I. T. Press, 1966.

[6] 中共中央关于制定国民经济和社会发展第十四个五年规划和二〇三五年远景目标的建议 [N]. 人民日报, 2020 (1).

[7] 中共中央、国务院印发《成渝地区双城经济圈建设规划纲要》[J]. 当代党员, 2021 (21): 2.

[8] 姚士谋. 中国的城市群 [M]. 合肥: 中国科学技术大学出版社, 1992.

[9] 肖金成. 关于新发展阶段都市圈理论与规划的思考 [J]. 人民论坛·学术前沿, 2021 (4): 4-9+75.

[10] 方创琳, 王振波, 马海涛. 中国城市群形成发育规律的理论认知与地理学贡献 [J]. 地理学报, 2018, 73 (4): 651-65.

[11] 孙久文, 蒋治. "十四五"时期中国区域经济发展格局展望 [J].

中共中央党校（国家行政学院）学报，2021，25（2）：77-87.

［12］张学良．以都市圈建设推动城市群的高质量发展［J］．上海城市管理，2018，27（5）：2-3.

［13］于洪俊，宁越敏．城市地理概论［M］．合肥：安徽科学技术出版社，1983.

［14］马燕坤，肖金成．都市区、都市圈与城市群的概念界定及其比较分析［J］．经济与管理，2020，34（1）：18-26.

［15］戴宾．城市群及其相关概念辨析［J］．财经科学，2004（6）：101-3.

［16］易小光，丁瑶，邓兰燕，等．成渝地区双城经济圈要素市场一体化研究［M］．北京：中国经济出版社，2021.

［17］易小光，丁瑶，余贵玲，邓兰燕，苟文峰等．"十四五"重庆发展方略研究．［M］．北京：中国经济出版社，2021.

［18］易小光，丁瑶，余贵玲，邓兰燕，苟文峰，等．新时期重庆区域发展战略与路径研究［M］．北京：中国经济出版社，2019.

［19］易小光，丁瑶，苟文峰，等．成渝地区双城经济圈一体化发展研究［M］．北京：中国经济出版社，2021.

［20］易小光，丁瑶，余贵玲，等．成渝地区打造具有全国影响力的改革开放新高地研究［M］．北京：中国经济出版社，2021.

［21］陈守强，黄金川．城市群空间发育范围识别方法综述［J］．地理科学进展，2015，34（3）：314-20.

［22］孙久文，邓慧慧，叶振宇．京津冀区域经济一体化及其合作途径探讨［J］．首都经济贸易大学学报，2008（2）：55-60.

［23］赵勇，白永秀．城市群国内研究文献综述［J］．城市问题，2007（7）：6-11.

［24］冯更新．中部地区城市群一体化发展研究［J］．城市，2013（1）：4-11.

［25］李琳，彭宇光．中三角城市群与长三角城市群市场一体化及影响因素比较研究［J］．科技进步与对策，2017，34（1）：25-30.

［26］李培鑫．城市群的演进规律和一体化发展特征分析［J］．上海城市

管理, 2019, 28 (5): 15-20.

[27] 刘修岩, 梁昌一. 中国城市群一体化水平综合评价与时空演化特征分析——兼论城市群规模的影响 [J]. 兰州大学学报（社会科学版）, 2021, 49 (2): 49-61.

[28] 苏剑, 邵宇佳, 陈丽娜. 中国市场一体化进程：趋势、成效与建议 [J]. 社会科学辑刊, 2021 (3): 157-70.

[29] 李朝鲜. 区域价格收敛视角下中国国内市场一体化的演变特征分析 [J]. 北京工商大学学报（社会科学版), 2020, 35 (5): 11-20.

[30] 杨丹丹, 马红梅, 杜宇晨. 区域市场一体化对经济增长的影响——以长江经济带沿线 11 省市为例 [J]. 商业经济研究, 2019 (8): 154-7.

[31] 刘昊, 祝志勇. 成渝地区双城经济圈劳动力市场一体化及其影响因素研究 [J]. 软科学, 2020, 34 (10): 90-6.

[32] 李旦. 东北地区要素市场一体化视角下经济增长问题研究 [D]. 长春：吉林大学, 2020.

[33] 梅饶兰. 区域经济一体化对长三角地区进口贸易影响的分析——基于 2009—2018 年长三角地区数据 [J]. 市场论坛, 2021 (9): 79-87+97.

[34] 潘文卿. 中国区域经济差异与收敛 [J]. 中国社会科学, 2010 (1): 72-84+222-3.

[35] 秦彪. 辽宁区域经济发展差异与一体化选择研究 [D]. 大连：东北财经大学, 2012.

[36] 李林君, 王莉娜, 王海南. 京津冀一体化进程中公共服务不平等累积性研究：1994—2015——基于增量供给与存量调整视角 [J]. 经济与管理研究, 2018, 39 (10): 94-110.

[37] 范擎宇, 杨山. 长三角地区城镇化协调发展的空间特征及形成机理 [J]. 地理科学进展, 2021, 40 (1): 124-34.

[38] 方大春, 牛黎光. 长三角城市群中心性效应与一体化提升 [J]. 区域经济评论, 2020 (6): 111-8.

[39] 唐承辉, 豆建民. 长三角城市群功能性网络结构及其一体化程度研究 [J]. 经济问题探索, 2020 (12): 79-88.

[40] 刘和东，杨丽萍．长三角城市经济一体化演变的社会网络分析 [J]．科学与管理，2020，40（3）：68-74+111．

[41] 赵三武，钱雪亚．基于价格指数法的我国劳动力市场区域一体化研究 [J]．统计与决策，2014（21）：99-101．

[42] 赵金丽，张学波，宋金平．京津冀劳动力市场一体化评价及影响因素 [J]．经济地理，2017，37（5）：94-100．

[43] 张军．"珠三角"区域经济一体化发展研究 [D]．成都：西南财经大学，2011．

[44] 李雪松，孙博文．长江中游城市群区域一体化的测度与比较 [J]．长江流域资源与环境，2013，22（8）：996-1003．

[45] 吕典玮，张琦．京津地区区域一体化程度分析 [J]．中国人口·资源与环境，2010，20（3）：162-7．

[46] 中国社会科学院京津冀协同发展智库京津冀协同发展指数课题组．京津冀协同发展指数报告（2020）[M]．合肥：中国社会科学出版社，2020．